Véronique Eglin

Contributions à l'analyse multiéchelle des documents

AF209931

Véronique Eglin

Contributions à l'analyse multiéchelle des documents

Applications aux collections patrimoniales

Presses Académiques Francophones

Impressum / Mentions légales

Bibliografische Information der Deutschen Nationalbibliothek: Die Deutsche Nationalbibliothek verzeichnet diese Publikation in der Deutschen Nationalbibliografie; detaillierte bibliografische Daten sind im Internet über http://dnb.d-nb.de abrufbar.
Alle in diesem Buch genannten Marken und Produktnamen unterliegen warenzeichen-, marken- oder patentrechtlichem Schutz bzw. sind Warenzeichen oder eingetragene Warenzeichen der jeweiligen Inhaber. Die Wiedergabe von Marken, Produktnamen, Gebrauchsnamen, Handelsnamen, Warenbezeichnungen u.s.w. in diesem Werk berechtigt auch ohne besondere Kennzeichnung nicht zu der Annahme, dass solche Namen im Sinne der Warenzeichen- und Markenschutzgesetzgebung als frei zu betrachten wären und daher von jedermann benutzt werden dürften.

Information bibliographique publiée par la Deutsche Nationalbibliothek: La Deutsche Nationalbibliothek inscrit cette publication à la Deutsche Nationalbibliografie; des données bibliographiques détaillées sont disponibles sur internet à l'adresse http://dnb.d-nb.de.
Toutes marques et noms de produits mentionnés dans ce livre demeurent sous la protection des marques, des marques déposées et des brevets, et sont des marques ou des marques déposées de leurs détenteurs respectifs. L'utilisation des marques, noms de produits, noms communs, noms commerciaux, descriptions de produits, etc, même sans qu'ils soient mentionnés de façon particulière dans ce livre ne signifie en aucune façon que ces noms peuvent être utilisés sans restriction à l'égard de la législation pour la protection des marques et des marques déposées et pourraient donc être utilisés par quiconque.

Coverbild / Photo de couverture: www.ingimage.com

Verlag / Editeur:
Presses Académiques Francophones
ist ein Imprint der / est une marque déposée de
OmniScriptum GmbH & Co. KG
Heinrich-Böcking-Str. 6-8, 66121 Saarbrücken, Deutschland / Allemagne
Email: info@presses-academiques.com

Herstellung: siehe letzte Seite /
Impression: voir la dernière page
ISBN: 978-3-8381-4489-4

Zugl. / Agréé par: Lyon, INSA de Lyon, Habilitation à diriger les recherches, 2014

REMERCIEMENTS

C'est avec très grand plaisir que j'adresse mes plus sincères remerciements à toutes les personnes qui m'ont aidée et soutenue durant les années de recherche résumées dans ce mémoire. Je remercie très vivement les professeurs Jean-Marc Ogier du laboratoire L3I de l'université de La Rochelle, Josep Llados du CVC de l'université autonome de Barcelone et Antoine Tabbone du LORIA de l'université de Nancy qui ont accepté la tâche de rapporter ce travail de synthèse. Je tiens également à remercier chaleureusement les professeurs Sylvie Calabretto du LIRIS, Jean Yves Ramel du LI de l'université de Tours, Bertrand Couasnon de l'IRISA de l'INSA de Rennes et Florent Dupont du LIRIS pour m'avoir fait l'honneur de participer à mon jury et d'évaluer mon travail.

J'ai débuté dans le milieu de la recherche avec un travail de doctorat portant sur un sujet innovant qui m'a offert une très grande liberté de réflexion et d'actions autour de l'exploitation des mécanismes psycho-visuels pour le repérage de l'information saillante dans les documents. Un projet par essence pluridisciplinaire, très ouvert et passionnant. Je remercie Hubert Emptoz mon directeur de thèse à cette époque pour la confiance qu'il m'a accordé et la liberté de découverte qu'il m'a offerte. Durant cette période, j'ai eu la chance de participer à des projets enthousiasmants qui m'ont encouragée dans mes premiers pas, notamment en collaboration avec l'équipe dirigée par Jean Caelen du CLIPS de Grenoble, spécialiste des interactions personne-système et de l'analyse des mouvements oculaires et de leur interprétation. La pluridisciplinarité a été un facteur déterminant pour moi et recouvre un spectre large qui est allé au-delà d'interactions exclusivement scientifiques. Elle s'est également concrétisée dès 2003 autour de collaborations avec des personnes des Sciences Humaines et Sociales, Catherine Volpilhac-Auger spécialiste des œuvres de Montesquieu à l'IHPC de Lyon qui m'a transmis sa passion des écritures et des belles lettres, Marc Smith de l'Ecole des Chartes de Paris et Denis Muzerelle de l'IRHT pour m'avoir fait découvrir les écritures du Moyen-âge et leurs richesses. D'autres collaborations avec Philippe Régnier du LIRE de Lyon, Dominique Stutzmann de l'IRHT et enfin Anthony McKenna de l'Institut Claude Longeon de Saint Etienne m'ont aidée à mieux discerner les enjeux des Sciences Humaines en lien avec une instrumentation informatique désormais associée à l'évolution de leurs pratiques et de leur travail d'expertise. Je remercie toutes ces personnes pour la confiance qu'elles m'auront accordée durant ces années de collaborations. Les travaux réalisés dans le cadre de la valorisation du patrimoine culturel n'auraient pu voir le jour sans l'éclairage, la rigueur et la direction (pour nos thèses en collaboration depuis 2004) de Nicole Vincent du LIPADE de Paris, de Rémy Mullot du L3I de La Rochelle, de Jean-Yves Ramel du LI de Tours et Christophe Garcia du LIRIS de Lyon. Je les remercie tous du fond du cœur de m'avoir intégrée dans leurs projets de recherche en codirigeant ces thèses avec eux, de m'avoir fait profiter de leurs idées innovantes, leur compétence, leur expertise, et de m'avoir transmis le goût pour la recherche et offert leur amitié. Je voudrais également témoigner ici toute ma gratitude à Jean Marc Ogier pour la confiance qu'il m'a faite lors des premiers pas de Valconum et pour son soutien depuis des années pour la réalisation de ce travail.

Je connais le LIRIS depuis sa création en 2005. Il constitue le cadre dans lequel je travaille depuis le début. Je souhaite remercier très vivement cette communauté – enseignants, chercheurs, direction, administration – pour leur accompagnement durant ces années. En particulier, je tiens à remercier mes collègues d'IMAGINE, pour ces heureuses rencontres faites de complémentarité scientifique et de valeurs partagées et dont j'ai tiré de nombreux bénéfices et des belles amitiés. En avançant à plusieurs on va toujours plus loin : le « groupe Document » du LIRIS aura traversé des périodes difficiles, de doute et de fragilité mais il s'est toujours relevé. Cette HDR lui est dédiée.

Un très grand merci et toute mon affection pour les personnes qui m'ont accompagnée dans mon quotidien de leur sourire et de leur joie, qui m'ont aidé à récupérer lorsque la pression était trop forte ! Et une pensée pleine d'amour enfin à mes 4 enfants très indulgents et compréhensifs durant toute cette période où je me suis montrée moins disponible et à Stéphane pour avoir admirablement pris le relais à ces moments là.

Merci à vous, ce fut important et émouvant pour moi de l'écrire.

Table des matières

Introduction générale

Le document est le support sur lequel s'appliquent mes travaux de recherche portant sur l'analyse des contenus et leur reconnaissance. Leur spécificité est liée à l'intérêt que je porte à toute la chaîne de traitements : la détection de régions d'intérêt dans les images de documents structurés, l'extraction bas niveau des caractéristiques et la reconnaissance des contenus en lien avec des usages bien identifiés comme l'identification de styles d'écriture et de scripteurs dans les images de manuscrits. Le cœur des approches que je défends dans ces travaux est lié à la prise en compte de la dimension multi-échelle caractéristique du document pour sa description et sa reconnaissance selon des modèles de classification hiérarchique. L'intérêt de la dimension multi-échelle réside essentiellement dans sa capacité à rendre compte de la complexité locale interne des formes selon leurs multiples niveaux de représentation et de leur cohérence en lien avec la mise en page vue comme une organisation elle aussi multi-échelle (allant du caractère au mot, à la ligne et au fragment). Cette façon de considérer l'information permet de proposer des approches hiérarchiques pour résoudre les problèmes inhérents à la caractérisation, la localisation et la reconnaissance. Le document essentiellement composé d'informations textuelles répond à une description basée sur la présence de *traits* en grand nombre (d'écritures, de graphismes, de bordures…). Ceux-ci sont tantôt perçus comme le résultat d'une combinaison d'éléments structurellement très signifiants (les graphèmes), tantôt comme un ensemble d'entités élémentaires à la disposition plus stochastique (les textures). La façon de les définir a conduit à explorer des mécanismes concurrents pour y accéder : soit « sans segmentation » en explorant les images selon leurs dimensions fréquentielles ou textures, soit en exploitant des mécanismes plus déterministes fondés sur des représentations régies par des règles de placement et de combinaison plus stricts (les graphèmes). Les points de vue que je défends peuvent ainsi se résumer dans les éléments suivants :

- Le premier point de vue est fondé sur l'idée que la *description des contenus* doit constituer le principal verrou des méthodes d'identification et de reconnaissance au-delà même des mécanismes de classification qu'on leur associe et qui en dépendent fortement du fait de leurs contraintes de paramétrage, d'espace de représentation, et de dimensionnalité. Une description, pour être robuste et fiable, doit respecter des propriétés essentielles de bonne *discrimination*, de stabilité, de complétude, de cohérence, mais également d'invariance à diverses transformations pour être effectivement *informante*.

- Le second point de vue est lié à l'élaboration de stratégies d'analyse basées sur des *mécanismes fréquentiels multi-échelles* et *multirésolutions* pour l'analyse des formes et des contenus. Elles ont été développées dans le contexte de l'analyse des structures (approches pyramidales) et de l'analyse des écritures (approches multi-échelles). Les descriptions des objets d'intérêt qui sont proposées s'intéressent préférentiellement à des informations locales de géométrie, d'alignement, de courbures et d'orientations multi-échelles. Elles reposent également à des indications plus statistiques de régularité et de turbulence liées à une représentation globale.

- Le troisième point de vue est lié au fait que dans un contexte dégradé, les images segmentées (ou binarisées) peuvent être traitées uniquement selon des formes approchées parfois incomplètes. Afin de limiter les défauts d'une segmentation risquant de causer trop de pertes

5

d'informations aux contours, j'ai privilégié lorsque cela était possible des mécanismes d'analyse *sans segmentation* (notamment perceptuels).

- Le dernier point de vue engagé ici relève de *l'usage* et de la nécessité d'introduire en plus des dimensions scientifiques précédentes, tout un ensemble de contraintes lié au domaine d'expertise dont relève le défi. Satisfaire un ensemble d'usages spécifiques et se tourner vers les experts des Sciences Humaines et Sociales en lien avec les besoins constitue un enjeu auquel nous avons tenté de répondre en de multiples points.

Dans mon mémoire d'habilitation, j'ai choisi de présenter l'ensemble de ces contributions en essentiellement deux grandes parties. La première est dédiée à une présentation des bases méthodologiques de mes travaux autour des approches fréquentielles, multi-échelles et variationnelles pour la localisation, le rehaussement et la caractérisation des régions d'intérêt dans les images. Ces approches ont été conçues pour répondre à la problématique plus générale de l'analyse des images de traits, non restreintes aux images de documents et offrant un spectre d'application large. Elles constituent les bases d'outils génériques intéressants à ré-exploiter dans des contextes applicatifs nouveaux. La seconde grande partie plus applicative de mes travaux est en lien avec des enjeux industriels et des usages experts rattachés aux Sciences Humaines et Sociales. Cette partie présente une vision plus « système » de la résolution d'un problème rattachant mes contributions à toutes les problématiques de la chaîne de numérisation : de la qualité des images à traiter, leur amélioration, leur description, leur éventuelle segmentation et leur reconnaissance par apprentissage et classification, et enfin leur complexité pour une mise en œuvre en temps raisonnable. Cette seconde partie illustre ainsi des scénarios d'usage résolus sous la forme de prototypes (présentés par leurs résultats) au service des partenaires usagers de ces travaux.

CHAPITRE I. Le premier chapitre est consacré à la présentation du document selon ses deux dimensions caractéristiques que sont les **traits** et les **textures**. Cette présentation permet de rappeler que le document est une image particulière marquée par une géométrie régulière, des discontinuités contrôlées par des règles de construction des objets (pour les documents textuels il s'agit essentiellement des caractères et des mots) et également des textures qui pavent les arrière-plans et les contenus selon leur échelle d'observation. Ce chapitre est ainsi l'occasion de rappeler que les méthodes d'exploration des contenus (de la caractérisation à la localisation spatiale des régions d'intérêt) peuvent selon le cas se fonder soit à partir d'une segmentation en objets (dès lors que l'on connait l'échelle d'analyse et une description de ce qui est recherché) soit à partir de mécanismes totalement non supervisés procédant sans segmentation ou inspirés d'approches psycho-visuelles. Il s'agit donc de raisonner selon des approches pluridisciplinaires de l'analyse des images et des signaux dont les fondements sont présentés dans les chapitres suivants.

CHAPITRE II. Les représentations **multi-échelles** usuelles (pyramides, ondelettes,…) possèdent l'inconvénient de proposer des fenêtres analysantes, qui pour une échelle donnée, sont déterminées a priori en tous les points de l'image. La majorité des opérateurs multi-échelles fonctionnent sur le principe selon lequel les échelles restent indépendantes des structures d'intérêt locales de l'image décrites par leurs diversités fréquentielles. Une décomposition multi-échelle basée sur de tels opérateurs conduit à une localisation souvent insuffisante des objets, même si d'un point de vue descriptif elles demeurent très utilisées, comme les décompositions par ondelettes. Mis à part un paramétrage très spécifique, les opérateurs multi-échelles ne s'adaptent pas automatiquement aux contenus (Gabor, Hermite). Ils se montrent généralement indépendants des propriétés physiques des images (indépendance vis-à-vis de processus d'acquisition et de numérisation) ou des propriétés liées aux intensités présentes (contrastes variables). Des approches plus adaptatives pour le rehaussement et la localisation des structures d'intérêt (comme la diffusion anisotrope et les approches tensorielles) ont été introduites pour compenser les inconvénients de la linéarité de la plupart des autres techniques de filtrages. La linéarité conduit en effet à une difficulté majeure : celle de ne pas permettre de sélection automatique de la bonne échelle de représentation et d'analyse. Le choix de cette échelle optimale est encore conditionné par la connaissance a priori de la taille de la structure d'intérêt. Pour pouvoir être bien analysé, un trait doit donc pouvoir être bien connu a priori ce qui peut être contradictoire avec l'objectif du filtrage. L'idée générale très fortement influencée par les recherches de Koenderink dans [KO-87] et de Marr dans [MA-82] préconise que chaque type d'objet et d'élément de contenu textuel ou graphique puisse apparaître sous une forme particulière à une échelle donnée. La coexistence interne de plusieurs niveaux d'échelles dans le document est un facteur déterminant de choix des méthodes de caractérisation et de repérage car elle permet de redonner du sens à ses dimensions très hiérarchisées (qu'il s'agisse de documents de structure riches et composites, d'images d'écritures, de brouillons d'auteurs, ou encore de correspondances manuscrites). Une sélection automatique de la bonne échelle demeure à ce stade liée à l'usage de bancs de filtres paramétrés (en espace et en échelle) et associés à la recherche de maxima locaux, [LI-90]. Le chapitre 2 se consacre à l'étude des propriétés multi-échelles des images de traits et à la façon dont on peut en prendre le contrôle soit pour rehausser leur contraste, soit pour localiser leurs frontières ou leur axe médian, [DA-12], soit enfin simplement pour les décrire et les indexer, [EG-07, IM-07, JO-08a]. Le modèle espace-échelle gaussien a été exploité pour la caractérisation et la détection des zones de texte selon leurs différentes échelles tandis que les **transformées fréquentielles** et les **approches variationnelles anisotropes** ont été réservées aux images dont on veut améliorer l'apparence, préserver les contours et caractériser la géométrie.

CHAPITRE III. Ce chapitre aborde les aspects plus applicatifs de ces travaux essentiellement en lien avec des collaborations avec les Sciences humaines et sociales. On peut constater que l'un des premiers besoins exprimés par les experts de corpus numériques concerne la mise en place d'outils facilitant l'exploration, l'**accès au contenu** et le diagnostic (i.e. aide à la reconnaissance, proposition de classements et de typologies, modélisation des formes et des contenus…). Jusqu'ici, pour répondre à ces besoins, une information essentiellement textuelle était exploitée (comprenant la transcription des textes, des champs descriptifs ou métadonnées accompagnant les pages numérisées). Aujourd'hui, on se tourne vers les informations issues directement du processus d'acquisition des images (les données pixels bas niveau) qui sont porteuses de toutes les indications visuelles de mise en page et vers les données de niveaux supérieurs sémantiques et linguistiques pour l'interprétation. Dans mes travaux, j'ai fait le choix de porter une attention particulière à l'étape de description et d'indexation des contenus (selon leurs représentations scalaires, symboliques ou vectorielles). Celle-ci constitue un enjeu important car elle soutient un ensemble de méthodes dédiées à des applications de **recherche d'information** par moteur CBIR, **d'identification** de contenus (reconnaissance de régions d'intérêt et de blocs informants, identification de **scripteurs**) et **d'analyse de structures**. Les solutions de recherche sont toutes proposées à l'état de prototypes expérimentaux et revêtent des formes très diverses du fait de la très grande variété d'images et de corpus traités. Chaque corpus traité dans ces travaux a été associé à des besoins exprimés par les usagers experts du domaine et qui auront choisi à travers une instrumentation de leurs fonds documentaires de faire évoluer leur pratique, et accroitre leurs connaissances. C'est un travail réellement pluridisciplinaire qui a été réalisé durant ces années de collaboration pour faire émerger des solutions innovantes répondant à de nouveaux usages (assistance à la navigation, aide au diagnostic, à la datation, et la génétique d'œuvres rares).

DONNEES ET USAGES. *Les imprimés de la Renaissance (http://www.bvh.univ-tours.fr/)* sont les premiers documents patrimoniaux à structures régulières qui ont attiré l'intérêt de la communauté scientifique ont été les textes imprimés de la Renaissance (le *Vésale*, document médical du XVIème siècle détenu par le CESR de Tours). Ils présentent des particularités de contenu tout à fait remarquables dont une régularité de mise en page unique, des textes de formes très variables, des lettrines et de très nombreuses gravures apposées au texte imprimé, voir figure I.1.

Figure I.1. Exemples de pages imprimés de la Renaissance de structures hétérogènes issus du Vesale (*(http://www.bvh.univ-tours.fr/)*.

Ces documents disposent de chartes éditoriales assez finement établies (en mono ou multi colonnes, gravures normalisées, présence de lettrines en tête de paragraphes ou de chapitres). Compte tenu de leur contenu très hétérogène, il est commode de considérer l'information comme une combinaison d'éléments de textures possédant des propriétés internes très spécifiques (texture de texte, texture de gravure, texture de titres…). C'est de cette façon que les informations présentes en très grande quantité dans ce type d'images ont été traitées afin de faciliter la détection de régions d'intérêt sous la forme grossière d'esquisse de structure. Les données issues de ces collections ont été traitées par Nicholas Journet durant sa thèse, [JO-08b] et ont permis de produire une description du document par clustering des pixels illustrant une possible séparation des éléments graphiques, textuels avec l'arrière-plan. Ce travail a débouché sur des applications d'aide à la navigation dans les grands corpus d'imprimés selon un mode d'interrogation par l'exemple.

LES MANUSCRITS D'AUTEURS comprenant les textes autographes des *pensées de Montesquieu* ([EG-04a], [EG-04b]*)*, les dossiers préparatoires de *« Bouvard et Pécuchet »* de *Flaubert (http://www.dossiers-flaubert.fr/)* et une sélection des *correspondances clandestines de l'époque des Lumières (http://citere.hypotheses.org/)* constituent le second ensemble de documents sur lesquels j'ai travaillé. L'approche informatisée portant sur l'analyse des manuscrits vise à préserver des textes qui se dégradent, à aider leur visualisation, voire à restituer certaines parties abîmées ou biffées, à définir les critères descriptifs ou encore à identifier des feuillets à partir de processus de caractérisation adaptés, figure I.2. Le manuscrit comporte des spécificités des annotations marginales, des intercalations et des corrections qui ont pour objectif d'être datées grâce à l'identification de la main du secrétaire qui écrit. Ces manuscrits ont été traités pour conduire à une identification automatique de scripteurs à partir de leurs dimensions d'orientations dominantes, de densités de courbure, d'entropie, de densité, de cursivité et de lisibilité. Ces critères pris ensemble ou isolément ont permis de produire plusieurs approches de classification supervisée par raffinement successif, [EG-04a], [EG-04b], [EG-07]. Des scénarios en lien avec une description multi-échelle dérivée des décompositions polynomiales de Hermite (alternative aux transformées de Gabor) ont également été réalisés pour l'automatisation de la classification par SVM multi-classes, [IM-07].

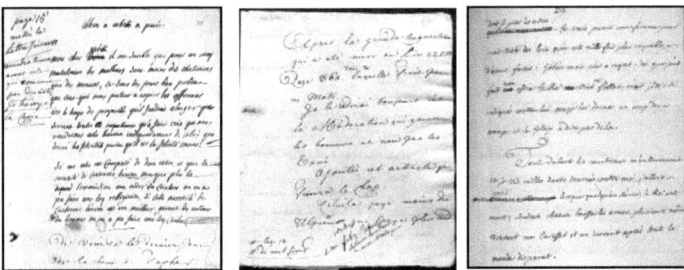

Figure I.2. Pages autographes de Montesquieu. Présence d'annotations multi-scripteurs (1748).

LES DOSSIERS « BOUVARD ET PECUCHET » de Gustave Flaubert (1856) constitue un second corpus d'étude d'images de textes manuscrits porté par l'objectif de produire une édition en ligne enrichie. L'organisation complexe et mouvante de ces dossiers, ainsi que de leurs contenus scientifiques extrêmement variés font qu'ils ne peuvent pas être édités de manière satisfaisante sous une forme imprimée. C'est particulièrement vrai pour les pages préparées en vue du « second volume » du roman : les annotations que l'écrivain y a portées, indiquant le lieu probable du classement, sont très nombreuses et forcent à donner aux fragments textuels une certaine mobilité. Ces dossiers ont été traités dans la thèse de Vincent Malleron [MA-13]. Ils ont conduit à la création d'une représentation des pages d'écriture selon un graphe de structure hiérarchique, servant de représentation aux observations du classifieur pour parvenir au partionnement de la base des dossiers selon la typologie établie par les experts du domaine (pages rédactionnelles, brouillons préparatoires, pages de dictionnaires, extraits et collages…). La modélisation par graphe a également été exploitée afin de produire une représentation en fragments, pour faciliter l'accès au contenu et la navigation selon des critères définis par l'usager expert.

LES MANUSCRITS DU MOYEN-AGE en lien avec le projet ANR Graphem (http://liris.cnrs.fr/graphem/) rassemblent sous la forme d'une collection de 10000 images une partie infime de la production de l'écrit de cette époque. Sur ce type de manuscrits très contraints et très dégradés, on retient des particularités spécifiques aux documents anciens, comme le vieillissement des supports et des encres, l'imprégnation irrégulière des encres, les plissements, déchirements, cassures et autres dégradations du papier (figure I.3). L'objectif du travail du paléographe n'est pas un simple étiquetage des écritures mais la recherche du processus d'évolution de ces écritures. Les méthodes de classification usuelles fournissant des partitionnements imposant de différencier les échantillons d'écritures en clusters disjoints ne peuvent pas convenir à de tels usages. Bien au contraire, ce sont des méthodes capables d'illustrer le continuum d'écritures fournissant soit des degrés de mélange, soit des recouvrements entre classes qui conviennent aux attentes des experts. Le projet GRAPHEM et les travaux de doctorat de G.Joutel et H.Daher s'inscrivent dans ce contexte d'étude de l'évolution des écritures par la mise au point de méthodes et de techniques d'aide à l'expertise, la datation, et à l'étude génétique. Le corpus d'étude de ces travaux est composé de 10000 images de manuscrits issues de documents originaux détenus à l'IRHT de Paris-Orléans (http://bvmm.irht.cnrs.fr/).

L'analyse de ces documents nécessite de chercher les indices les plus subtils présents dans les manuscrits et de faire « parler » les signes visuels présents dans les formes et les mots, les graphèmes [DA-12]. C'est la notion de graphème qui a été considérée et qui a permis de redonner aux écritures toutes leurs dimensions structurelles. L'usage d'un dispositif faisant coopérer un classifieur non supervisé soumis à un paramétrage très léger (par *coloration minimale de graphes*) et un mécanisme de sélection de descripteurs (*algorithme génétique*) a permis de produire des signatures directement interprétables par l'expert paléographe. Un second travail de description des écritures a été réalisé dans [JO-09]. Il exploite les dimensions d'orientations dominantes et de densité de courbures (par une décomposition multi-échelle en *Curvelets*), leur exploitation par clustering flou (visualisable selon des représentations en *Multi Dimensional Scaling* des données) ou selon des mécanismes d'interrogation par l'exemple (mécanisme de type *CBIR* conçu à partir de mesures de similarité perceptuelles de *Tversky*). Les solutions ont été initialement pensées pour faciliter les interactions avec l'utilisateur, sa compréhension des traitements et des résultats. Leur capacité de généralisation (sur des bases de contenus manuscrits relevant de différentes périodes) et leur faculté d'adaptation à des scénarios d'interrogation différents ont été démontrées. Les enjeux de ces travaux ont concerné trois pans fondamentaux de recherche interagissant avec différentes approches de classification : la pertinence de la description, l'élaboration de mesures de similarité consistante et la possibilité d'apprentissage dès lors que les connaissances sur les contenus sont suffisantes. Parmi les applications en lien avec l'analyse des styles d'écritures paléographiques, nous avons attaché une attention particulière à la recherche d'informations par le contenu (RI), la classification non supervisée des styles et l'identification de scripteurs.

Figure I.3. Echantillons de manuscrits médiévaux représentant 12 classes de la base réduite de l'IRHT (http://bvmm.irht.cnrs.fr/).

Les spécificités des images de traits: géométrie et texture

1. Les structures d'intérêt des documents textuels

1.1 Le texte et sa géométrie

Les images de documents, objets d'étude de mes travaux de recherche ont comme particularité d'être constituées d'ensembles de traits contrastés, localisés sur l'espace de l'image et très organisés. C'est cette organisation qui leur donne du sens (mise en page) et contribue à la compréhension (mots, phrases). Que l'on parte de l'épaisseur d'un trait ou d'une information logique de structure, il existe une hiérarchie observable à des échelles très variées dans le document. Le document peut ainsi être défini par sa qualité d'objet matériel, outil où se fixe une signification, en lien avec l'intention de son concepteur, [PE-03]. Son rôle structurant est fortement marqué par l'organisation des régions textuelles capables de structurer non seulement les régions visibles mais également les idées transmises. Il est donc caractérisé par une organisation qui lui confère des propriétés remarquables que les chercheurs en traitements d'images de documents exploitent comme des connaissances a priori fortes. Les applications d'indexation et de reconnaissance des contenus, de reconnaissance des structures physiques et logiques, et de reconnaissance de l'écriture exploitent de façon très précise ces particularités propres aux images de textes.

Les images de traits sont avant tout caractérisées pas la présence de points de discontinuités qui se retrouvent essentiellement sur les contours porteurs du maximum de l'information visible mais qui peuvent également être dues à des phénomènes d'occlusion entre traits d'écriture (aux points de jonctions et de croisements). Il s'agit d'une information qui peut être analysée à la fois globalement à partir d'indications sur les orientations des contours (des formes géométriques), et aussi à partir de la présence de courbures particulièrement saillantes localement. Les points de discontinuités sont situés à des emplacements très sensibles des traits et ce sont sur ces traits que les experts portent généralement leur attention pour reconnaître ou déchiffrer une écriture. Les analyses mixtes combinant une approche globale (prenant en compte les structures dans leur globalité) et locale des traits (en s'intéressant aux points de discontinuités ou de variations locales) semblent constituer des nouvelles pistes prometteuses. L'ensemble des réalisations auxquelles j'ai contribué respectent ce postulat initial. Les documents sur lesquels reposent mes contributions sont avant tout constitués de combinaisons de traits et de courbes disposés selon des règles de placement déterministes permettant de former par fragments les caractères, et les mots et présentant une très forte redondance. A la différence d'images naturelles même fortement géométriques, l'existence de contraintes de disposition constitue une source supplémentaire d'information qui doit également être prise en compte.

Il est donc possible de définir les images d'écritures, de dessins, comme des fonctions possédant une forte régularité géométrique, [PE-05, PE-07]. Le cadre mathématique classique pour construire une représentation compacte de fonctions est celui de l'approximation dans une base orthonormée. C'est ainsi qu'ont été produites bon nombre de décompositions autour des bases d'ondelettes, comme les ondelettes séparables dyadiques, [CH-05]. Dans le domaine de l'anayse d'images, et de la reconstruction, une des propriétés essentielles d'une bonne décomposition est sa capacité à ne pas dégrader le signal lors de son traitement entre le domaine transformé et le domaine spatial, notamment au niveau des points de contours qui peuvent subir une délocalisation du fait d'une possible distorsion de phases. En règle général, il est souvent recherché de produire des bases les plus « orthogonales » possibles pour éviter ces effets. Il est cependant très rare de parvenir à trouver des décompositions parfaites, et naturellement celles-ci dépendent très fortemement de l'usage qui en est fait. La difficulté de travailler avec des bases non orthogonales revient à introduire de la redondance et à conduire à la possibilité de représenter un même signal de plusieurs façons dans le domaine transformé. La preuve de ces assertions a été développée dans les travaux de Chappelier dans [CH-05]. En analyse de l'écrit, et du document, on recherche à produire par ces approches une description du signal essentiellement centrée aux points de contours du texte, ceux-ci devant subir le minimum de déformation.

Les informations de courbures et d'orientations prennent ici une dimension centrale essentiellement lorsqu'elles sont analysées selon plusieurs niveaux d'échelles. Je les ai exploitées sur le plan spatial et fréquentiel pour caractériser les écritures. Nous verrons au chapitre suivant quels sont les modèles mathématiques qui permettent de représenter la géométrie dans ces images de textes et leur impact sur la reconnaissance des contenus.

1.2 Le texte perçu comme une texture organisée

DÉFINITIONS. L'accès au contenu visuel des zones textuelles doit pouvoir tenir compte de la coopération de facteurs à la fois typographiques (existence de marques de mise en forme renforcées), linguistiques et textologiques (à associer l'usage des mots), [CH-06, [TH-13], [SO-12].Les relations entre les objets (importance du titre, rôle particulier du texte en italique...) sont alors plus immédiates, [BO-91]. Cette immédiateté appelée *perception préattentive* par Julesz dans [JU-83] permet de réaliser des discriminations précises et très rapides entre textures différentes. Elle ne nécessite qu'une description à basse résolution des informations textuelles et offre la possibilité de séparer au sein d'une même zone des caractères gras, italiques, grands, petits, en des points où les notions d'échelle *de perception*, de *répartition et d'orientation* peuvent coexister, [KO-90], [LE-92], [BO-91]. La régularité dans l'agencement des caractères permet d'établir des mesures stables pour une catégorie de texte donnée et des mesures discriminantes pour la séparation des textes dans des documents mixtes multilingues, [PR-10].

D'une définition très généralement admise rappelant que la "répétition spatiale d'un même motif dans différentes directions de l'espace" est constitutive d'une texture, il devient possible de définir le texte comme un ensemble ordonné régi par des règles de placement. Cette définition se limite à caractériser l'objet indépendamment de sa localisation et de ses spécificités de forme. Pourtant le texte en possède de nombreuses. La texture se manifeste généralement par une information visuelle qui permet une description qualitative (texture fine, grossière, lisse...). Haralick dans [HA-79] étend la définition en décrivant la texture comme un phénomène stochastique à deux dimensions: la première concerne la description d'éléments de base, motifs ou primitives : les « *textons* » de Julesz, [JU-83] à partir desquels la texture est formée; la seconde est relative à l'organisation spatiale de ces primitives et à l'usage de règles de placement. Unser présente la texture comme une structure disposant de certaines propriétés spatiales homogènes et invariantes par translation, [UN-95].

Une autre définition que nous avons privilégiée consiste à définir la texture en lien avec les données textuelles du document à partir de deux dimensions de l'image du texte : l'information de *contours*, de type monodimensionnel qui marque les frontières entre régions homogènes (la forme et le fond en particulier) et l'information homogène caractérisée par une donnée bidimensionnelle de surface qui définit les régions elles-mêmes homogènes. En changeant de résolution ou d'échelle d'observation la notion de texture à un niveau donné perd son sens au niveau suivant. Il est donc nécessaire de décrire l'image en intégrant les variations d'échelles qui lui sont propres et ses résolutions caractéristiques. Il a été décidé très tôt de distinguer différentes classes de textures correspondant à des niveaux de perception variable selon l'échelle d'observation, Gagalowicz dans [GA-83]. On parle alors de micro et de macro texture. Dans le premier cas on s'intéresse à des primitives de petites tailles qui peuvent dans le cas du texte s'apparenter à des fragments, des segments de petits traits distribués stochastiquement (pour les textures naturelles) permettant un rendu homogène. Dans le second cas, on fait référence à des motifs plus complets (dans le cas du texte ils peuvent s'apparenter à des lettres ou des mots) répétés et organisés de façons précises pour produire de l'information signifiante (formation d'un mot, d'un paragraphe, d'une mise en page complète). Une approche de représentation déterministe et structurelle permet d'apporter de l'interprétation et du sens à ce type d'organisation. L'auteur propose enfin une synthèse de ces points de vue multiéchelles en définissant la texture comme *une structure spatiale constituée de l'organisation de primitives ayant chacune un aspect aléatoire, mais une structure hiérarchique respectant ces « deux niveaux » de représentation*. B. Julesz, qui a initié l'étude des textures propose de définir la texture comme « des ensembles composés de nombreux éléments similaires qui sont aléatoirement (ou régulièrement) espacés selon des orientations aléatoires (ou régulières) généralement sans recouvrement ». C. Bonnet dans [BO-91] la définit comme un ensemble de « caractéristiques visibles d'une surface, homogènes en taille et en densité ». Dans le domaine de l'analyse d'images, une bonne définition de la texture est avant tout une définition qui s'adapte à l'élément de contenus qui est exploré et décrit, c'est pour cela que certains auteurs orientent leur discours vers une description par approches stochastiques [GA-83] tandis que d'autres vers une description par régularité par morceaux, [JU-83]. L'information de texture du fait de sa nature très marquée par la notion de composition (régulière ou non) n'est pas directement observable, contrairement à l'information de luminance, par exemple. Citons pour mémoire certaines des définitions qui rappellent qu'une propriété de texture est avant tout « une statistique sur des propriétés locales », [RO-73, RO-74] et que pour décrire une texture, on a besoin de décrire la primitive et les règles de placement", [DA-78], voir figure 1.1.

Figure 1.1. Textures formées à partir de motifs textuels. Zoom sur une portion de l'image. Patrimoine de l'Unesco, Koranic school (haut). Lettre de Jane Austen à sa sœur Cassandra, 20 juin 1808, et agrandissement, collections du British Postal Museum (bas).

Les notions conjointes de traits (décrits par des primitives caractérisant sa géométrie) et de disposition spatiale permettent de produire une description de ce qui constitue la *texture* du texte. Compte tenu de la nature fortement structurée des contenus du document, j'ai choisi de nommer ses éléments de contenus les *structures d'intérêt*.

IMAGES DE TEXTE ET LEUR REPRESENTATION MULTI-ECHELLE. Le but de l'analyse de texture appliquée aux images de documents est de formaliser les descriptifs de la texture par des paramètres mathématiques en lien avec les propriétés locales des formes. Celles-ci sont ensuite ramenées à une description locale (généralement statistique) des contenus. La plupart de critères visuels retenus pour décrire la texture du texte sont en lien avec son contraste, la granularité (grosse ou fine en lien avec les variations typographiques), l'orientation locale et globale, les formes elles-mêmes (spécificité de courbure, de rondeur ou de sinuosité), et aussi la régularité des traits (en lien avec une information d'entropie). Il existe pour cela une multitude de méthodes, de variantes et de combinaisons permettant de produire des descriptions complètes et compactes, [JO-06]. On peut rappeler ici les grandes familles d'approches permettant de situer les nôtres très en lien avec les propriétés intrinsèquement multi-échelles du document. Parmi elles, on compte les méthodes *structurelles* portant sur la recherche et la caractérisation de motifs élémentaires répétitifs ou permettant la construction de sacs de mots visuels construits à l'aide de dictionnaires, [SI-13, RU-09]. Ces méthodes tiennent compte de l'information structurelle et contextuelle d'une forme (à ce propos, notons que les descripteurs contextuels comme le *Shape Context* de Belongie défini dans [BE-02] ont prouvé leur efficacité pour une description non locale des formes). Ces approches sont particulièrement bien adaptées aux textures macroscopiques répondant à la définition de la texture perçue comme un ensemble organisé de textons élémentaires. Les étapes d'analyse sont d'abord l'identification des éléments constitutifs, puis la définition des règles de placement. Les deux structures les plus importantes sont les structures de graphe et les structures syntaxiques. On peut définir parmi ces approches d'analyse, celles qui s'intéressent non pas directement à l'information topologique des textons mais à leur accumulation au sein de dictionnaires, [DA-10, DA-11, DA-12], [EG-11], [BU-07b], voir figure 1.2.

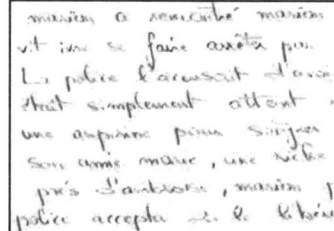 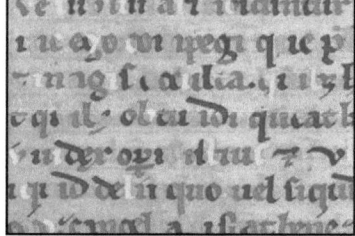

Figure 1.2. Fragments d'écritures marqués par leurs propriétés d'orientations ([JO-09]), de géométries et de structures ([DA-11]).

On se situe ici à la frontière avec les approches statistiques. Du point de vue des méthodes statistiques, la texture est considérée comme la réalisation d'un processus stochastique stationnaire, [JO-06], [JO-08b]. Des paramètres statistiques sont estimés pour chaque pixel de l'image. Selon la nature des contenus à étudier (présence de bruit important, images faiblement contrastées, densités variables d'informations…), les méthodes statistiques s'intéressent tour à tour soit aux propriétés topologiques locales ramenées au global des textures (comme les matrices de cooccurrences, les matrices de longueurs de plages, ou de voisinage, les fonctions d'autocorrélation rendant compte des autosimilarités de formes, les modèles issus de la morphologie mathématique), soit aux propriétés fréquentielles de la texture (densité spectrale, distribution par bandes de fréquences de l'information saillante,…) utilisant des transformées linéaires ou non linéaires de l'espace de Fourier et un grand nombre de filtres numériques (comme définis au *chapitre 2*).

Dans mes travaux les deux approches ont été abordées car elles permettent chacune de privilégier une information particulière qui n'est pas directement repérable par l'autre. Elles ont été rassemblées dans une dernière catégorie de méthodes que nous pouvons qualifier de *spatio-fréquentielles* et qui font le lien entre les informations de textures localisées dans l'espace de l'image et les informations de fréquences (ou les coefficients maximaux issus de transformées fréquentielles) les plus significatifs permettant de les décrire. Elles présentent un intérêt majeur dans l'analyse des contenus par leur capacité à compenser le manque en localisation des approches spectrales et à caractériser la texture à différentes échelles. Les thèses de Nicholas Journet et de Guillaume Joutel ont ainsi été le fruit de telles investigations qui ont débouché sur des outils de description des contenus (imprimés, graphiques et manuscrits) fondés sur une information essentiellement spatio-fréquentielle, [JO-09].

Ainsi, à travers les diverses définitions que l'on peut donner à la notion de texture (et pour cela on pourra se reporter aux états de l'art décrit dans [EG-98a],[JO-06] mais également dans [RO-99],[LO-00], [TJ-98], [OK-00], [HU-05]), on voit apparaître des termes clés pour la notion de texture : primitives, homogénéité, similarité, connexité … Ces éléments fondamentaux ont ainsi été redéfinis en termes d'indices visuels de texture dans les travaux de Journet et ont permis de redéfinir selon une définition multirésolution la notion complexe de texture du document. Dès lors que la texture du texte devient complexe ou bruitée et que l'objectif peut se résoudre par une caractérisation globale, il convient d'investir des mécanismes d'analyse sans segmentation.

2. Le choix de mécanismes d'analyse « *sans-segmentation*»

2.1 Motivé par les distorsions et les irrégularités de contenu

Une des premières difficultés que l'on rencontre dans l'analyse du document numérisé manuscrit est en lien avec l'instabilité des structures des pages qui la plupart du temps ne peuvent pas être modélisées par une représentation formelle, [EG-06], [JO-06a]. Cela est essentiellement vrai pour les documents pour lesquels il n'existe pas de charte éditoriale totalement stabilisée (documents anciens du patrimoine, documents écrits, brouillons manuscrits…). Dans ce contexte, une seconde difficulté en lien avec l'irrégularité des formes manuscrites est également à constater. La séparation du texte et du fond est ainsi devenu une problématique de recherche à part entière, [JO-06a]. On peut constater que les capacités actuelles d'acquisition font qu'on accède à des modèles de représentation des caractères des textes qui portent sur plusieurs centaines de pixels et contiennent ainsi des informations géométriques réellement repérables et analysables à plusieurs niveaux d'échelles. Cependant, une des difficultés de l'analyse des documents est le repérage des structures d'intérêt (les régions de traits) dans un contexte où les traits sont entachés de défauts et auront subi des dégradations.

De manière générale, la présence de bruit est un phénomène inhérent aux images de documents. L'apparition de bruit se fait lors des différentes étapes d'acquisition des images, de la même façon que pour les autres types de signaux. On recense plusieurs types de bruits selon leur nature et leur apparition dans la chaîne d'acquisition : bruit optique, bruit de détection, bruit d'échantillonnage et de quantification et éventuellement bruit de compression. Une autre source de bruit qui n'est malheureusement pas toujours contrôlable est liée à la nature intrinsèque du support en lien direct par exemple avec son ancienneté, l'intensité des usages dont il a fait l'objet, la pression de la plume, l'usure des encres et diverses dégradations que le document aura pu subir durant les périodes où il aura été manipulé (voir figure 1.3) et qui se traduisent par des fluctuations et des distorsions de l'intensité lumineuse en certains points du document.

Dans les conditions usuelles d'acquisitions des images de documents (pour rappel il s'agit essentiellement de document patrimoniaux manuscrits très dégradés) et selon les recommandations préconisées par les *bonnes pratiques de numérisation* [MI-04], [BU-11], l'épaisseur des traits d'écriture d'une image de document n'excède que très rarement quelques pixels (entre une dizaine et une vingtaine selon la résolution choisie pour numériser l'image). Sur les supports les plus dégradés, l'affaiblissement de contraste qui atténue la bonne perception et localisation des bordures des traits induit une très mauvaise performance des méthodes usuelles de segmentation (en général par seuillage) et conduit à l'application nécessaire de traitements adaptés visant à réduire d'abord le(s) bruit(s) tout en conservant les structures d'intérêt ou en les rehaussant pour augmenter leur contraste.

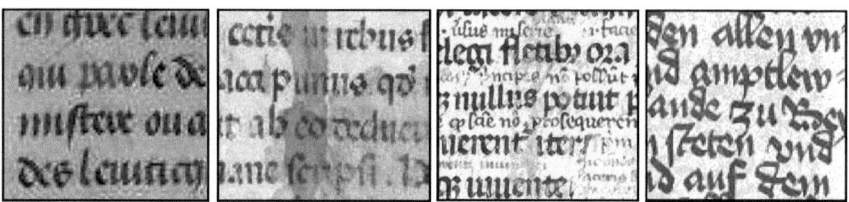

Figure 1.3. Exemple de sources possibles de dégradations d'extraits d'images de la base médiévale Oxford, [OX00]. 1. Effet de la compression sur la qualité des textures et du contour. 2. Dégradations de l'arrière-plan et tâches d'encre. 3. Enchevêtrement de lignes et comblement des espaces interlignes par d'autres écritures. 4. Fusion de lignes due à la présence de hampes et jambages importants.

Dans les images de traits, les structures d'intérêts sont évidemment les bords et les extrémités des traits. Leur spécificité réside dans leur faible densité, leur petite taille, leur faible contraste, ainsi que leur grande variété de morphologie, voir figure 1.4.

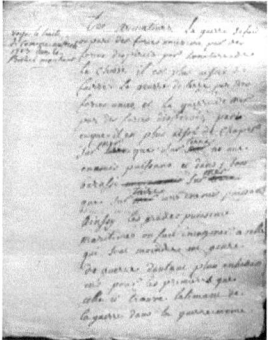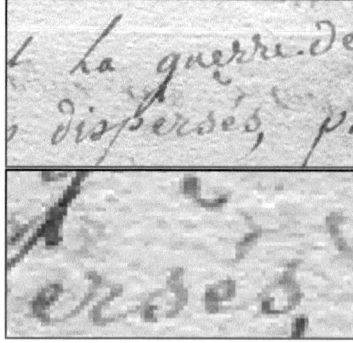

Figure 1.4. Traits d'intensité souvent atténués à l'issue de l'étape d'acquisition et aux effets du temps : extrémités de traits à l'encre mal contrastées par régions et difficiles à distinguer d'un arrière-plan fortement texturé, extrait Montesquieu-1782.

Plus précisément, les traitements appliqués devront respecter les structures fines, mais aussi les jonctions, les angles ainsi que les brisures et ne pas modifier l'apparence de l'arrière-plan. Ce type de besoins est également très largement exprimé dans les images médicales de qualité très médiocre contenant des structures fines comme les vaisseaux sanguins, ou les structures osseuses, [BI-09]. Comme nous le verrons au chapitre suivant, ces images sont caractérisées par une diversité fréquentielle qui les confond aux images naturelles fortement géométriques.

2.2 Les alternatives à la segmentation

De manière générale, les approches permettant de décrire les structures d'intérêt des images procèdent selon des approches dites *avec* ou *sans* segmentation. La segmentation consiste à séparer les formes de l'arrière-plan. Sur des images aux contrastes satisfaisants ne nécessitant pas d'opérations de rehaussement particulières ni de débruitage (séparation du recto et du verso, suppression des dégradations, rehaussement localisé sur les extrémités des formes…), il est possible d'exploiter des méthodes de binarisation des images et une recherche rapide d'objets connexes, [RA-05]. Ces méthodes guidées par les données sont généralement ascendantes et peu conditionnées par des connaissances a priori. Malgré les progrès immenses réalisés ces dernières années en matière de binarisation d'images ([GA-13a, GA-13b]), on constate néanmoins que sur la plupart des images issues de la numérisation du patrimoine écrit ancien, la binarisation n'est pas la solution à la séparation des plans d'information. Les contraintes liées à la proximité d'éléments de contenus d'intensité lumineuse similaire, l'existence de plans couleurs superposés confondant des régions textuelles entre elles, la présence d'extrémités de formes localement dégradées ou faiblement contrastées, sont autant de contre indications à la mise au point d'une segmentation systématique, [EG-06]. La préservation de l'information de niveaux de gris (ou de couleurs lorsque celle ci est disponible) est donc nécessaire pour garantir la description la moins dégradée. La binarisation produit des effets bien connus sur les images en conduisant à des fusions d'informations (de lignes ou de mots), des rehaussements d'informations censées appartenir à l'arrière-plan, des confusions entre informations textuelles et graphiques.

Il convient ainsi de mettre en place une imagerie portant sur d'autres dimensions que la connexité, reposant notamment sur le repérage de points d'intérêt ([CA-12]) ou de régions convexes stables pour un accès sélectif ([LE-09b]), et sur une analyse de texture ne nécessitant aucune segmentation a priori et traitant les données massivement. La recherche de points d'intérêt est un processus coûteux et souvent instable du fait de la grande imprécision des contours, voir figure 1.5.

Figure 1.5. Instabilité dans la détection de points DoG sur le texte manuscrit, [CA-12].

Elle nécessite une adaptation au contexte local de la forme pour être exploitable, soit par la réduction de l'espace de recherche (fenêtre d'observation locale, [RO-13], soit par la sélection a priori de zones de captures choisies en fonction de leur propriétés locales, [CA-12].

L'accès à l'information sans segmentation nous semble être la voie à suivre pour traiter un panel de documents plus larges, aux contraintes multiples (qualités variables, dégradations

17

nombreuses, mises en page non standards…) comme cela est le cas pour les documents patrimoniaux mais également industriels ou d'archives. Naturellement la capacité d'un système à traiter efficacement une information sans la segmenter est liée aux objectifs de l'analyse : dans un contexte de reconnaissance fine de caractères nécessitant d'isoler les formes et d'étudier leur variance propre, le projet de procéder à une analyse sans segmentation demeure encore hors de portée.

Les approches dites « *sans segmentation* » sont également mises en œuvre pour pallier les difficultés de représentation lorsque les images sont entachées de bruit, lorsque les formes sont incomplètes ou mal dessinées. En vue de la localisation de certaines structures d'intérêt, on peut s'apercevoir que les notions de détection et de débruitage sont finalement très proches. Dans un grand nombre de travaux, ces deux termes sont même parfois confondus : le rehaussement d'une structure étant parfois une condition nécessaire à sa détection. En particulier dans [BI-09], une analogie est faite entre le filtre réhausseur de structures spécifiques et le détecteur de cette structure. Dans la plupart des cas, on parle de débruitage lorsqu'il s'agit d'en améliorer l'apparence visuelle (pour un confort de lecture par exemple) et de localisation et de détection lorsque le traitement est dédié à une analyse des contenus : une description en vue d'une reconnaissance par exemple (cas du débruitage du texte en vue de son OCRisation, [PR-10]). Les techniques utilisées sont la plupart du temps identiques. On peut citer ici les opérations de convolutions par noyaux gaussiens, l'analyse par équations aux dérivées partielles passant par l'étude des valeurs propres permettant de déterminer les zones de transitions de structures d'intérêt, la diffusion anisotrope pour l'extraction du squelette ou le débruitage de l'arrière-plan…), les techniques de décompositions fréquentielles sur lesquelles nous reviendrons dans le chapitre suivant.

Compte tenu de l'incertitude de qualité des images de textes que j'ai eu à traiter, je me suis orientée vers les approches d'analyse sans segmentation dès lors que celles-ci permettaient d'accéder aux formes et à leur caractérisation de façon plus satisfaisante, indépendamment des structures en présence, aux dégradations et à la distribution spatiale de l'information sur la page. Les travaux de thèse de Guillaume Joutel (2009) et Nicholas Journet (2006) que j'ai co-encadrés sont basés sur des approches de caractérisation, classification et de reconnaissance sans segmentation sur la base d'une analyse de la distribution des fréquences et d'une analyse des textures, voir figure 1.6. Mes premiers travaux d'analyse de la structure des documents portaient déjà sur des modèles perceptuels et bio-inspirés ne nécessitant aucune segmentation par seuillage ni binarisation, [EG-98a].

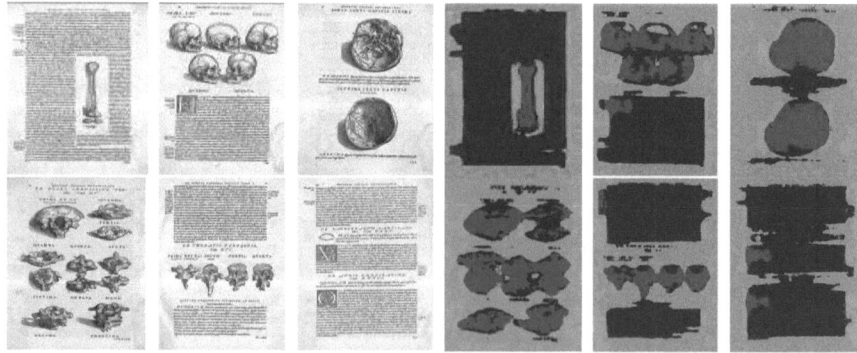

Figure 1.6. Marquage des contenus sur des pages du Vesal (CESR Tours) : séparation entre données textuelles, graphiques et d'arrière-plan par une analyse de texture multirésolution, [JO-06].

18

2.3 Les méthodes d'exploration dites d'inspiration biologique

POUR PALLIER L'INCERTITUDE DE PLACEMENT DES OBJETS. Les méthodes d'analyse dites « bio-inspirées » appliquées aux images naturelles ont trouvé un écho dans le domaine du document depuis quelques années. A la fois parce que la segmentation peut être contournée et l'information peut être traitée de façon sélective et différenciée, on a observé un engouement porté vers ces méthodes appliquées au document depuis les années 90, [SC-98]. La recherche de généricité dans les méthodes d'analyse d'images étant désormais considérée comme utopique (car celle-ci ne peut convenir à la trop grande diversité de contenus et d'usages) et en l'absence de résultats apportés par des approches dites *classiques* (nécessitant des paramétrages souvent très lourds et un recours manuel à une intervention utilisateur experte et coûteuse), les chercheurs ont entrepris d'exploiter les contenus selon des voies nouvelles. Ils ont cherché à valoriser les particularités des images (présence d'une information colorimétrique, considération amont de la présence de bruit, exploitation des caractéristiques issues de la numérisation,...) et se sont intéressés à la tâche à laquelle l'analyse était dédiée et à son usage (segmentation, recherche par le contenu, débruitage...). Des mécanismes d'exploration nouveaux ont ainsi pu être conçus en ciblant préférentiellement l'information porteuse de sens ou visuellement saillante, [EG-06b]. On peut également noter dans ce contexte que la théorie de l'information a eu un impact considérable sur l'analyse d'images et son orientation vers les mécanismes bio-inspirés. Ce n'est finalement qu'assez récemment que les outils numériques ont été rapprochés des modèles physiologiques, (voir les travaux précurseurs de David Marr notamment dans [MA-82] ou ceux d'Olshausen et Field dans [OL-96]). Dans ses travaux, Olshausen émet l'hypothèse fondamentale que les cellules simples du cortex visuel primaire pouvaient être caractérisées par des fonctions de bases, à l'image de ce que produit une transformée en ondelettes localisées, orientées et sélectives en largeur de bandes fréquentielles. Il soutient ainsi l'idée qu'une image peut être approximée par un codage parcimonieux linéaire développé sur une base de fonctions simulant les champs récepteurs rétiniens et permettant de reconstruire le signal avec une excellente maitrise de l'erreur. La recherche d'outils mathématiques pour représenter la géométrie des images en lien avec leur perception pourrait ainsi avoir un impact sur la compréhension du fonctionnement du cortex visuel. Dans l'état actuel des choses, elle permet déjà de produire des solutions numériques très riches pour la représentation des signaux.

C'est dans ce contexte pluridisciplinaire et m'en inspirant de travaux plus fondamentaux de modélisation de la perception visuelle, que j'ai proposé dès 2004 de systématiser les approches sans segmentation des documents. Les fondements des approches appliquées au document sont présentés dans un état de l'art qui rapporte les principales méthodes d'analyse des images de documents d'inspiration psychovisuelle, [EG-06b]. Pour pallier les problèmes d'incertitude dans la représentation des objets d'intérêt dans le document et leur détection, j'ai choisi dès mon doctorat de faire coexister des représentations de contenus selon plusieurs échelles (une lettre est un constituant du mot, lui-même constituant de la phrase et du paragraphe de texte) et selon plusieurs résolutions (un bloc est en ensemble de fragments organisés, perceptibles à différents niveaux). Cela nous a conduits à élaborer des modèles de description des données, soit sous la forme de représentations espace-échelles intégrant sur un même plan des informations perçues à échelles variables en simulant les mécanismes rétiniens de capture de l'information [EG-97], soit sous la forme de représentations pyramidales dirigées par l'existence connue a priori de structures internes du document, [GA-07a, GA-09])). L'information contenue dans le document étant très fortement hiérachisée, il a été naturel de s'orienter vers les approches multiéchelles pour faciliter leur représentation.

L'originalité des approches *"sans segmentation"* en lien avec les mécanismes physiologiques de notre mode de perception repose ainsi sur leur capacité à bâtir une détection d'objets d'intérêt sur des transformations d'images essentiellement multi-échelles. Celles-ci sont employées pour révéler les informations aux contours, les structures régulières, les points de discontinuités locales tout en les différenciant des informations de textures. Les approches d'analyse dites *variationnelles* et *fréquentielles* (issues de décompositions spectrales par exemple comme les transformées de Hermite ou les transformées géométriques anisotropes issues des Curvelets, voir *chapitre 3*) sont des contributions à cette problématique. Dans le domaine de l'analyse du document (pris au sens large), ces mécanismes bio-inspirés ont été introduits dès les années 1980. On peut citer en exemple dans les travaux de Kuckuck dans [KU-80] et Said dans [SA-99] qui ont conduit à la mise au point de décompositions multi-spectrales pour l'analyse et la reconnaissance des informations textuelles. Ces mécanismes m'ont semblé constituer une voie très intéressante à suivre pour aider une analyse des contenus rendue complexe par des données difficiles à segmenter. La prise en compte des dimensions typiquement perceptuelles, multiéchelles, et multirésolution des images a été un des enjeux de mes travaux de recherche. Elle s'est exprimée à travers quatre encadrements de thèse dont je vais retracer les fondements dans le chapitre suivant.

2

Espaces d'échelles pour la description des images de documents

Contributions des travaux de doctorat de N. Journet, G. Joutel, A. Imdad

La problématique centrale soulevée par ce chapitre est de faire le bilan de mes contributions en matière de repérage sélectif et de caractérisation de l'information contenue dans les images de documents. Nous appellerons ces éléments de contenus les *structures d'intérêt*. Dans le cas des images de document essentiellement textuels, les structures d'intérêt sont constituées majoritairement de traits tels que les dessins, les symboles, les tracés manuscrits, les écritures, ou plus généralement les formes diverses aux contours généralement très contrastés. Une hypothèse importante qui soutient l'ensemble de mes contributions depuis mon doctorat est qu'il n'est pas utile de regarder toute l'image à la même échelle et avec la même précision de description, [EG-98b].

Figure 2.1. Documents textuels: composition multi-échelle et diversité de contenus, [HA-12].

La représentation d'une image peut ainsi revêtir diverses formes selon le niveau d'intérêt et l'échelle d'analyse. Sa structuration est donc généralement complexe à produire et multiple car on peut à la fois y trouver des informations texturées, avec des changements plus ou moins marquants de luminance et de structures internes (niveau textons) et des informations de contraste marquant la séparation entre objets de contenus, exprimant un chevauchement, une inclusion, une limite. Les objets de contenus peuvent ainsi être définis suivant divers critères tels que les contours, la forme, la texture,... Il convient donc de tenir compte du fait qu'une technique unique de représentation ne peut pas parvenir à prendre toute la diversité des contenus et que pour couvrir la diversité de caractéristiques, il est nécessaire de combiner ou de croiser les sources d'informations et les modèles de représentations. Dans ce chapitre j'évoquerai les deux grandes familles d'approches que j'ai exploitées afin de qualifier les structures d'intérêt des images :

- les modèles linéaires fondés sur des dérivées de l'image (matrice hessienne ou tenseurs) et permettant de rendre compte des zones de changements de luminosités,
- les modèles linéaires fondés sur les fréquences et ciblant l'échelle à laquelle l'information peut être effectivement perçue (transformées de Gabor),
- les modèles non linéaires capables de rendre compte de la nature non isotrope de l'information (transformées géométriques anisotropes des Curvelets) et capables pour certaines de s'adapter localement aux éléments de contenus (diffusion anisotrope pour le rehaussement de contraste et l'extraction de l'axe médian).

Les toutes premières transformées d'images permettant de produire une représentation dans le domaine fréquentiel sont les transformées linéaires de Fourier et de Gabor. Elles représentaient jusqu'à une époque relativement récente les seules alternatives à la modélisation en niveaux de gris des images par une représentation en fréquences. Le nombre de possibilités de représentations a aujourd'hui très largement augmenté avec des transformations réversibles permettant d'accéder de façon très sélective aux différentes bandes de fréquences constituant le signal de départ, et offrant une grande sélectivité directionnelle pour la localisation spatiale et fréquentielle des contenus. On peut citer à titre d'exemples, les transformées multi-échelles telles que les pyramides directionnelles, Laplaciennes et les transformées espace-échelles impliquant une décomposition par ondelettes. Ces nouvelles représentations bien qu'ayant initialement ouvert de nouvelles voies dans les techniques de compression, de débruitage sont aujourd'hui exploitées à des fins de caractérisation pour la recherche par le contenu et la reconnaissance de formes. Ces transformées de faible redondance (souvent fondées sur des bases orthogonales) ne sont que partiellement adaptées à l'extraction robuste de caractéristiques bas niveau tels que les points d'intérêt, les contours ou les régions visuellement saillantes. Dans les travaux d'indexation par le contenu, la caractérisation des informations redondantes passe par une quantification des redondances (représentations en dictionnaires de formes, sacs de mots visuels, analyse de texture…) et permettent de mieux prendre en compte les informations réellement significatives. Si la voie choisie est celle de l'analyse des fréquences, il devient indispensable de considérer le maximum d'attributs pour quantifier un élément de formes. La redondance, au lieu d'être considérée comme un excès d'informations (cas pour la compression du signal par exemple), permet de confirmer une mesure en lui donnant un poids d'autant plus grand que l'information se répète dans le signal.

Compte tenu de la particularité des images de traits et de la présence de fréquences spécifiques nombreuses aux points de contours, j'ai choisi d'exploiter des transformées anisotropes qui respectent la géométrie des courbes et la présence des discontinuités en très grands nombre dans ce type d'images. Elles se sont avérées capables de rendre compte de la singularité des traits de petites tailles dans les images, d'en respecter l'échelle de représentation, sans en dénaturer les formes ni produire des approximations insuffisamment précises. Les représentations multi-échelles anisotropes sont à ce titre les plus adaptées à produire des descriptions adaptables aux épaisseurs variables de traits et aux formes présentant de nombreuses ruptures de tracés.

1. Perception et représentations multi-échelles dans le document

1.1 Une perception à plusieurs niveaux d'échelles

Je me suis fortement intéressée dans mes travaux à l'exploitation des sources de régularités dans les images de traits. La géométrie des traits présents sont par nature multi-échelle : il est intéressant de noter que les variations inter et intra scripteur d'écritures sont très dépendantes de l'échelle d'analyse. Aux échelles basses, toutes les écritures se ressemblent laissant place à des informations d'orientations essentiellement horizontales qui constituent les alignements de lignes d'écriture. Aux échelles fines, on observe des différences notoires non seulement entre scripteurs ou styles mais aussi au sein d'une même page d'écriture où on rencontre une variabilité interne que le niveau d'échelle le plus fin permet de relever et de quantifier, figure 2.2.

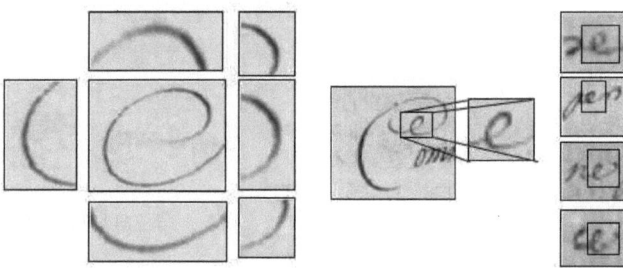

Figure 2.2. Echelles d'analyse et régularités internes de l'écriture, « De l'esprit des Lois » - Montesquieu, 1745.

L'usage exclusif des deux échelles extrêmes, la plus fine et la plus grossière, conduit inévitablement à un manque de pertinence. Soit à l'échelle la plus grossière, toutes les écritures sont jugées similaires et un système de reconnaissance devient incapable de les discriminer, soit à l'échelle la plus fine, il devient incapable d'identifier un scripteur du fait d'une quantification d'une trop grande variabilité interne et donc d'un manque de similarité [HU-93]. On peut également constater qu'aux échelles les plus fines, il est nécessaire de considérer le texte par fragments ou régions, pour ne pas embarquer d'informations trop volumineuses.

DOCUMENT ET PERCEPTION MULTI-ECHELLE DES STRUCTURES D'INTERET. L'intérêt que j'ai porté aux modèles de représentations hiérarchiques multirésolutions et multi-échelles m'a permis de mettre en évidence la coexistence d'informations à la fois locales des formes (échelles fines) et globales dans le rendu visuel permettant de produire des représentations satisfaisantes. Le système visuel humain tel que décrit par David Marr dans [MA-82] est représenté comme une « machine géométrique » assurant le traitement local de l'information visuelle à des échelles d'intégration diverses. Ce traitement peut être vu comme un traitement hiérarchisé massivement parallèle, sans rétroaction dans les étapes primaires, et sélectif non linéaire depuis l'interface rétinienne jusqu'au cortex. Les approches espaces-échelles sont basiquement définies comme des approches déterministes fondées sur l'analyse et la géométrie différentielle exploitant une valeur d'échelle paramétrant une famille d'opérateurs d'images locaux.

Les méthodes que j'ai initialement exploitées étaient basées sur des opérateurs Gaussien et Laplacien et combinaient une approche descendante pour isoler les régions d'informations à différents niveaux et une approche ascendante pour déterminer la nature du contenu et le caractériser finement. Les résultats obtenus ont montré les limites de perception des formes en fonction de leur position dans le champ visuel ([EG-97, EG-98b]). Des approches pour la plupart fréquentielles (empruntées au domaine du *traitement du signal et des images*) ainsi que des approches variationnelles pour le rehaussement et la détection de structures internes des objets (et issues du *domaine de la géométrie différentielle par EDP*) m'ont permis de porter un regard nouveau sur les images de traits et de développer des approches performantes sur des supports dégradés. Ces approches ont conduit à la mise en place de solutions originales totalement guidées par les données (plus que par les modèles). Elles sont présentées dans les sections suivantes. La figure 2.3 résume les différents modèles de représentation et de caractérisation espace échelle que j'ai entrepris d'exploiter dans mes travaux.

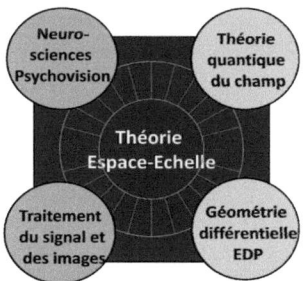

Figure 2.3 Contribution de divers champs disciplinaires à la théorie espaces échelles exploitée dans mes travaux de recherche.

Le document respecte des conventions et des modèles (de mise en page, de formatage et de composition graphique des écritures) et est naturellement destiné à la compréhension humaine (lecture, capture de l'information,…). Il est un ensemble constitué de données intentionnelles et non intentionnelles, cependant, il peut tout aussi bien être détaché de toute implication active et volontairement compréhensible de la part de l'auteur (gribouillage, dessin à main levé, rature, signature libre…), comme c'est parfois le cas dans les brouillons, les documents biffés et documents de travail (collages, …). Le lien très étroit qui existe entre le rédacteur d'un document et le lecteur a été abondamment étudié. C'est en particulier dans la mise en valeur de la mise en page (également nommée *structure* ou *architecture fonctionnelle*) que l'on peut rappeler le rôle essentiel de l'auteur à l'origine de l'élaboration des stratégies de recherche du lecteur. Cette mise en évidence de la structure fonctionnelle du document permet de se repérer mieux et plus vite. Ces considérations en lien avec les efforts fournis par l'auteur à l'étape d'édition du document ont été une des principales sources d'inspiration dans mes travaux portant sur l'analyse des structures, [EG-06b].

Du point de vue psycho-visuel, on peut observer que de nombreux chercheurs en psychologie cognitive, dont Kosslyn dans [KO-90], ont proposé des modèles d'organisation fonctionnelle de la perception visuelle permettant de rendre compte des mécanismes complémentaires de vision (*préattentive* et *attentive*) impliqués dans les cycles de perception. Celui du document en fait tout naturellement partie. La perception visuelle présente un intérêt lorsque l'on s'intéresse aux préférences du lecteur dont la sensibilité visuelle est accrue dans les régions du document présentant de forts contrastes (sur les régions de textes ce sont les typographies épaisses qui seront plus saillantes), et qu'il existe une hiérarchie dans la perception liée à la proximité spatiale que les éléments ont entre eux, [NI-91]. Il est ainsi tout à fait intéressant de constater que notre perception du document et plus particulièrement notre perception du texte vérifie bien cette propriété de dégradation de l'information lorsque celle ci est perçue « de loin » (en périphérique) donnant aux lignes de texte une apparence linéique continue. La justification de ce constat vient du fait que notre système visuel a tendance à prolonger les contours des objets dans la direction orthogonale aux fins de lignes des contours réels. Voilà pourquoi les régions de texte (contenant des objets linéiques) apparaissent soudés en blocs, blocs d'autant plus larges et homogènes qu'ils seront perçus de loin et donc filtrés avec des filtres lissants forts, [EG-97]. L'information du document vérifie par essence un grand nombre de propriétés multi-échelles. Depuis de nombreuses années, les techniques descendantes d'analyse de structures des documents fonctionnent sur ce principe de représentation multirésolution et multi-échelle intégrant indirectement cette dimension perceptuelle. L'état de l'art du domaine repris dans [EG-06b] illustre cet intérêt faisant ressortir le fait que certaines propriétés perceptives des images peuvent être des atouts considérables pour la capture et la compréhension des contenus.

Les propriétés des représentations muti-échelles et pyramidales de l'information et de l'image sont aujourd'hui exploitées dans la réalisation d'algorithmes de segmentation physique des documents. Elles permettent de définir ce qui constitue les éléments saillants d'une page et offrent une façon de les valoriser. Il est possible de distinguer les éléments qui font saillance pour des raisons intrinsèques à la scène visuelle (fortes variations différentielles par des détecteurs de points d'intérêt, fortes réponses à certains bancs de filtres ou filtrages directionnels, analyse des contrastes locaux selon diverses modalités impliquant par exemple les variations de niveaux de gris, la luminance les couleurs, les orientations…) et ceux qui correspondent à des zones d'intérêt calculées à l'issu d'une combinaison de mesures, par les résultats de bancs de filtres par exemple. Loo dans [LO-03] se sert de pyramides irrégulières pour réaliser la binarisation des images (passer de niveaux de gris en noir et blanc) et extraire les régions d'intérêt. Freche et Vincent dans [FR-00] se servent des propriétés multi-échelles du document pour extraire les zones de texte de l'image. Tout comme Adam dans [AD-00] qui applique la reconnaissance multi-échelle aux documents techniques pour extraire des informations de niveaux hiérarchiques différents. La caractérisation multi-échelle du contenu d'une page de document peut également reposer sur les bancs de filtres fréquentiels et les représentations spectrales des images, [CH-96]. Le principe consiste à caractériser puis extraire les zones homogènes de texte à partir d'un nombre réduit de filtres de Gabor dont on sait qu'ils modélisent avec une grande précision les traitements réalisés dans les premières aires visuelles du cortex, (Jones et al., 1987). Les filtres utilisés ne correspondent cependant pas au codage optimal de la vision biologique mais constituent une approximation convenable en terme de complexité calculatoire et de durée de traitement. Nous les avons exploités pour simuler de façon hiérarchique le champ visuel, [EG-98b]. L'utilisation d'une approche par filtrage de Gabor multi-canaux a été exploitée pour la séparation des zones en textures homogènes. Dans cette approche, le seul a priori requis sur les caractéristiques du texte concerne la présence typique de hautes fréquences au voisinage des contours des traits de textes. Des performances similaires ont été obtenues par Randen dans [RA-64] avec des bancs de filtres qui ont permis de réduire la complexité de calcul. En choisissant sélectivement des fréquences propres à la caractérisation des zones homogènes d'une page de texte, on part du principe (déjà utilisé en multirésolution) que toute l'information visuelle n'est pas nécessairement pertinente pour la séparation des informations.

Ces considérations psycho-visuelles dans la capture des informations ont attiré toute mon attention depuis mon doctorat. Voyons à présent quels en sont les fondements, selon la théorie des modèles espaces-échelles, pour une représentation des données en lien avec leurs différents niveaux de perception. L'accent sera mis sur les images de traits, objets privilégiés de mes travaux.

1.2 Quelques rappels sur les mécanismes de perception et de représentation

REPRESENTATIONS MULTI-ECHELLES ET MULTIRESOLUTION. Intuitivement, la notion de multi-échelle peut apparaître au système visuel humain de différentes manières, soit en relation avec une réduction de la taille de la scène observée (vue de près et de loin), soit en relation avec une simple diminution de la netteté (flou croissant), soit en relation avec une simplification du contenu (traits fins à grossiers). En d'autres termes, une représentation multi-échelle d'une image résulte d'un traitement approprié permettant d'obtenir une série d'images dérivées qui contiennent chacune une quantité réduite d'information. A ce titre, différentes représentations multi-échelles ont été proposées, elles peuvent se décrire en deux grandes classes :

- Les représentations multi-échelles par simplification (résolution de détails) : simplification de résolution conservant la taille d'origine. Pour ce type de représentations, les approches à mettre en place ne peuvent pas relever exclusivement d'un seul point de vue (local et focalisé ou au contraire macroscopique et global) mais doivent faire coexister les différents niveaux d'échelle afin de rendre compte de la propriété multi échelle des contenus (blobs & graphèmes, lettres, mots, lignes, paragraphes, pages...) rendant accessibles des niveaux d'informations enchevêtrés responsables de notre appréhension de la sémantique des contenus. Les transformées multi-échelles qui sont exploitées sur les images se basent généralement sur des bancs de filtres passe-bas lissants. Les filtres de rayon faible ne conservent que les petites structures et inversement les filtres de rayon élevé filtrent totalement les éléments de petites tailles. C'est donc ce rayon qui va définir l'échelle d'analyse de l'image. Généralement, la gamme d'échelles utilisées est très variable et dépend de l'information de contenu. L'échelle est donc directement liée à la taille du filtre, sa modification entraîne une contraction ou une dilatation de son support. De ce fait, l'échelle est inversement proportionnelle à la taille de la bande passante du filtre. Une analyse multi-échelle entraîne donc un recouvrement des bandes fréquentielles entre échelles. A l'inverse, la résolution est directement liée au contenu fréquentiel de l'image, [MA-92].
- Les représentations multi-échelles par réduction de résolution spatiale : la taille de l'image diminue et provoque une diminution de résolution. Une analyse multirésolution consiste ainsi en une séparation des composantes fréquentielles de l'image en sous bandes espacées régulièrement non recouvertes entre elles. Alors que la résolution d'une image est à mettre en relation directe avec le nombre de ses pixels, et s'obtient en appliquant un filtre passe-bas sur l'image pleine résolution de base, l'échelle est à considérer avec le niveau de détail accessible d'un contenu, voir figure 2.4.

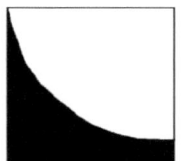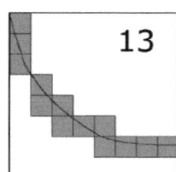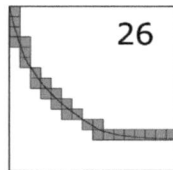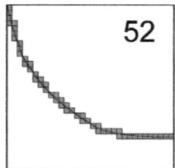

Figure 2.4 Illustration d'un changement de résolutions sur une portion de contour : représentation du contour sur 13, 26, 52 pixels.

Les différences entre une échelle fine et une échelle grossière sont donc composées des détails perdus lors des étapes de filtrages permettant de passer de l'une à l'autre. Cette opération de filtrage doit donc permettre, grâce au théorème d'échantillonnage de Nyquist, de sous-échantillonner l'image résultante sans perte d'information. Les premiers travaux tentant de mettre en évidence les structures multi-échelle des objets furent introduits par Klinger en 1971 dans son introduction au quadtree, de Rosenfeld en 1971 dans la création d'opérateurs différenciés pour l'extraction de contours, et également de Uhr en 1972 autour des représentations multirésolution des images. Le principe de sous-échantillonnage de l'image a conduit à l'introduction des représentations pyramidales en 1981 par Burt et Crowley dans [BU-81] et [CR-84] et a inspiré de nombreux travaux et recherche basées sur ces structures, [MA-92], [KO-84], [LI-90], [MA-95]. Un des avantages de ces représentations est lié à la taille des images manipulées : celle-ci décroit exponentiellement avec le niveau d'échelle et par conséquent avec les ressources nécessaires à la conduite des calculs. Ainsi si les coefficients du filtre lissant sont bien choisis, la représentation à l'échelle la plus basse correspond aux éléments de contenus les plus grossiers, figure 2.5.

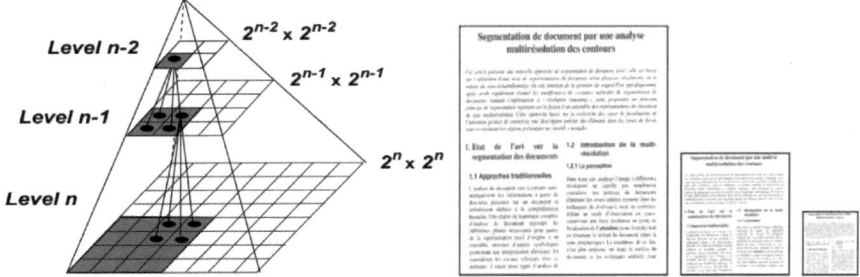

Figure 2.5: Représentation pyramidale de l'information par une réduction successive de la taille par combinaison de filtrages passe-bas et d'un sous échantillonnage (pyramides gaussiennes, [BU-83]) ou par différences d'un niveau de gaussienne à l'autre (pyramide laplacienne).

Dans le domaine de l'analyse de scène en lien avec la perception visuelle humaine, on peut rappeler les travaux d'Itti et Koch pour la détection de zones de saillances locales qui ne prend en compte qu'une unique résolution à la fois issue de la pyramide Laplacienne conçue pour la représentation des contours, [IT-98]. Le calcul des cartes de saillance locale (points d'intérêt) pour une résolution donnée de la pyramide de l'image se prive par principe de la persistance de ces points à d'autres niveaux de résolutions. Ces cartes de saillance indiquent ainsi que les points les plus saillants à une résolution donnée ne sont pas nécessairement les plus saillants à d'autre. Par exemple, une petite zone attractive à un niveau de détails élevé pourra ne pas être trouvée en n'interpolant les images qu'au niveau le plus bas de la pyramide. Finalement, il est important de considérer que les points saillants sont ceux qui sont persistants d'une échelle à l'autre. Ces points les plus saillants sont les points dont la moyenne de l'intensité sur l'ensemble des cartes de saillance est la plus grande, [CA-12].

REPRESENTATIONS ESPACE-ECHELLE. La principale différence existant entre une représentation multi-échelle telle que la pyramide et une représentation espace-échelle réside dans l'échantillonnage spatial où celui-ci est maintenu. Dans les représentations multi-échelles, l'objectif est de réduire le nombre de points sur la grille et de travailler sur des volumes réduits de données. Dans les

27

représentations espace-échelle d'une image, les niveaux de représentation sont obtenus par transposition du signal original en une famille de signaux dérivés construits par convolution avec une famille de noyaux Gaussiens de largeurs croissantes. Il existe donc une très grande redondance de l'information du fait de la conservation des dimensions de l'image (l'échantillonnage spatial étant préservé). Cela conduit à une invariance par translation qui n'existe pas dans les représentations multi-échelles. Les travaux fondateurs de Witkin attestent ce fait dans [WI-83]. Parmi les transformées multi-échelles qui font appel à l'ensemble de ces notions, on peut citer les convolutions linéaires [WI-83], [LI-90], les transformations morphologiques basées sur la morphologie mathématique de Jackway et Deriche dans [JA-96], les transformée en ondelettes et leurs multiples variantes géométriques, anisotropes et adaptatives issues des travaux de Mallat dans [MA-93], et enfin les travaux sur la diffusion anisotrope de Perona et Malik dans [PE-87], et également de Weickert dans [WE-98].

Les mécanismes de caractérisation et de structuration des éléments de contenus du document que j'ai exploités dès mes premiers travaux de thèse ont porté sur une modélisation espace-échelle du système visuel humain lors d'une exploration des contenus où l'image résultant de l'exploration était alors une combinaison non linéaire de représentations issues des fixations successives de l'image en divers points d'ancrage, [EG-98b]. Je me suis ensuite intéressée aux convolutions linéaires puis aux transformées anisotropes non-linéaires dans [JO-09] et enfin à l'utilisation de la diffusion pour l'extraction de l'axe médian dans [DA-11]. Voyons à présent quelles sont les approches les plus adaptées aux images de traits pour la caractérisation et la détection fine des structures d'intérêt.

1.3 Quelle bonne approche espace-échelle pour les images de traits ?
Approches linéaires / non-linéaires pour la *représentation* des contenus

La théorie des espaces-échelles (*Scale Space Theory*) introduite par Lindeberg dans [LI-93] fait référence aux transformations qui traitent l'image selon plusieurs niveaux d'échelles permettant ainsi de considérer des structures d'intérêt de taille différentes (l'échelle d'analyse étant à mettre en relation directe avec le dimensionnement de l'information perçue). L'échelle est à mettre en relation avec la taille de l'opérateur qui traitera l'image (par exemple la valeur de l'écart type d'une transformation gaussienne appliquée à l'image est à considérer proportionnellement à la largeur des informations présentes dans l'image (s'il s'agit d'un trait, on exploitera des écarts types proportionnels à la largeur des segments géométriques). Dans les diverses situations que nous rencontrerons (suppression du bruit par lissage, rehaussement de contraste, détection de contours, squelettisation…), l'adaptation de l'échelle à la taille des structures d'intérêt demeure un élément déterminant dans le paramétrage des approches. Pourtant, la conception des transformations pouvant capturer les caractéristiques essentiellement géométriques des images de traits et les représenter dans une description efficace demeure un problème mathématique très complexe à modéliser. Les méthodes mathématiques utilisées pour la résolution de ces problèmes ont ainsi connu une évolution importante ces dix dernières années, [MA-11a]. Petit à petit, les recherches sont passées de méthodes linéaires qui traitent l'image de façon uniforme dans des fenêtres d'analyse considérant identiquement toute l'information présente dans l'image à des opérations non-linéaires plus performantes et qui traitent l'image de façon sélective et adaptative. Les performances des approches de débruitage, de rehaussement de contraste, de repérage de structures d'intérêt, de détection de contours ou encore de squelettisation s'en sont ainsi progressivement trouvées améliorées. Leur adaptation dans le cadre des images de traits d'écriture constitue un grand progrès pour ce type d'imagerie.

Il est important de rappeler que le besoin d'adaptativité en traitement d'images semble être un élément essentiel à considérer à partir du moment où l'information importante doit être traitée de façon moins globale ou lorsque celle-ci se situe en des emplacements très spécifiques ou encore lorsqu'elle occupe des surfaces réduites et localisées, comme c'est le cas pour les images de textes (l'information écrite n'occupe en moyenne pas plus de 25% de la surface de l'image). On peut à ce propos faire le constat immédiat qu'une image présente des fluctuations très régulières dans des zones d'arrière-plan (avec des fluctuations légères liées à la présence de textures fines) tandis que dans les régions de fortes discontinuités liées aux bords des objets, on observe des variations très intenses faisant contraste avec les régions homogènes. Les grandes fluctuations apparaissent ainsi aux bordures de traits à la fois dans la forme et dans le fond. Ce constat est encore renforcé par les technique destructrices de compression qui sont parfois utilisées (compression par ondelettes et quantification des fréquences de types JPEG) et par la mauvaise adaptation de la résolution à l'épaisseur des traits. L'efficacité d'une méthode de caractérisation et de localisation de l'information devrait pouvoir être associée à ce caractère globalement inhomogène de l'image intégrant un traitement différencié aux régions de contours et aux zones homogènes.

Une telle évolution dans la considération des approches d'analyse et de caractérisation des contenus a donc été stimulée par l'introduction de nouvelles représentations mathématiques pour les images (représentations anisotropes, transformations géométriques adaptatives, filtrages multi-échelle non linéaires….) respectant à la fois l'hétérogénéité des données par la présence de discontinuités et de singularités locales mais également le caractère proprement géométrique, courbe ou allongé des formes présentes. En réponse à ces problématiques, deux types d'approches ont vu le jour ces dernières années, [RO-96] : les approches *variationnelles* portant sur une analyse des dérivées de l'image permettant d'apprécier les variations locales apparaissant aux points de discontinuités spatiales des objets représentés dans les images et les approches *fréquentielles* traitant l'image sous sa forme signal et permettant d'en proposer une décomposition en un ensemble de transformées capables de rendre compte des variations de fréquences significatives révélatrices de la présence de l'information recherchée. A travers les premiers travaux effectués en analyse harmonique de Meyer, Daubechies et Mallat dans [MA-92], il a été possible de constituer un cadre formel très riche pour la représentation et la caractérisation des images. Les ondelettes ont en particulier permis de mettre en évidence la nécessité de construire des approches adaptatives basée sur le simple constat que les coefficients élevés correspondaient à des zones à fortes variations.

De façon générale, en considérant une image comme une fonction à deux dimensions, le choix d'une représentation appropriée d'une telle fonction revêt un caractère fondamental pour résoudre un problème de débruitage, de compression, de reconstruction ou simplement de représentation. En analyse harmonique par exemple, il est possible de décomposer une fonction arbitraire en une combinaison de fonctions de base. Considérons la fonction $I(x, y)$ qui représente l'intensité lumineuse d'une image aux points (x, y) de l'espace de représentation spatiale. Les mathématiques disposent d'un grand nombre de fonctions de base élémentaires permettant d'effectuer l'analyse de ces contenus. Ces techniques sont rassemblées dans l'analyse harmonique et sont aujourd'hui pour la plupart du temps implémentables par des algorithmes performants, comme par exemple la transformée de Fourier et les séries de Fourier, pour lesquelles on dispose de l'algorithme FFT de complexité $O(N \log N)$, la transformée en Curvelets discrètes développée par Candès et Dohono dans [CA04] et qui a permis d'étendre son champ d'application à de nombreux nouveaux cas de traitements d'images (compression, débruitage et caractérisation pour le cadre de mes travaux). Dans le cas des Curvelets sur lesquels je vais revenir, l'intérêt de disposer d'une approximation des fonctions régulières par morceaux est majeur. Cela a permis de considérer des informations du signal à l'aide d'outils mathématiques puissants contrôlant ainsi la précision des représentations et celle des approximations produites, [CA-02, CA-04].

En analyse harmonique, l'exploitation du cadre mathématique fourni par les bases d'ondelettes (par exemple) a permis de s'intéresser aux propriétés de concentration des coefficients d'ondelettes qui repose sur la notion fondamentale d'approximation non-linéaire : on peut définir pour toute fonction f (que l'on peut considérer à deux dimensions) son approximation à partir de sa décomposition en ondelettes, en retenant uniquement les N plus grandes contributions mesurées dans une norme fixée. [CO-93], [AY-01]. Ce constat va également se généraliser pour l'analyse par Curvelets que nous avons utilisée à des fins de caractérisation des courbures et des orientations significatives.

Le cas des ondelettes est très représentatif de l'analyse fréquentielle des images. Cependant son application demeure limitée du fait de leur mauvaise adaptation à la représentation des informations courbes et aux segments linéaires bidimensionnels, ce qui est notamment le cas dans les images de traits. Ce phénomène est dû au caractère essentiellement isotrope des ondelettes qui s'oppose en ce sens au caractère fortement anisotrope des contours et des courbes. Une méthode d'analyse efficace doit pouvoir intégrer ce caractère globalement hétérogène de l'image par un traitement adapté des contours et différencié des éléments homogènes (comme l'arrière-plan par exemple ou les étendues présentant de très faibles variations d'intensité). On parle alors d'approches non linéaires. Ce sont vers ces approches que je me suis progressivement tournée pour répondre à diverses situations de suppression de bruit, de localisation de structures d'intérêt et de squelettisation.

Dans les sections suivantes, je vais présenter mes diverses contributions en matière de caractérisation des images de traits, rendant compte de la nécessité d'introduire des approches non linéaires et adaptatives autour de mécanismes *variationnels* et *fréquentiels* d'exploration des contenus.

2. Description et repérage par approches multi-échelles linéaires

Dans mes travaux j'ai considéré deux types d'approches :

- les approches fréquentielles portant sur des transformées géométriques et reposant sur le seuillage des coefficients permettant d'exprimer les singularités locales des images
- les approches dérivatives permettant la localisation d'éléments de structures fines à partir de l'étude locale des structures internes des formes présentes sur des données image du second ordre (matrice hessienne/tenseurs). Ces dernières approches sont dites linéaires. Nous débuterons cette section par une présentation mettant en avant les approches linéaires dérivatives utilisées pour traiter les données sans les segmenter.

Les approches espaces échelles linéaires sont caractérisées par l'utilisation d'un paramètre d'échelle qui varie en fonction d'un choix conditionné par l'utilisateur (paramètre libre) et par conséquent n'est pas automatiquement conditionné par l'échelle (épaisseur, traille) des structures d'intérêt des images. Les structures d'intérêt de l'image à échelle grossière sont une approximation des structures à échelles fines. Selon Lindeberg dans [LI-90] les conditions requises pour produire des transformations multi-échelles sont : la linéarité (pas de connaissances a priori ou de modèles des contenus), l'invariance à la translation (pas de localisation privilégiée), et l'isotropie (pas d'orientation privilégiée) et enfin l'invariance au changement d'échelle. Witkin et Koenderink dans [WI-83] et [KO-84] ont proposé une modélisation de ces axiomes mathématiques. Ils ont proposé de définir une hiérarchie complète de transformées multi-échelle dérivatives faisant varier les valeurs de σ prises successivement.

Le noyau gaussien à 2 dimensions d'écart type σ est défini par :

$$G_\sigma(x,y) = \frac{1}{(2\pi\sigma^2)^{N/2}} e^{\frac{-(x^2+y^2)}{2\sigma^2}} \qquad (Eq.2.1)$$

Par conséquent, la représentation de l'image à l'échelle σ est représentée par la fonction E sur l'image à deux dimensions I(x, y) :

$$E_\sigma(x,y) = I(x,y) * G_\sigma(x,y) \qquad \text{(Eq.2.2)}$$

*avec * l'opérateur de convolution*

L'ensemble des transformées $\{E_\sigma(x, y), \sigma \in R\}$ constitue l'espace échelle linéaire. Ce qui est fondamental en image est de pouvoir détecter les variations par des opérations de dérivations des images. La dérivation est définie comme la convolution de l'image avec un opérateur dérivatif composé des dérivées partielles de la fonction gaussienne, ce qui donne pour la variable x:

$$\frac{\partial}{\partial x}E_\sigma(x,y) = \frac{\partial}{\partial x}G_\sigma(x,y) * I(x,y) \qquad \text{(Eq.2.3)}$$

Nous présentons dans la section suivante certaines particularités de ces dérivations à travers la construction de matrices hessiennes faisant tour à tour varier les valeurs d'échelle. En d'autres termes, le principe des approches multi-échelles linéaires repose sur la considération d'une échelle d'analyse uniforme sur l'ensemble des données de l'image : qu'il s'agisse du fond ou des formes présentes. Dans le cas linéaire, on obtient ainsi des transformations dites séparables. Les transformations séparables sont souvent employées avec succès pour des applications de compression (cas des ondelettes séparables 2D intégrées notamment dans le processus de compression JPEG), de débruitage ou encore de restauration d'images. Elles ont été ces dernières années très exploitées à des fins de description, comme c'est le cas avec les transformées en ondelettes séparables pour la caractérisation des écritures et leur identification, [ZH-08]. Je présenterai leur intérêt pour la détection des structures d'intérêt dans les images de document (rehaussement de contraste, localisation d'axes médians, localisation de structures du document) et la caractérisation des écritures (représentation multi-échelle des contours des écritures à des fins d'identification). Je montrerai également en quoi les approches linéaires sont plus adaptées aux images à contenus homogènes et aux images pour lesquelles on dispose de connaissances suffisantes sur l'échelle d'analyse la plus adaptée. Dans les sections suivantes je présenterai l'avantage des approches non linéaires dédiées à l'étude de la géométrie des formes (comme les images de traits) pour lesquels on ne dispose que peu d'indications. Mes derniers travaux de recherche portent davantage sur l'exploitation de telles représentations. Leur application sur des images de segments graphiques, de zones d'écritures multi-orientées, de tracés manuscrits divers ou même d'images naturelles fortement géométriques sera également discutée.

2.1 Tenseurs et matrice hessienne : pour le rehaussement de contraste

Nous avons constaté la nécessité d'utiliser un filtre qui serait sensible aux structures fines et améliorerait leur contraste. Dans les paragraphes suivants, j'aborderai les approches de détection de structures filaires et planaires dans les images d'écriture. Il s'agit ici de mettre en évidence l'importance des approches dérivatives pour le rehaussement et la détection de ces structures. Ces techniques se basent principalement sur la diagonalisation de la matrice hessienne et l'analyse de ses valeurs propres. Le tenseur de dérivées premières représente la structure locale de l'image. Le tenseur des dérivées premières a été exploité par le détecteur de points d'intérêt de Harris, [BR-03].

D'après la théorie de la décomposition en valeur singulière, les vecteurs associés aux valeurs propres sont orientés dans les directions principales du tenseur associé à la matrice hessienne. L'analyse des valeurs propres associées à ces vecteurs permettent de relever les structures linéaires particulièrement saillantes, de redonner forme aux contours parfois dégradés ou peu visibles et de façon générale de reconforcer localement le contraste. Plusieurs approches ont été décrites dans la littérature offrant aux images des versions rehaussées comparables et portant sur une estimation locale des rapports entre les deux valeurs propres calculées en chaque point. Ces techniques ont été initialement appliquées avec succès pour la segmentation et la visualisation d'organes, comme les vaisseaux sur les images d'IRM [FR-98], de coupes bronchiques [SA-98a] et d'os crâniens [DE-06]. Ces approches ont montré leur efficacité dans leur capacitié à bien préserver la connectivité des structures. Les méthodes basées sur l'exploitation des valeurs propres de la matrice hessienne ont été developpées *à partir de l'observation géométrique des* structures linéaires présentes dans les images de traits (ou de structures tubulaires). En effet, l'image présente des valeurs de deuxième dérivée très prononcées aux abords de structures linéaires, alors que les zones homogènes présentent des valeurs proches de zéro. L'intérêt de l'analyse des valeurs propres de la matrice hessienne réside surtout dans le fait qu'elle est robuste à l'orientation locale des structures orientées. Les orientations sont calculées implicitement dans l'expression des vecteurs propres. La matrice hessienne $H_I(P)$ d'un point $P(x,y)$ se définit comme la matrice des dérivées secondes et partielles aux coordonnées (x,y) pour une échelle σ donnée :

$$H_I(x,y) = \begin{pmatrix} \dfrac{\partial^2 I}{\partial x^2} & \dfrac{\partial^2 I}{\partial x \partial y} \\ \dfrac{\partial^2 I}{\partial x \partial y} & \dfrac{\partial^2 I}{\partial y^2} \end{pmatrix}$$

$$\frac{\partial^2 I}{\partial x^2} = \frac{(x^2 - \sigma^2)}{\sigma^4} * e^{-\frac{(x^2+y^2)}{2*\sigma^2}}$$

$$\frac{\partial^2 I}{\partial y^2} = \frac{(y^2 - \sigma^2)}{\sigma^4} * e^{-\frac{(x^2+y^2)}{2*\sigma^2}}$$

$$\frac{\partial^2 I}{\partial x \partial y} = \frac{(xy)}{\sigma^4} * e^{-\frac{(x^2+y^2)}{2*\sigma^2}}$$

(Eq.2.4)

En géométrie différentielle, la matrice hessienne est symétrique ($H = H^T$) si ses dérivées partielles d'ordre 2 sont continues. Elle est diagonalisable dans ce cas et il est possible d'en extraire ses valeurs propres λ_+ et λ_- en dimension 2, telles que $|\lambda_-| \leq |\lambda_+|$. Dans la nouvelle base orthogonale de représentation, le Hessien correspond à une ellipse dont l'axe principale que nous désignerons par le vecteur unitaire u- est associé à la plus petite valeur propre λ_-. Les valeurs propres indiquent les longueurs des axes de cette ellipse : ses demi-axes sont orientés selon les deux vecteurs propres de dimensions λ_+ et λ_-. L'analyse des ordres de grandeurs de ces valeurs propres dans le cas des structures planaires, filaires ou de l'absence de structure (blob isotrope) permet une analyse fine et intéressante pour la détection des points de frontières. Par exemple, une structure filaire (trait allongé) varie fortement dans une direction et faiblement dans les deux autres, voir figure 2.7.

Des travaux similaires ont trouvé de larges débouchés dans des applications médicales visant à rehausser localement les structures internes des organes (vaisseaux, structures osseuses en 2D ou tubulaires en 3D…) dont l'acquisition n'a pu se faire qu'à partir de dispositifs de scans de type Magnetic Resonance Imaging (MRI) ou MAR (Magnetic Resonance Angiography) et CTA (Computed Rotational Angiography). Dans mes travaux, j'ai exploité une technique d'amélioration de contrastes exploitant la matrice hessienne initialement proposée par Frangi dans [FR-98] en imagerie médicale afin d'améliorer uniquement les bordures des structures. Cette approche ne permet pas de compenser les ruptures de tracés ou les disparitions locales d'encre en certains points de traits d'écritures, mais de rehausser localement les points dont les niveaux de gris sont atténués aux contours, voir figure 2.6.

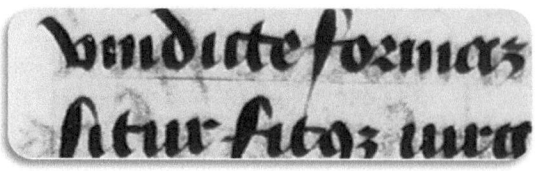

Figure 2.6. Images dont les traits d'écritures sont marqués par des dégradations aux extrémités

Le rehaussement de contour par analyse hessienne repose sur l'étude des rapports des valeurs propres de la matrice hessienne calculée à différentes échelles permettant de s'adapter au plus près à l'épaisseur locale d'un trait. Ces indications sont sensibles aux valeurs de l'écart type des fonctions gaussiennes employées en amont du calcul de la dérivée seconde ayant pour effet de limiter localement l'effet du bruit et lisser l'image. Le bilan géométrique des structures linéaires qu'il est possible de rencontrer est illustré à la figure 2.7.

	λ_1	λ_2	Structure
Modèle 1	P	E-	Structure linéraire (blanche sur fond noire)
Modèle 2	P	E+	Structure linéaire (noire sur fond blanc)
Modèle 3	P-	E-	Structure Blob (blanche sur fond noire)
Modèle 4	P+	P+	Structure Blob (noire sur fond blanc)

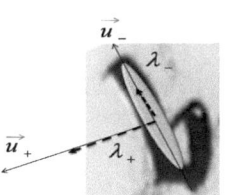

Figure 2.7. Interprétation géométrique et modèles possibles en 2D pour les valeurs propres λ_+ et λ_-, leurs vecteurs propres $\vec{u}_+$ et $\vec{u}_-$ de la matrice hessienne avec P = valeur petite, E = valeur élevée, +/- le signe, selon la condition $|\lambda_-| \leq |\lambda_+|$, [DA-11].

Dans le cas de l'analyse des traits (zones foncées sur zones claires), tout pixel ne répondant pas au deuxième modèle n'est pas considéré. Pour une structure linéaire, la plus petite valeur propre λ_- correspond au vecteur propre u. dans la direction tangentielle de la structure. Inversement, la direction normale est associée à la valeur propre λ_+, d'intensité élevée et marquée par une variation brutale entre le trait et l'arrière plan. A la manière de Frangi dans [FR-98], et de certains auteurs comme Lorenz dans [LO-97] et Sato dans [SA-98a], nous avons défini une valeur intuitive géométrique de *blobness* $R_\beta = |\lambda_- / \lambda_+|$, basée sur ce rapport entre les vecteurs propres $\vec{u}_+$ et $\vec{u}_-$. On constate que R_β est nul pour les points appartenant à des régions homogènes, généralement de fond ou au centre de formes épaisses. De même pour une structure de trait noir bien définie nous constatons en chaque pixel une valeur de λ_+ élevée, nous ajoutons alors une deuxième mesure S (nommée norme de Frobenius et décrit dans [DE-06]), telle que $S = \sqrt{\lambda^2_+ + \lambda^2_-}$ pour identifier ces structures et supprimer le bruit aléatoire pouvant se présenter dans les réponses faussement positives. Pour les structures effectivement linéaires géométriques recherchées, la mesure S demeure élevée du fait de l'existence d'une des deux valeurs propres élevée. Afin de limiter l'effet du bruit impactant fortement le calcul dérivatif de la matrice hessienne, il convient de convoluer l'image avec une fonction gaussienne. Cette convolution permet d'effectuer un lissage adapté et donc de limiter le bruit. Nous avons choisi de combiner l'approche dérivative du calcul du hessien avec l'application de convolutions gaussiennes à noyau croissant. Pour un échelle particulière σ, l'image est donc initialement convoluée par un noyau Gaussien correspondant à cette échelle et pour chaque point une fonction de *Vesselness* v_0 est calculée. Les deux mesures S et R sont ensuite combinées pour permettre ce calcul modélisé par la fonction v_0. La fonction v_0 en 2D est constituée de deux parties normalisées suivantes dans l'intervalle [0, 1]:

$$v_0(\sigma) = \begin{cases} 0 & \lambda_+ \prec 0 \\ \exp\left(-\dfrac{R_{\beta^2}}{2\beta^2}\right)\left(1 - \exp\left(-\dfrac{S^2}{2c^2}\right)\right) & \text{sinon} \end{cases}$$

(Eq.2.5)

Lorsque R_β augmente, la valeur de la première exponentielle diminue de *1* vers *0*, et quand *S* augmente la valeur de $\left(1 - \exp\left(-\frac{S^2}{2c^2}\right)\right)$ augmente de 0 vers 1. En considérant des valeurs paramétrables intermédiaires ($\beta = 0,5$ et $c = 0,5$ dans [HA-12]), on contrôle indirectement la sensibilité de la mesure R_β. La valeur résultante de v_0 pour chaque point P(x,y) de l'image est calculée comme étant la réponse maximale sur tout un ensemble de valeurs de σ testées. Ainsi on conservera les valeurs de v_0 telles que $v_0(P) = \max(v_0(P,\sigma))$ pour σ appartenant à l'intervalle $\langle \sigma_{min}, \sigma_{max} \rangle$. L'échelle σ pour laquelle v_0 atteint son maximum détermine la taille de la structure du trait. Cette mesure est définie afin d'être maximale le long des contours des traits et nulle à l'extérieur. L'échelle σ associée avec la valeur v_0 maximale permet d'apporter une information exploitable en termes d'épaisseurs de traits et le vecteur propre associé à la valeur propre la plus faible de la matrice hessienne indique la direction de ce trait, figure 2.8.

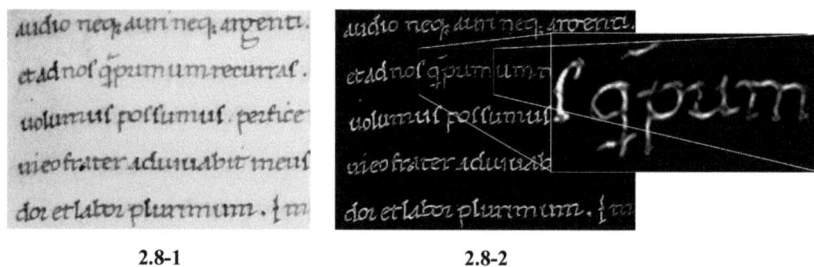

2.8-1　　　　　　　　　　**2.8-2**

Figure 2.8. Résultat du rehaussement de contraste d'une image dégradée par l'application de la fonction v_0 sur une image de texte très dégradé (**2.8-1**) aux extrémités des traits d'écritures, *http://citere.hypotheses.org/*. **2.8-2** Zoom sur une partie de l'image

Cette approche dérivative permet grâce au vecteur gradient et aux valeurs propres d'extraire pas à pas les points appartenant à la fois aux bordures, et à l'axe central des régions allongées (segments, traits) tout en conservant une information de direction des traits (associé à la plus petite valeur propre du Hessien).

2.2 Décomposition pyramidale et filtrage DooG (*Difference of offset Gaussian*)

2.2.1 Importance du contour dans la représentation des traits

Les contours ont été introduits pour modéliser le système de codage de l'information visuelle sur le plan physiologique de la perception visuelle humaine et qui a fait l'objet de nombreuses descriptions dont celles proposées par David Marr dans [MA-82]. Comme nous l'avons présenté précédemment, l'information de contours revêt une importance psycho-visuelle essentielle. La plupart des techniques de repérage de contours procèdent par une recherche de maxima locaux, comme cela est le cas dans les travaux de Carlson dans [CA-89], Mallat et Zhong dans [MA-93]. Les auteurs procèdent selon le cas à une analyse à plusieurs niveaux de résolution d'images (exploitant notamment des mécanismes pyramidaux laplaciens). La localisation exacte d'un contour est un problème généralement mal posé du fait de l'imprécision apportée par l'étape de lissage précédent la localisation. Généralement, c'est le problème de détection de la direction du contour qui est résolu lorsque l'on s'intéresse aux orientations présentes dans les images.

La définition même des contours pose des difficultés, du fait de l'inexistence d'une continuité évidente à modéliser (dans la représentation pixellisée des images). Selon l'échelle d'observation, on peut observer les variations d'intensité lumineuse d'une image soit sous la forme de discontinuités franches (figure 2.9-3), soit sous la forme d'un dégradé marqué par un gradient progressif d'intensité (figure 2.9-2). Il est également possible de rencontrer des structures géométriques fines (figure 2.9-4) visibles aux échelles d'observation les plus fines. On les associe souvent à la présence de textures qui ne peuvent pas être décrites par de simples courbes. Rappelons également que les algorithmes classiques d'extraction de contours tel celui de Canny détaillé dans [CA-86] utilisent une échelle de lissage fixée. Ceci ne permet pas de prendre en compte toute la gamme de profils de discontinuités présents dans une image. Une conséquence directe à cela réside dans le fait que les contours pour être précisément détectés doivent, pouvoir être repérés et chaînés à travers un ensemble d'échelles correspondant au « Scale Space » introduit par Witkin et Lindeberg, [LI-90]. Cela est particulièrement vérifié sur les images de manuscrits bruités anciens (usure, effet du temps sur la couleur et la texture de l'arrière-plan, dégradations des encres…) où le texte n'est pas toujours repérable par un simple détecteur de contours spatial (procédant à un seuillage par convolution par masque spatial).

Compte tenu de la difficulté à produire un contour idéal, différents types de transformées multi-échelles géométriques ont été mises au point pour répondre à ces questions, [LP-04]. Le contour d'une forme ne se réduit alors plus uniquement à quelques dizaines de pixels et peut être quantifié par une extraction de coefficients maximaux issus de transformées multi-échelles directionnelles (que nous détaillerons plus loin) rendant compte de l'organisation géométriques des traits ou de l'existence d'une succession de traits orientés perceptibles à plusieurs niveaux d'échelles. Il est également possible d'utiliser les filtres à noyaux orientés selon un nombre fini de directions pour traiter les images. Ces filtres sont une alternative intéressante à la convolution par un masque orienté prédéfini (comme les masques extracteurs de contours orientés selon une direction choisie a priori). Le problème de la détection des contours est qu'on ne connait pas a priori l'orientation des structures d'intérêt, il peut par conséquent être préférable de filtrer l'image avec un grand nombre de filtres de différentes orientations, mais cela alourdit les calculs de façon conséquente. D'autres approches considérant par exemple les contours actifs (comme les level-sets) permettent une détection de structures d'intérêt de façon très fine. Cependant ces méthodes nécessitent une initialisation qui doit souvent se faire manuellement (positionnement des germes au départ de la construction du contour dans l'image) ce qui les rend à l'échelle du document et de l'ouvrage encore inapplicable.

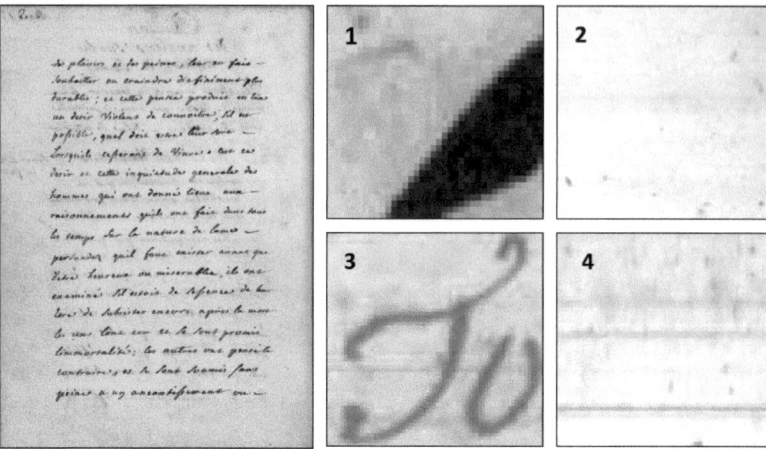

Figure 2.9. Echelle d'observation des discontinuités franches, dégradées et des structures géométriques observable sur une image de texte, extrait de la base Bayle, *http://citere.hypotheses.org/*.

2.2.2 Filtrage DooG : extraction de structures d'intérêt et caractérisation de l'écrit

Une des premières représentations proposée par David Marr dans [MA-82] et dont je me suis inspirée dans la construction de l'esquisse visuelle du document segmentée dans mes travaux de thèse fut le *Primal Sketch* (représentation bas niveau des contours). Le principe repose sur l'analyse des changements d'intensités lumineuses procédant au repérage des passages par zéro de la dérivée seconde calculée en tout point de l'image à une échelle donnée (principe du Laplacien de Gaussien, LoG). En capturant ainsi les discontinuités de l'intensité, ces primitives possèdent la propriété de se concentrer le long des contours des objets présents dans l'image. On peut alors définir la notion de « bordure » d'objet, sachant que la définition rigoureuse du contour n'existe que par la représentation qui en est produite et qui n'en fournit qu'une notion perceptuelle.

Dans notre cas, nous avons tiré profit d'un filtrage gaussien itéré pour extraire à l'intérieur des différents niveaux concentriques du champ visuel les changements d'intensité (les hautes fréquences appartenant à des bandes de fréquences contenant les saillances locales de l'image). Ainsi à l'aide de ce filtrage gaussien à valeur d'écarts types croissants du centre (point de fixation) vers la périphérie, les hautes fréquences représentatives des structures d'intérêt, précisément en leurs points de contours, sont progressivement atténuées vers les éléments situés le plus loin du centre. Pour mettre en évidence cette dégradation périphérique, j'ai réalisé un détecteur de contours directement basé sur des différences de gaussiennes successives. Ces différences sont calculées sur l'ensemble du champ visuel à l'intérieur de chaque domaine de perception de l'image filtrée, voir figure 2.10.

L'opération effectuée consiste à appliquer n fois la fonction de lissage gaussien sur les intervalles concentriques circulaires, ce qui revient à filtrer l'image de départ en utilisant une série de fonctions gaussiennes g_k (u,v), $k \in \{1,..n\}$, équivalentes aux k produits de convolution de g avec elle-même :

$$g_k(u,v) = \left[e^{-\frac{(u^2+v^2)}{2\sigma^2}} \right]^k = e^{-\frac{(u^2+v^2).k}{2\sigma^2}} = e^{-\frac{(u^2+v^2)}{2\frac{\sigma^2}{k}}} \qquad \text{(Eq.2.6)}$$

Figure 2.10. Représentation simplifiée en cinq niveaux concentriques des résultats de filtrage itératif sur des niveaux concentriques circulaires centrés, [EG-98].

Formellement, la différence de gaussiennes peut être considérée comme une ondelette modélisée par l'ondelette « chapeau méxicain », c'est-à-dire comme le négatif normalisé de la dérivée seconde d'une fonction gaussienne (ou encore la dérivée seconde du polynôme de Hermite sur lequel je reviendrai), voir figure 2.11. Elle repose sur la soustraction entre une gaussienne étroite d'écart type $\sigma/\sqrt{K}$ et une gaussienne large d'écart type σ, comme défini dans la formule suivante, $K \in [2..n]$:

$$\mathrm{DoG}(x,y)=\frac{1}{2\pi\frac{\sigma^2}{k}}e^{-(x^2+y^2)/(2\frac{\sigma^2}{k})} - \frac{1}{2\pi\sigma^2}e^{-(x^2+y^2)/(2\sigma^2)} \qquad (Eq.2.7)$$

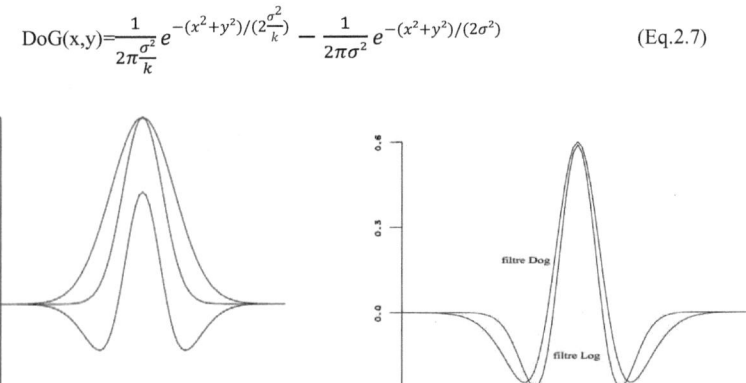

Figure 2.11. Fonctions gaussiennes de facteurs d'échelle successifs $\sigma \in [1..6]$, $\sigma/\sqrt{k}$ et $\sigma/\sqrt{k}$-σ. La différence de gaussienne est la courbe intérieure associée aux passages par zéros (gauche). Analogie avec l'opérateur LoG (Laplacien de Gaussien).

Ces différences, appelées *Difference of offset Gaussian (DooG)*, ont très souvent été adoptées pour leur robustesse et leur simplicité d'implémentation. Elles permettent dans le cas précis de l'analyse du manuscrit de ne pas passer par une étape de recherche de composantes connexes qui se révèle irréalisable sur le texte très irrégulier des manuscrits en niveaux de gris. L'approche globale par différence de gaussiennes permet de faire ressortir des connexités différentes à chaque niveau de résolution considéré, voir figure 2.12.

37

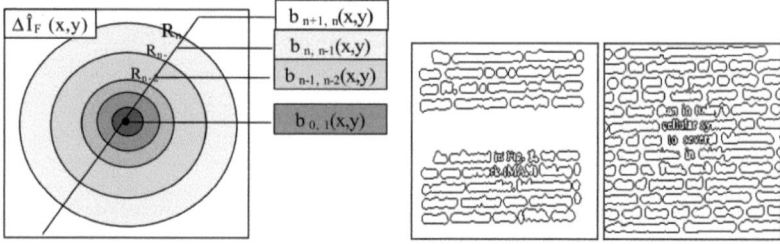

Figure 2.12. Illustration de la différence de gaussiennes successives seuillées pour l'extraction de contours sur des images dont le centre focalisé est au milieu des images (images de dimension carrée 256*256), [EG-98b].

L'idée principale de telles représentations espace–échelle des images est qu'elles génèrent une famille de signaux dérivés au sein de laquelle les informations de détails sont successivement supprimées. La figure 2.13 illustre une décomposition espace-échelle d'une portion de texte filtrée successivement par un noyau gaussien de largeur croissante montrant l'évolution de la sinuosité du profil de l'écriture selon l'échelle gaussienne considérée. Cette indication de sinuosité évoluant à travers les échelles a été exploitée pour caractériser les écritures et exprimer la progressive linéarité du trait étudié. Dans l'espace échelle linéaire, tous les détails de l'image deviennent flous de la même façon. Prendre en compte un paramètre local en lien avec les structures locales de l'image (contours, points singuliers, coins...) revient à introduire de la non-linéarité.

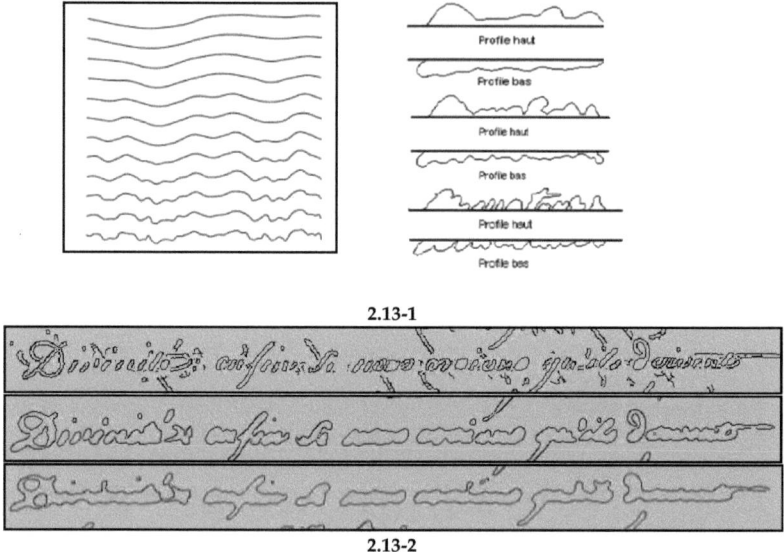

Figure 2.13. Représentation espace-échelle de tracés manuscrits **1**. Tracé espace-échelle gaussien (sur 12 valeurs d'échelles, [WI-83], [EG-04a]). **2**. Décomposition espace-échelle du mot « armateurs » en trois niveaux (trois valeurs d'écart type de Gaussienne) d'un extrait de Montesquieu et d'une ligne de texte d'une lettre clandestine de la période des Lumières (*http://citere.hypotheses.org/*), [EG-04b].

DooG CENTRES POUR LA RECONSTRUCTION DE LA STRUCTURE FONCTIONNELLE DU DOCUMENT. Le filtrage DooG, en respectant la dégradation périphérique du champ visuel permet de simuler le phénomène de perception non linéaire. Un accès à l'information sélective peut alors se réaliser à partir de représentations multirésolution liées à la construction de filtres concentriques reproduisant le fonctionnement de la rétine. La figure 2.14-1 illustre sur un exemple le mécanisme de simulation du parcours visuel sur une image de document à partir d'une sélection de points de fixation choisis avec l'intention d'équilibrer le regard sur l'ensemble des zones informatives du document (ciblant par ordre de priorité les zones saillantes comme les titres, les sous titres, les illustrations, figures et images et enfin les légendes), [EG-98a]. La reconstruction du parcours visuel complet a permis de produire des représentations du document selon plusieurs points de vue focalisés : à basse résolution (figure 2.14-2) et à haute résolution (figure 2.14-3) et ont permis de produire des esquisses exploitables des structures fonctionnelles du document. Plusieurs situations d'exploration ont ainsi pu être étudiées dans des conditions réelles d'expérimentation (utilisant notamment des eye-trackers) permettant de définir un modèle simulant les processus perceptifs humains dans le repérage des informations marquantes de la structure physique du document (titres, figures, textes volontairement espacés, présence d'éléments symétriques, contrastés, saillants...).

2.14-1

2.14-2   **2.14-3**

Figure 2.14. Représentation du document en un ensemble de points de vue centrés en des points de fixation choisis automatiquement (**2.14-1**). Polygonisation de la structure basse résolution (**2.14-2**) et de la structure fine (**2.14-3**).

RECONSTRUCTION DES CONTOURS D'OBJETS PAR ACCUMULATION DE POINTS DE FIXATION. La simulation de l'activité oculomotrice de survol des images a été étudiée dans mes travaux afin de rendre compte des processus attentionnels dans le parcours oculaire sur des images de toutes natures non exclusivement textuelles. Elle a résulté de la mise au point d'un dispositif de reconstruction d'images sous la forme d'une représentation unifiée issue d'une série de points de fixation positionnés sur les points à forts contrastes des images. Elle offre un rendu espace-échelle exploitable tenant compte d'une priorité d'attraction de points de fixation ordonnés en fonction de valeurs de saillance calculées localement (par distribution des contours portant sur l'analyse de la distribution de l'information contour dans les champs récepteurs de la région périphérique à chaque nouvelle fixation calculée, la première étant positionnée sur un point de courbure maximale), voir figure 2.15. Des facteurs de formes relatifs à des estimations de surfaces, de symétrie et de courbure sont alors nécessaires pour décrire le voisinage local et étendu d'un point.

La perception visuelle humaine est par essence non linéaire. Elle impose en quelque sorte que les méthodologies cherchant à les reproduire ou les simuler soient préférentiellement non linéaires. C'est la raison pour laquelle nous avons cherché à produire de la non linéarité en introduisant des mécanismes itératifs de traitement multi-échelle (en faisant varier les facteurs d'échelle dans les convolutions gaussiennes systématiquement employées).

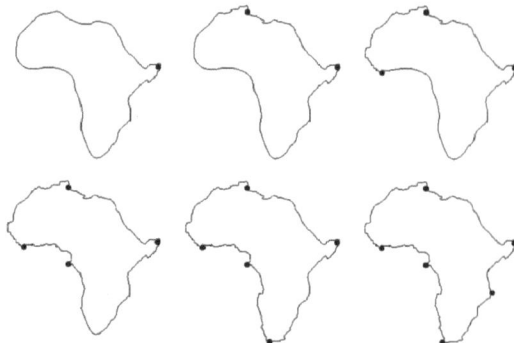

Figure 2.15. Reconstruction du profil d'une image des côtes africaines par accumulation de points de fixation sur les contours obtenus par DooG itératifs centrés.

Cependant, on peut constater que ces approches conservent une propriété d'isotropie qui n'est pas adaptée aux images de traits, de segments et de formes orientées. Afin de tenir compte des singularités locales et des discontinuités d'information très représentatives des images de traits, il convient d'introduire une différenciation de traitements entre les régions homogènes et les régions de structures d'intérêt. Deux solutions sont envisageables : la première famille de solutions porte sur les approches basées sur les équations aux dérivées partielles telles que la diffusion anisotrope en assurant un rehaussement possible et une détection de zones d'intérêt de façon adaptative et non linéaire. La seconde famille d'approches concerne les mécanismes basés sur l'analyse des fréquences des images, outils puissants permettant de sélectionner les composantes fréquentielles les plus énergétiques de l'image : en particulier, on observera que dans le spectre d'une forme allongée l'énergie se concentre dans un plan perpendiculaire à l'orientation de l'objet. L'analyse spectrale permet donc de caractériser des contenus géométriques orientés. Cependant la difficulté liée au domaine fréquentiel est qu'il ne possède pas la propriété d'assurer une localisation spatiale de ces informations. Par conséquent, on ne peut associer aucune structure géométrique (comme les contours des objets) aux primitives de la représentation, ce qui interdit toute interprétation visuelle.

Pour compenser cette absence de localisation spatiale, les bases d'ondelettes ont permis d'assurer une bonne représentativité fréquentielle et spatiale de l'information par la capture des maxima locaux

aux points de contours multi-échelles, et aux points localement saillants définis comme des « micro-textures internes » des objets et des fonds, [MA-92]. Nous verrons dans la section suivante que pour assurer une capture précise des formes présentant des contraintes d'orientations fortes (images d'écritures, de tracés graphiques), les mécanismes isotropes de représentations comme les bases d'ondelettes sont insuffisamment précis et robustes. Nous avons ainsi introduit lors de la thèse de G. Joutel [JO-09] des solutions plus sélectives de décomposition et d'analyse du spectre permettant de rendre compte de cette anisotropie caractéristiques des images de traits. Ce sont sur les transformées par *Curvelets* que notre intérêt s'est porté. Elles nous ont permis de résoudre conjointement une caractérisation et un repérage efficace des petites structures anisotropes géométriques.

3. Prise en compte de la non-uniformité des contenus

Dans les transformations espace-échelle linéaires, les détails de l'image sont tous traités de manière uniforme par des filtres à échelle constante. Cela est dû à l'indépendance choisie du filtre utilisé et des variations présentes dans les structures locales des images. Tenir compte d'un paramètre d'échelle local en réponse aux variations non uniformes des images de traits revient à relâcher des contraintes sur les filtres et à repérer de façon plus fine des singularités présentes dans les images (présence d'informations éparses, discontinues, fractionnées), voir figure 2.16. Il convient ainsi de trouver des représentations qui respectent le principe de causalité (non rehaussement des contrasteq lorsque le facteur d'échelle augmente) et qui préservent les discontinuités de l'image en respectant les points de contours.

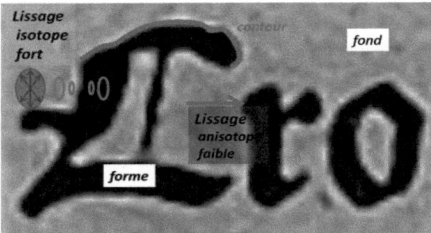

Figure 2.16. Variation de l'échelle de lissage en fonction de la zone d'intérêt considérée. Prise en compte de la non linéarité dans l'analyse pour la détection et le débruitage des structures d'intérêt.

A la manière de l'œil qui distingue différemment les éléments positionnés dans la région fovéale, il est possible de proposer des transformations d'images relevant les zones de discontinuités (contours, points singuliers) par rapport aux zones homogènes de textures. L'exemple le plus classique de filtrage non linéaire est la diffusion anisotrope dont nous allons présenter certaines caractéristiques exploitées à des fins d'extraction de squelette dans les images de traits dégradées.

L'intérêt de transformées non linéaires a également été mis en évidence pour traiter des données de type géométrique : c'est le cas de l'usage des Curvelets, ou des Contourlets sur lesquels nous reviendrons. D'autres approches (Wedgelets, Bandelets) permettent de considérer les données de façon adaptative en adaptant l'échelle d'analyse aux données à analyser. D'autres approches que nous n'avons pas choisi d'investir dans nos travaux concernent l'exploitation de transformées morphologiques non linéaires où l'échelle est déterminée par la taille de l'élément structurant et le

41

changement d'échelle est ensuite obtenu par des opérations successives d'érosions et de dilatations faites sur l'image. Les travaux initiaux de Dériche et Jackway dans [JA-96] portent sur ces modèles espace-échelle particuliers.

Dans mes travaux, je me suis intéressée aux fortes similitudes qui existaient entre les mécanismes variationnels et les mécanismes fréquentiels dans leur capacité à traiter différemment les régions d'intérêt des images selon leur contraste. La prise en compte de l'anisotropie est donc à mettre en lien direct avec la recherche de bandes de fréquences d'orientations particulières et la recherche de zones contrastées aux propriétés spatiales identifiées à partir des leurs dérivées partielles. Ces éléments seront rediscutés dans les sections suivantes.

3.1 Approches variationnelles anisotropes pour la détection de structures d'intérêt

Les représentations espace-échelle ont de nombreuses propriétés intéressantes comme nous l'avons vu, cependant leur capacité à sélectionner les bonnes échelles de représentation présente l'inconvénient majeur d'éliminer les détails présents aux points de singularités des images. La possibilité de considérer une image différemment selon que l'on se situe sur une zone de singularités ou de contours et sur une zone homogène a fait l'objet ces dernières années de nombreux travaux. Disposer de la capacité de lisser une image tout en préservant les lieux de discontinuités fortes (contours et coins), a ouvert de nouvelles voies pour traiter des problèmes récurrents dans le domaine de l'image (rehaussement de contours, détection d'objets, représentations…). Depuis les années 2000 et suite aux premiers travaux de Tsumperlé dans [TS-02], les Equations à Dérivées Partielles (EDP) ont soulevé un grand intérêt dans le domaine du traitement d'images. Actuellement ces techniques sont très peu exploitées dans le cadre des images de documents et pourtant les voies s'avèrent très prometteuses.

La loi générale définissant la direction du transport des flux est donnée par l'équation générale :

$$j = -D\nabla u \qquad \text{(Eq.2.8)}$$

Où u peut être vu comme une concentration ou une température et D un tenseur (matrice de R^2 symétrique définie positive). Cette loi montre en particulier que le flux de diffusion est proportionnel au gradient de concentration. Dans le cas d'une image il s'agira de la magnitude du gradient $|\nabla I|$. Une autre manière de présenter la diffusion non linéaire est de la présenter selon le comportement local induit par les éléments de contenus de l'image. En dehors des zones de contours, l'image diffusée présentera un comportement similaire à celui de l'application d'une transformée espace-échelle (lissage linéaire), tandis que sur les contours l'image sera préservée. Il existe une équivalence de relation entre l'espace échelle linéaire et l'équation de diffusion linéaire. Les nouveaux espaces échelles qui nous intéressent désormais sont ceux qui considèrent de manière différenciée les contours et les régions homogènes.

Dès 1984, il a été montré par les travaux réalisés Koendrink dans [KO-84] puis par Hummel dans [HU-86] que l'image I filtrée par un noyau gaussien peut être vue comme la solution de l'équation générale de la chaleur ou équation de diffusion définie à partir de l'opérateur divergence (correspondant également à une autre écriture du Laplacien):

$$\frac{\partial I}{\partial t}(x,t) = div\big(c(x,t)\nabla I(x,t)\big) \qquad x \epsilon \mathbb{R}^2, t > 0 \qquad \text{(Eq.2.9)}$$

Le filtrage gaussien est une solution à l'équation de la chaleur avec une valeur de c constante, répondant aux critères de causalité et d'homogénéité/isotropie. Le lissage Gaussien est donc analogue à un processus de conduction de la chaleur avec une diffusivité constante. L'isotropie implique un traitement ne privilégiant aucune direction tandis que le principe de causalité interdit la création de structures de hautes fréquences par le filtrage. L'utilisation de la diffusion isotrope basée sur l'utilisation exclusive d'un filtrage gaussien pour des applications de suppression de bruit par exemple n'est pas réellement satisfaisante car elle conduit inévitablement à filtrer les contours autant que les zones homogènes et donc à la perte de précision de localisation des contours. En particulier dans l'équation précédente, lorsque t tend vers l'infini (équivalent à une gaussienne de largeur infinie), I converge vers une image constante vue comme ayant une valeur unique égale à la moyenne de I initiale. Pour contrôler cette convergence non souhaitée, Perona et Malik dans [PE-90] introduisent une diffusivité non constante, ramenant dans l'expression de l'EDP une fonction non constante c définie par:

1/ $c(x, t) = 1$ dans les régions homogènes induisant un lissage fort.

2/ $c(x, t) = 0$ dans les zones de contour induisant aucun lissage

Dans leurs travaux, les auteurs emploient une diffusion régularisée utilisant une dérivée lissée faisant effet d'un détecteur de contours multi-échelle. On peut constater que l'équation continue proposée par les auteurs est mal posée car le bruit présent dans les images est caractérisé par de forts gradients et risque de ne pas être convenablement lissé. La solution proposée consiste alors à réaliser une régularisation du gradient à l'aide d'une fonction Gaussienne, qui transforme l'équation de chaleur en l'expression:

$$\frac{\partial u}{\partial t} = div(g(\| \nabla_\sigma u \|^2)\nabla u) \quad x \epsilon \, \Omega, t > 0 \qquad (Eq.2.10)$$

On considère $\nabla_\sigma u = \nabla(G_\sigma * u)$ avec G_σ le noyau gaussien de variance σ^2.

Comme la diffusivité permet de moduler localement l'intensité du lissage, il est commode de l'exprimer comme une fonction du gradient, indicateur de la présence d'un contour. Considérant que le gradient g de l'image est un bon estimateur de l'homogénéité locale, il peut être exploité par l'estimation de sa valeur en tous points. Celle-ci demeure faible dans les zones homogènes et fortes sur les contours. L'idée développée par Catte dans [CA-92] faisant suite aux travaux de Perona et Malik est de faire varier le coefficient de diffusion en tous points de l'image en fonction de la valeur du gradient calculé en ces points. Il s'agit là de diffusion régularisée non linéaire. Jusqu'ici la diffusion isotrope non linéaire conduisait à la diffusion uniforme de l'énergie de l'image dans toutes les directions de l'espace. Pour les images de traits, il a rapidement été montré que la diffusion devait privilégier certaines directions en respect de la forme des structures d'intérêt, ce qui conduit à lisser l'image le long des bords et peu dans la direction $\nabla_\sigma u$. Le point de départ de cette généralisation anisotrope est le constat que les arêtes sont régulières dans la direction de la tangente, et le saut brusque est dans la direction perpendiculaire. Hors des zones de contours, il n'y a pas de diffusion, l'image est préservée. Notons que l'on retrouve exactement la même idée dans la définition des *Ridgelets* et des *Curvelets* généralisant les ondelettes 2-D et permettant un traitement différencié aux points de fortes amplitudes de coefficients. Nous les étudierons plus loin dans ce manuscrit.

Dans le domaine de l'analyse d'image médicale pour la détection de structures faiblement contrastés (vaisseaux sanguins, structures osseuses), il est intéressant de se rappeler d'autres travaux comme ceux de Krissian et Ayache qui dans [KR-97] exploitent la diffusion anisotrope pour réduire le bruit et mieux préserver les petites structures de vaisseaux. Leur technique est basée sur la différenciation de la diffusion selon les directions du gradient et les valeurs de courbures minimales et maximales calculées en tous points. Plus tard, en 2007, ce sont sur les images de documents manuscrits que les premiers essais de recherche de structures médianes des traits ont été proposés par Lebourgeois dans [LE-07] avec des résultats très prometteurs dont je me suis inspirée pour extraire de façon robuste les extrémités de zones de traits à la manière de la recherche d'extrémités de segments,

[HA-12], voir figure 2.17. La diffusion anisotrope décrite dans [LE-07] est un processus itératif au sein duquel l'image originale évolue vers l'image filtrée. Et c'est précisément pour faciliter la dissociation du trait et de son arrière-plan que nous avons choisi d'exploiter cette diffusion non linéaire afin de déterminer les zones de divergences dans l'image qui correspondent à l'axe médian des formes et aider ainsi à la détermination du squelette, [HA-12].

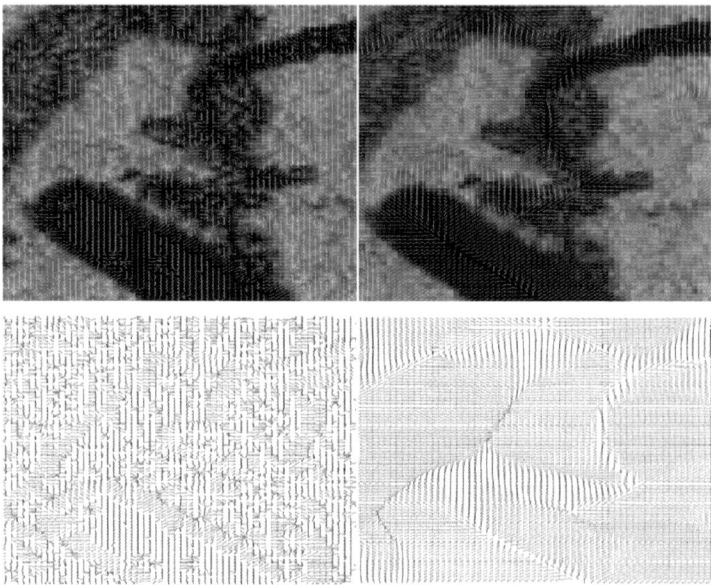

Figure 2.17. Régularisation et diffusion du gradient sur un extrait de texte ancien. Comparaison entre le champ de gradient et le champ régularisé. Divergence des valeurs d'orientation de gradients aux points de l'axe médian, [LE-07].

Cette figure représente le champ de gradient sur une image bruitée (haut et bas à gauche), et le champ de gradients qui est généré après la régularisation (haut et bas à droite). L'idée principale de cet algorithme est basée sur la correction de la direction du gradient en régularisant le champ de vecteur du gradient qui est présenté par l'équation suivante :

$$\nabla I^{n+1} = \frac{1}{|N(p)|} \sum_{h \in N(p)} \nabla I^n (h), et \ \nabla I = \begin{pmatrix} I_x \\ I_y \end{pmatrix} \qquad (Eq.2.11)$$

∇I^n représente le champ de vecteur de gradient régularisé à l'ordre n. La régularisation peut être considérée comme un processus itératif de lissage des vecteurs gradients en utilisant $N(p)$, le voisinage 8-connexe de chaque point p, avec un noyau uniforme. La régularisation excessive du champ de vecteur de gradient va progressivement diverger. Pour maintenir la stabilité du champ par la régularisation du vecteur, nous avons besoin, soit de réduire le nombre d'itérations, soit d'utiliser un algorithme de feu de brousse ou une fonction d'arrêt bloquant la diffusion. Nous avons choisi de

44

contrôler la régularisation en arrêtant le flux du gradient à partir de l'équation précédente, quand le nombre d'itérations n pour un gradient non nul $\nabla I^n \neq 0$ atteint une limite l défini en amont du processus. Pour une valeur de $l = 1$, on obtient un résultat type « feu de brousse » qui fournit un axe médian présentant de nombreuses branches parasites. Pour une plus grande valeur de l, on obtient un axe médian lisse, robuste au bruit et adapté pour les images réelles (voir fgure 2.18). Le paramètre de lissage l peut être augmenté pour analyser les images bruitées sans atteindre la perte de stabilité du champ de gradient.

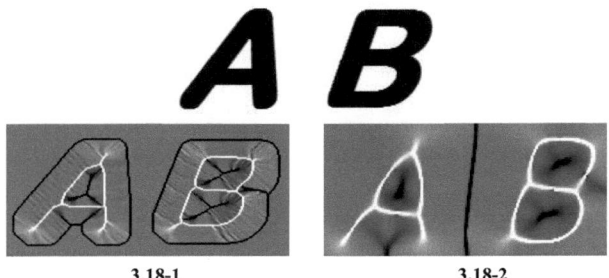

3.18-1   **3.18-2**

Figure 2.18. 1. Algorithme feu de brousse avec $l=1$ et $\theta(\nabla I^{n=8})$. **2.** $l = 40$ et $\theta(\nabla I^{n=82})$.

$\theta(\nabla I) = arctg\left(\dfrac{I_y}{I_x}\right)$ présente l'orientation du gradient et n le nombre d'itérations.

Durant ce processus de régularisation, les vecteurs de gradient ayant une plus grande amplitude sont réorientés jusqu'à la convergence ou l'arrêt des itérations. En reprenant les définitions exploitées par Lebourgeois, l'orientation corrigée du gradient est ensuite utilisée pour calculer la carte de force du squelette (CFS). La différence d'angle maximal de l'orientation de deux paires symétriques et adjacentes de vecteurs de gradient dans une fenêtre de taille 3×3 est basée sur l'équation suivante et est exploitée afin de déterminer les points médians:

$$SS(p) = \max_{h,k \in N(p)} \left\{|\theta(h) - \theta(k)|\right\} \qquad \text{(Eq.2.12)}$$

$\theta(h)$ et $\theta(k)$ présentent les orientations du gradient des paires symétriques ou adjacentes de vecteurs de gradient dans le voisinage connecté de taille 3x3. Si $SS\ (p) = 180°$ alors le point p appartient à l'axe médian, sinon si $SS\ (p) = 45°$ alors le point est localisé sur une forme triangulaire ou dans des branches parasites du squelette. La figure 2.19 montre le résultat de l'extraction de l'axe médian basée sur la régularisation du champ de gradient. Les résultats sont très différents de ceux produits par des approches classiques exploitant les propriétés essentiellement morphologiques des traits, [ZH-84].

La diffusion anisotrope peut être comparée à la résolution d'un problème de minimisation d'une énergie qui va établir un équilibre entre d'une part l'homogénéisation de régions d'arrière-plan (selon un voisinage contrôlable) et d'autre part la préservation des contours. Certains auteurs utilisent l'expression de la diffusion anisotrope pour l'interpréter comme un filtre lisseur adaptatif (ne lissant les régions que celles-ci vérifient un niveau d'homogénéité minimal).

Figure 2.19 Extraction de l'axe médian par la méthode de régularisation anisotrope du gradient (2.19-1), méthode de squeletisation de Zhang (2.19-3) reposant sur une binarisation type Sauvola (2.19-2). Résultat de régularisation sur des manuscrits anciens dégradés (2.19-4), [HA-12].

La diffusion anisotrope s'avère ainsi être très efficace pour le débruitage et la segmentation des images en préservant les contours et facilitant l'extraction des lignes médianes. Toutefois, son exploitation aux cas des images de traits pour ces applications peuvent présenter quelques contraintes. Comme tout algorithme itératif, il est nécessaire de contrôler la convergence de la diffusion : les temps de calcul peuvent de ce fait devenir très importants (qu'on choisisse un nombre fixe d'itérations, ce qui est généralement le cas ou que l'on attende la convergence qui n'est pas constante sur toute l'image car ralentie dans les zones proches des contours). Nous pouvons également remarquer que la plupart des fonctions de diffusion font appel à un paramètre en lien avec l'amplitude du lissage lors d'une itération. Plus ce paramètre est important, plus l'image va se lisser rapidement à chaque itération. Il est également nécessaire d'introduire un paramètre de hauteur minimale de contours à conserver ainsi qu'une valeur de contraste de référence des contours à préserver. Plus ce paramètre est important, plus les contours seront préservés (éventuellement le bruit aussi). Ces connaissances a priori doivent être apportées en amont du processus de régularisation. Enfin, la diffusion anisotrope n'est pas adaptée dans son application directe aux variations graduelles sigmoïdales des formes (dégradées) qui apparaissent en très grand nombre aux points d'extrémités des traits. Il est possible de limiter ces inconvénients par l'introduction de la diffusion *Multigrid* comme cela a été proposé par Acton dans [AC-98] et qui consiste à utiliser une hiérarchie de versions discrètes de l'image. Si à basse échelle ce sont les structures linéaires de lignes qui ressortent davantage, à échelles élevées ce sont les micro-structures qui peuvent être mises en évidence. La valeur du paramètre d'échelle en lien avec la géométrie des structures d'intérêt doit également être apportée.

Dans les sections suivantes, je présente l'historique de mes travaux en lien avec les transformées fréquentielles assurant de nombreux avantages pour le débruitage, la localisation et la caractérisation de structures d'intérêt dans les documents.

3.2 Exploitation de l'espace - échelle gaussien pour la caractérisation de la géométrie

Les premiers outils reposant sur une analyse fréquentielle des images ont porté sur l'analyse de Fourier. Celle-ci présente un intérêt pour la détection des orientations principales relevées à échelle fixe et obtenues par la construction des roses de direction par autocorrélation, [EG-07]. Ces mécanismes se sont avérés trop globaux, n'exploitant pas les corrélations multi-échelles qui existent dans les images de traits. L'analyse des signaux par décomposition en ondelettes a été longtemps exploitée pour la caractérisation des écritures - notamment pour la vérification des signatures ([JI-05]). Cependant, elle s'est avérée, comme nous le montrerons, totalement insuffisante pour accéder à une analyse fine de la géométrie des traits d'écriture.

Comme nous l'avons évoqué tout au long de ce chapitre, la notion de **géométrie** est importante dans les images de traits et il existe une multitude de structures que nous pouvons qualifier de géométriques dans les images de textes. La capture des structures géométriques peut se faire directement sur un domaine multi-échelle et correspond à un procédé de regroupement de coefficients maximaux (d'ondelettes pas exemple). Les descriptions issues de ce type de décomposition peuvent être orthogonales (formant ainsi une base de représentation) ou redondantes (contenant un grand nombre de coefficients maximaux représentants la même structure).

Alors que les images de textes ne possèdent pas de textures géométriques à proprement parlé, elles possèdent toutefois des éléments de structures réguliers par morceaux et raccordés en des points de discontinuités. Pour analyser ces régularités *géométriques* locales, les outils classiques tels que l'analyse de Fourier ou les transformées en ondelettes doivent être dépassés. Les modèles actuellement développés pour cela sont basés sur des fondements mathématiques liés à la compréhension du fonctionnement du cortex visuel, comme les transformées de Hermite par exemple ou les transformées géométriques adaptatives [JA-11a], [PE-11].

Notons qu'une représentation efficace des images n'est réellement possible que s'il existe précisément une forme de redondance et de régularité interne dans la description. Même si la recherche de représentation non redondante est à la base du développement de la théorie de l'information fondée par Shannon [Ref Shannon], la réalité de l'exploitation des outils numériques montrera qu'une forme de redondance s'avère indispensable pour des applications de caractérisation robuste, ce qui n'est pas le cas, en revanche pour des applications de compression ou de reconstruction où des représentations compactes sont nécessaires, [XI-12]. On notera enfin que les bases classiques même multi-échelles (d'ondelettes notamment) sont incapables d'exploiter efficacement les régularités internes qui caractérisent la géométrie des formes. L'introduction de bases plus géométriques semble pouvoir le permettre, [LP-07]. Dans leurs travaux LePennec et Peyré montrent que « *comme il a fallu abandonner la base de Fourier pour les bases d'ondelettes pour capturer les régularités locales des formes, il a fallu abandonner les bases d'ondelettes pour pouvoir exploiter les régularités géométriques des images* ». Cela est également pour les images de traits que nous analysons. Dans mes travaux de recherche, j'ai ainsi privilégié, à l'occasion de la thèse de Guillaume Joutel ([JO-09], les transformées multi-échelles géométriques anisotropes et redondantes en Ridgelets / Curvelets qui permettent un tel repérage. Je me suis ainsi tournée vers un ensemble d'approches fréquentielles pour repérer les informations à fort contraste des images d'écritures. Progressivement, je suis passée des approches directement basées sur l'analyse du spectre de Fourier (pour la construction de roses de directions dédiées à l'estimation des orientations présentes dans les images, [JO-06a]), aux transformées de Gabor (pour la représentation des traits selon une quantification des orientations fréquentes, [EG-07]), et aux transformées de Hermite (pour le débruitage des images des manuscrits anciens et l'identification d'écriture, [IM-07]) pour proposer enfin des approches géométriques anisotropes (les Curvelets, [JO-09]) permettant une meilleure analyse multi-échelle et une meilleure adaptation aux images de traits. Ces dernières opèrent selon une multitude d'orientations fréquentielles en offrant de bonnes représentations de traits caractéristiques notamment au niveau des courbures et des orientations. La constitution de signatures d'images - exprimant la relation existante entre la courbure et l'orientation en chaque point de l'image selon un cumul des coefficients élevés de Curvelets à différents niveaux d'échelle - a permis de mettre au point un système d'interrogation de type CBIR performant sur les images de textes anciens, d'écrits contemporains et d'images de paysages urbains particulièrement géométriques.

3.2.1 Les bancs de filtres directionnels de Gabor pour l'analyse de l'écrit

PRINCIPE DE LA DETECTION DES ORIENTATIONS PRINCIPALES DES TRAITS. La transformée de Fourier est particulièrement bien adaptée aux signaux dits stationnaires, appelés ainsi car leurs propriétés sont statistiquement invariantes au cours du temps. Dans le cas 2D il s'agit de signaux stationnaires spatialement. Naturellement dans le cas des images de traits cela n'est pas le cas. Les signaux non stationnaires font apparaître les singularités de manière non homogène. La transformée de Fourier ne permet pas de localiser dans le plan fréquentiel les singularités aux contours. Pour répondre à cette contrainte de localisation, on dénombre aujourd'hui deux grandes stratégies : la transformée de Fourier fenêtrée et la transformée en ondelettes.

Afin de compenser l'absence de localisation, il a été introduit en 1990 les transformées fenêtrées de Fourier (ou transformée de Gabor) permettant de localiser l'analyse de Fourier en s'aidant de fenêtres. Une fenêtre est une fonction régulière et bien localisée, nulle en dehors de son support. En multipliant l'image par une fenêtre, on obtient une version locale dont on peut déterminer le contenu par une analyse de Fourier classique. On renouvelle alors l'opération en déplaçant la fenêtre d'analyse. L'ensemble de ces transformées de Fourier localisées forme la transformée de Gabor du signal. Nous avons exploité ces premières versions de décompositions du signal afin d'en extraire des caractéristiques de textes en orientation et en fréquences. Le modèle le plus souvent cité dans sa capacité à modéliser les champs récepteurs du système visuel humain est constitué de la famille des filtres de Gabor. L'orientation présente des intérêts à la fois macroscopiques (par la capacité de ces transformées à prédire les orientations des lignes et des mots), et locaux (par leur capacité à décrire les singularités directionnelles locales très spécifiques des écritures), [EG-04a, EG-04b, EG-05a, EG-07]. Le filtrage de Gabor constitue un excellent compromis espace - fréquence pour la représentation du contenu des images, mais c'est en règle générale l'étape de paramétrage qui est laborieuse et rarement automatisable, [WE-98, YA-03]. Une fonction de Gabor se définit comme une fonction gaussienne modulée par une onde sinusoïdale. Dans le plan fréquentiel (u, v), elle se définit par:

$$G(u,v) = A\left(\exp\left\{-\frac{1}{2}\left[\frac{(u-u_0)^2}{\sigma_u^2} + \frac{v^2}{\sigma_v^2}\right]\right\} + \exp\left\{-\frac{1}{2}\left[\frac{(u+u_0)^2}{\sigma_u^2} + \frac{v^2}{\sigma_v^2}\right]\right\}\right) \qquad (Eq.2.13)$$

avec $\sigma_u = 1/2\pi\sigma_x$ et $\sigma_v = 1/2\pi\sigma_y$ la largeur respectivement selon u et v de la fonction gaussienne. $\sigma_{u\,et}\,\sigma_v$ représentent les écart types selon les axes u et v. La largeur de bande u_0 correspond à la valeur selon l'axe de u (correspondant à une orientation de 0°). Dans nos travaux, nous avons implémenté un banc de filtres paramétrés à l'aide d'une sélection en fréquences, orientations et largeurs des fonctions gaussiennes. La sélection étant très dépendante du contenu de l'image, le paramétrage automatique de la fonction de Gabor n'est pas simple, [WE-98, YA-03], [EG-07]. En pratique l'implémentation d'un banc de filtres complet n'est pas réalisable. C'est la raison pour laquelle nous l'avons automatisé à partir d'une sélection automatique des orientations principales contenues dans l'image qui sont celles qui sont observables sur la rose de direction de l'image. Ces orientations constituent les paramètres qui sont utilisés dans les fonctions de Gabor.

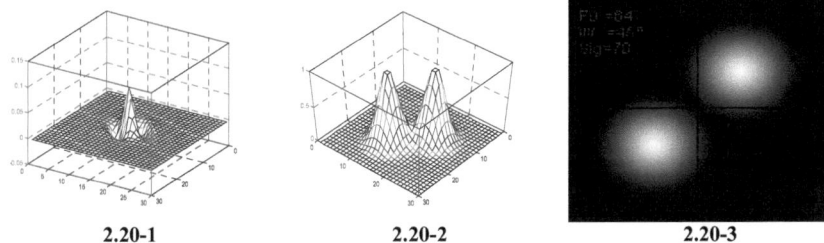

2.20-1   **2.20-2**   **2.20-3**

Figure 2.20. 1. Filtre de Gabor dans le domaine spatial **2.** Réponse impulsionnelle de filtre de Gabor avec deux fonctions gaussiennes dans la direction 45°. **3** Vue 2D de la réponse impulsionnelle de filtre de Gabor dans la direction 45°.

Il est également nécessaire de déterminer la taille de la fenêtre d'observation en lien avec l'échelle d'analyse. Pour une fréquence f, il faut au minimum une échelle de $1/f$ pour l'observer. Il apparaît alors clairement que pour une basse fréquence (f faible) il faut une grande fenêtre d'analyse (échelle large) et vice versa. Trouver la bonne échelle d'analyse nécessite de poser des hypothèses reposant sur la taille des structures d'intérêt contenues dans les images : l'échelle satisfaisante dépend ainsi des amplitudes des réponses de Gabor en lien avec l'épaisseur des traits.

La recherche des orientations globales repose sur l'analyse de la rose des directions issues de l'exploitation de la fonction d'autocorrélation calculée sur toute l'image, voir figure 2.21. Cette fonction a souvent été utilisée pour la caractérisation de texture, [SR-08]. En particulier, elle permet de mettre en évidence des périodicités dans une image et traduit de ce fait les orientations principales de certaines textures. La rose qui est ensuite exploitée est basée sur le calcul de l'espérance mathématique déterminée à partir de la fonction d'autocorrélation, [BR-94]. Soit I une image et (x,y) les coordonnées d'un point de cette image. Supposons que l'orientation préférentielle de l'image soit dans la direction θ. L'espérance mathématique est alors définie comme le produit suivant:

$$E_\theta = \{\ I(x,y).I(x+a,y+b)\ \}\ \text{ pour Arctg } (b/a) = \theta \qquad (Eq.2.14)$$

E_θ représente l'espérance mathématique du produit I(x,y).I(x+a,y+b), calculée pour l'ensemble de points (x, y) et des valeurs a et b qui vérifient Arctg(b/a) = θ. Ainsi, un point C(a,b) de la fonction d'autocorrélation contient la valeur de la somme des produits des niveaux de gris des points en correspondance après une translation de vecteur (a,b).

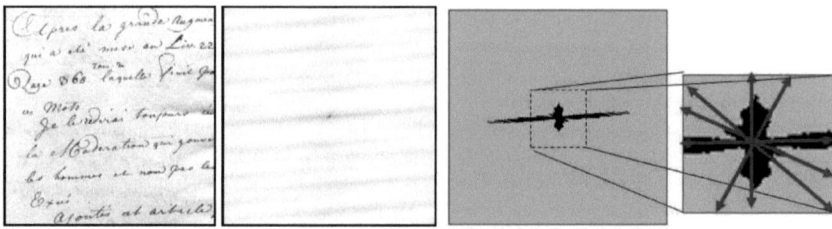

Figure 2.21. Image de texte, son autocorrélation et la rose de direction associée indiquant les orientations privilégiées qui permettront de paramétrer le banc de filtre de Gabor *θ*_MAX=
2°, 55°, 90°, 155°, 170

La fonction d'autocorrélation de l'image donne des valeurs proportionnelles à cette espérance mathématique. Ainsi la rose des directions correspond au diagramme polaire sur lequel on reporte pour chaque direction θ_i, la somme $R(\theta_i)$ calculée pour chaque droite D_i d'orientation θ_i, passant par l'origine de la fonction d'autocorrélation. Les points de coordonnées (a,b) appartiennent à cette droite. Ainsi, on a :

$$R\ (\ \theta_i\ ) = \sum_{Di} C(a, b) \qquad (\text{Eq.2.15})$$

A partir de l'ensemble de ces mesures, on cherche à ne conserver que les variations relatives aux contributions de chaque direction. L'analyse directionnelle que nous proposons repose sur la construction d'un banc de 6 filtres partitionnant le domaine fréquentiel en différents canaux, chacun étant caractérisé par des secteurs angulaires correspondant aux 6 directions principales de l'image. Le réglage des paramètres u_0, σ est déterminant pour localiser de façon précise les hautes fréquences. Ces deux paramètres influent en particulier les résultats de la précision en localisation des traits : le facteur d'échelle est déterminé par l'amplitude σ des fonctions gaussiennes des filtres de Gabor.

L'image est alors décomposée en cartes directionnelles contenant chacune un ensemble de zones de l'écriture orientées dans la même direction. Le regroupement des plans directionnels nous permet de reconstruire le contour de l'écriture de notre image et de confirmer ainsi le recouvrement complet des formes du tracé, autorisant de ce fait à ne pas considérer de directions supplémentaires. Le recouvrement est le résultat de *OU logique* entre les quatre cartes, voir figure 2.21. Il est également possible de produire un résultat de reconstruction des formes en ne tenant compte cette fois que des points de contours. La précision en localisation des points de contours issus de la capture des coefficients de Gabor maximaux nécessite de ne conserver dans la direction orthogonale à chaque point que ceux dont l'amplitude est maximale. Un seuillage par hystérésis permet de déterminer avec précision les points localisés au niveau d'un contour fin unitaire, [GA-05]. Ces travaux ont permis de procéder à une caractérisation très locale des formes à partir d'une sélectivité directionnelle limitée à 4 directions uniquement ($\theta=0°,45°,90°,135°$), voir figure 2.21. Ils constituent les premiers travaux de localisation et de caractérisation des formes selon leur orientation et furent menés en collaboration avec Djamel Gaceb [GA-05, GA-09].

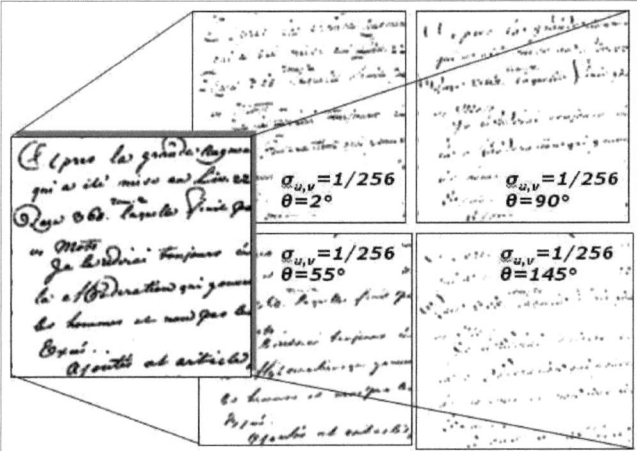

Figure 2.21 : Reconstruction « brute » d'une image extraite de la collection des manuscrits autographes de Montesquieu (1785) affichant les coefficients de Gabor maximaux binarisés à partir des 4 cartes directionnelles principales (4 directions les plus représentées dans l'image).

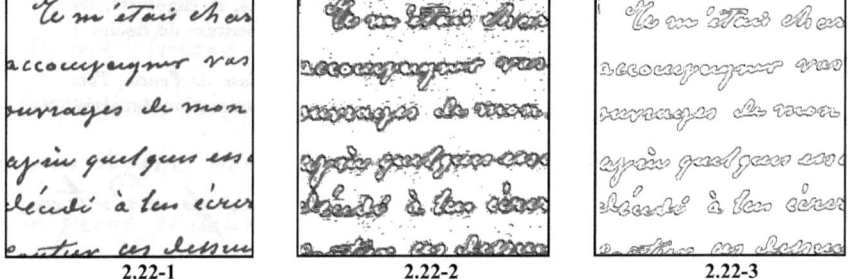

Figure 2.22 -1 Image d'origine. **2.** Carte de contours sans suppression des non maxima locaux avec un seuillage simple. **3.** Carte des contours reconstruite après seuillage par hystérésis des valeurs de contours haut et bas.

ENCODAGE DES ORIENTATIONS DES CONTOURS COMME SIGNATURE DE L'ECRIT. Le filtre de Gabor permet de filtrer les fréquences orientées dans une direction et à une fréquence donnée. Un travail de caractérisation des écritures a été initié avec D. Gaceb dans [GA-05] pour produire une description des écritures. Pour simplifier la caractérisation, l'analyse directionnelle a été fondée sur un banc de 4 filtres fixé a priori. Le réglage des paramètres des fréquences spatiales de modulation et des facteurs d'échelle a été déterminant pour produire une approximation des contours. Chaque contour (haut et bas) a été décrit par une signature invariante à des transformations simples telles que le changement d'échelle, la rotation et la translation. La signature d'une forme repose sur l'encodage des orientations présentes sur le contour, sous la forme d'une rose directionnelle, d'un histogramme spatial des projections des points de contours marqués par leur orientation et d'un encodage des points de changement d'orientation. La figure 2.23 synthétise ces trois modalités de description. Des mesures de similarités adaptées ont ensuite été produites afin de comparer deux formes et de déterminer si elles sont appariables. Les performances de chaque type de signatures associées à des applications de recherche par similarités sont liées à leur capacité à minimiser les résidus calculés entre deux descriptions. Les résidus constituent l'ensemble des différences entre les formes choisies comme références pour le codage de l'image et les formes réelles substituées au moment du codage. Ces différences constituent le plan de compensation qui rétablit les variations parfois infimes entre l'image reconstruite et l'image d'origine. Chaque forme est analysée à partir d'une *fenêtre d'analyse* contenant un motif dont la taille n'est pas fixée a priori. La taille du motif est liée à la notion de connexité.

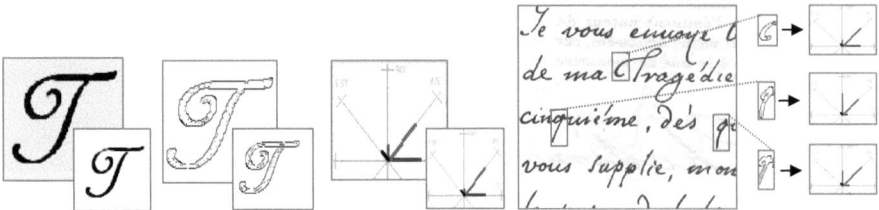

Figure 2.23-1 Roses de directions entre formes similaires et fenêtre analysante glissante

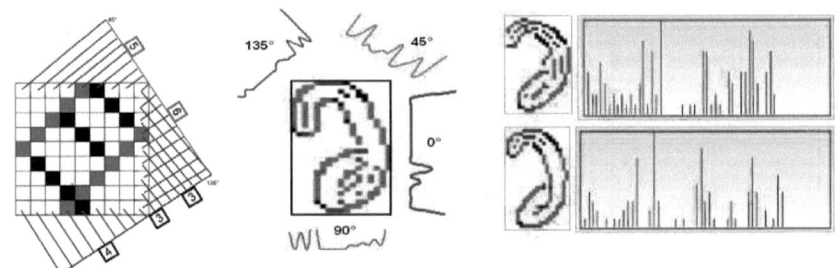

Figure 2.23-2. Histogrammes par projection orthogonale des segments orientés.

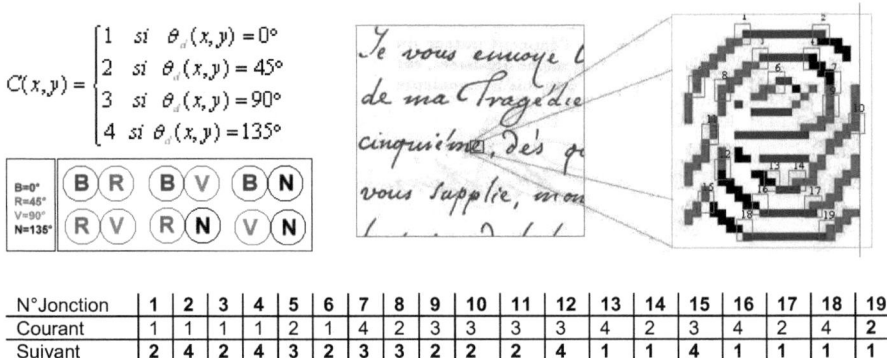

$$C(x,y) = \begin{cases} 1 & si & \theta_d(x,y) = 0° \\ 2 & si & \theta_d(x,y) = 45° \\ 3 & si & \theta_d(x,y) = 90° \\ 4 & si & \theta_d(x,y) = 135° \end{cases}$$

N°Jonction	1	2	3	4	5	6	7	8	9	10	11	12	13	14	15	16	17	18	19
Courant	1	1	1	1	2	1	4	2	3	3	3	3	4	2	3	4	2	4	2
Suivant	2	4	2	4	3	2	3	3	2	2	2	4	1	1	4	1	1	1	1

Figure 2.23-3 Encodage des points de jonctions sur un motif isolé. Signature du motif zoomé.

3.2.2   Les filtres cartésiens de Hermite
pour le débruitage, le rehaussement de contraste et la caractérisation des écritures

La plupart du temps, les dégradations présentes dans les images de traits peuvent soit se concentrer dans les hautes fréquences (dégradations en bordures de traits et irrégularités de contours), soit dans les fréquences basses de l'arrière-plan parfois entachées d'une multitude de points plus faiblement contrastés et constituant des zones de concentration éparses. C'est à l'aide d'une décomposition en fréquences que nous avons ainsi conçu un modèle de débruitage des images de documents, [EG-07]. A l'occasion d'un travail mené en collaboration avec Stéphane Bres et Carlos Rivero nous avons exploité les transformées polynomiales de Hermite, alternative très intéressante à la transformée de Gabor ne nécessitant pas de paramétrage lourd et très peu de connaissances a priori, [RI-05]. Les transformées de Hermite ont été exploitées afin de préserver les informations de hautes fréquences tout en restaurant les régions d'arrière-plan produisant un lissage des zones isotropes. L'action d'un tel filtrage pourrait être comparée à celle d'un lissage anisotrope basé sur une approche variationnelle et sur les équations aux dérivées partielles comme cela a été exposé à la section 3.1. Cependant l'information de hautes fréquences dans notre cas ne se retrouve pas du tout impactée (ou rehaussée) comme cela est le cas pour les autres approches. La transformées polynomiales de Hermite décomposent localement le signal selon leurs caractéristiques fréquentielles en un ensemble de polynômes orthogonaux en exploitant différentes tailles de fenêtres d'analyse. Les filtres de Hermite sont donc des polynômes pondérés par des fonctions gaussiennes, voir figure 2.24. Comme pour la plupart des transformées en fréquences, il est nécessaire pour nous en image d'exploiter leurs versions discrétisées afin de les rendre applicables.

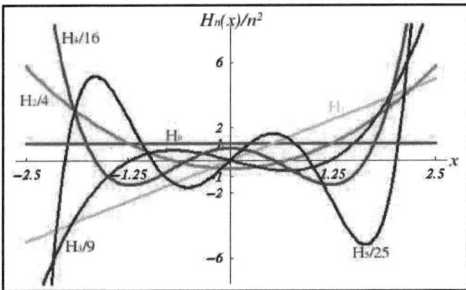

Figure 2.24 Les N polynômes de Hermite normalisés (une courbe par degré).

Les filtres de Hermite proposés dans les travaux de par Carlos Rivero dans [RI-05] ont été définis comme des modèles perceptuels (tout comme les filtres de Gabor) de notre système visuel humain. Notre intérêt s'est porté sur l'utilisation de la représentation cartésienne de ces filtres capables d'extraire des primitives spatiales en lien avec les informations de contours, de frontières de segments orientés. Les filtres de Hermite et de Gabor présentent de nombreuses similitudes dans leur capacité à modéliser les champs récepteurs rétiniens. Les filtres de Hermite notés $d_{n-m,m}(x,y)$ servent à décomposer un signal local $l_v(x-p,y-q) = v^2(x-p,y-q).l(x,y)$ à partir d'une fenêtre Gaussienne $v(x,y)$ définie par sa largeur σ et une énergie :

$$v(x,y) = 1/(\sigma\sqrt{\pi})e^{-(x^2+y^2)/(2\sigma^2)} \qquad \text{(Eq.2.16)}$$

53

en un ensemble de polynômes de Hermite orthogonaux $H_{n\text{-}m,m}(x/\sigma\,,\,y/\sigma)$. Les coefficients $l_{n\text{-}m,m}(p,q)$ à l'emplacement $(p,q) \in P$ du plan fréquentiel sont déduits du signal $l(x,y)$ par une convolution avec les filtres de Hermite. Ces filtres sont comparables aux filtres gaussiens dans la mesure où $n\text{-}m$ et m représentent respectivement les versions dérivées du filtre pour les directions x and y, pour $n \in [0..D]$ et $m \in [0..n]$. Les deux paramètres des filtres de Hermite sont les dérivées maximales d'ordre D (degré maximal du polynôme) et l'échelle d'analyse σ. Les filtres de Hermite sont séparables à la fois en termes de coordonnées spatiales et polaires. Leur implémentation est donc aisée. Ainsi on peut écrire : $d_{n\text{-}m,m}(x,y) = d_{n\text{-}m}(x)\,d_m(y)$, où chaque filtre 1-D est représenté par :

$$d_n(x) = \left((-1)^n \big/ (\sqrt{2^n \cdot n!}\sqrt{\pi}\sigma)\right) H_n(x/\sigma)e^{-x^2/\sigma^2}$$

(Eq.2.17)

Les polynômes orthogonaux de Hermite sont représentés par $H_n(x)$ et définis par la formule de Rodrigues:

$$H_n(x) = (-1)^n e^{x^2} \frac{d^n}{dx^n} e^{-x^2}$$

(Eq.2.18)

Les versions discrètes des filtres de Hermite nommés filtres de Krawtchouk sont celles qui ont été exploitées dans nos travaux. Ils ont été présentés dans [EG-07]. Ils conduisent à la formation de filtres orthonormés de longueur N : il a été démontré que les filtres de Krawtchouk de longueur N approximaient les filtres de Hermite de largeur σ (la longueur N valant alors $\sigma^2/2$). Cet ensemble de filtres décompose par parties le signal original du domaine fréquentiel, voir figure 2.25.

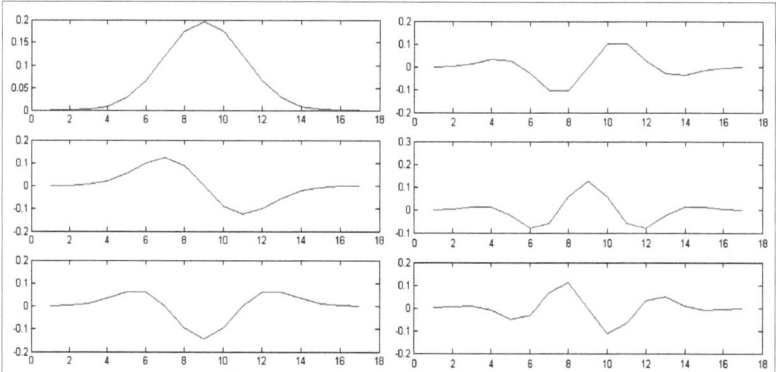

Figure 2.25. Filtres 1-D de Krawtchouk pour N=16 jusqu'au degré polynomial n= 5.

Il est possible alors d'obtenir une reconstruction parfaite du signal original par un recouvrement complet des bandes de fréquences d'origine. L'ensemble des filtres (de n=0 à N) est alors nécessaire. Ces formules peuvent alors se généraliser pour obtenir des filtres agissant sur les données 2-D des images utilisant alors les propriétés de séparabilité des filtres 1-D. Par conséquent, les paramètres N et la translation exploitée pour recouvrir l'intégralité des bandes fréquentielles du signal peuvent être choisis indépendamment l'un de l'autre. Dans les applications d'analyse d'écriture, compte tenu de la présence d'une information à dominante horizontale (formation des lignes et des mots), les fenêtres d'analyse sont préférentiellement allongées horizontalement. La figure 2.26 présente un exemple de transformées de Hermite sur une portion de texte (sa version discrète de Krawtchouk). Il faut noter que la transformation est redondante du fait du recouvrement des fréquences par l'analyse fenêtrée. Cela garantit une reconstruction plus lisse sans effet de blocs ou de discontinuités comme cela peut être constaté par les résultats séparables non redondants des reconstructions par ondelettes.

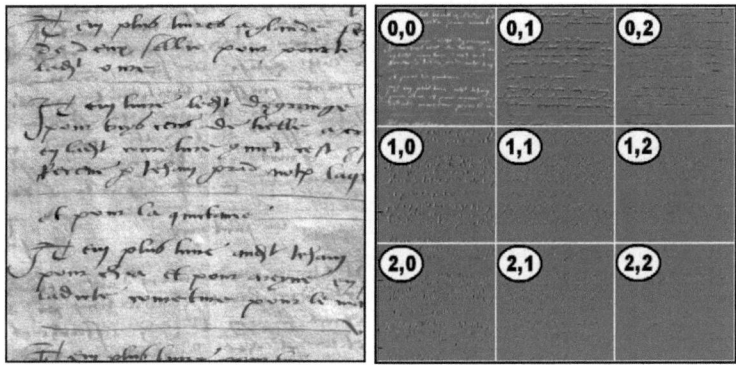

Figure 2.26. Filtres 2D de Krawtchouk pour N=6 et jusqu'au degré n=2 pour les lignes et colonnes avec un paramètre d'échantillonnage T=3, [EG-07].

Le quadrant (0,0) est équivalent à un filtrage gaussien utilisant un filtre (N+1)x(N+1) = 7x7. Les autres quadrants correspondent aux fréquences analyses dans des fenêtres 7x7. Par conséquent, la décomposition complète contient 7x7 quadrants. Les fréquences analysées sont essentiellement des fréquences élevées : les niveaux de gris moyens correspondent aux zéros, les niveaux de gris sombres à noirs sont les valeurs négatives et les niveaux clairs les valeurs positives. La réduction du bruit localisé dans les fréquences basses repose alors sur le principe suivant : il est d'abord nécessaire de localiser les zones d'écriture utilisant l'énergie calculée dans les quadrants (1,0) et (0,1) (figure 2.26). Cette information est très proche d'une énergie de gradients. La seconde étape exploite la carte M des énergies normalisées (aux valeurs comprises entre 0 et 1) comme un masque pour filtrer les quadrants de la décomposition. Pour chaque position, l'énergie normalisée de chaque carte donne une probabilité de contenir ou non de l'écriture. Un exemple de masque est donné à la figure 2.27. Les coefficients de la décomposition de Hermite sont alors seuillés selon le principe suivant:

$$C_{i,j}(x,y) = \begin{cases} sign(C_{i,j}(x,y)).(|C_{i,j}(x,y)| - \overline{\sigma}_{i,j}(x,y)).K_{i,j} \\ 0 \quad if \quad |C_{i,j}(x,y)| < \overline{\sigma}_{i,j}(x,y) \end{cases}$$ (Eq.2.19)

avec

$$\overline{\sigma}_{i,j}(x,y) = \sigma_{i,j}.(1 - M_{i,j}(x,y))$$

- $C_{i,j}(x,y)$ est le coefficient à la position (x,y) dans le quadrant (i,j),
- $\sigma_{i,j}$ est l'indication du niveau de bruit pour le quadrant (i,j) estimé dans une fenêtre qui ne contient pas de texte,
- $M_{i,j}(x,y)$ est le coefficient normalisé à la position (x,y) du masque pour le quadrant (i,j) d'énergie de gradient,
- $K_{i,j}$ est le coefficient de normalisation qui permet de conserver les valeurs d'énergie maximales pour chaque quadrant (i,j).

La troisième étape enfin conduit à la reconstruction de l'image par le seuillage des quadrants de Hermite. On obtient alors une image avec un arrière-plan seuillé, débruité. La figure 2.27-2 présente un exemple de débruitage de l'image original de la figure 2.26 (suppression du bruit de l'arrière-plan). Les figures 2.27-1 et 2.27-4 et 2.27-6 sont les résultats de l'application de la procédure de réduction de bruit par reconstruction de Hermite. La figure 2.27-5 est une image de dégradation synthétique.

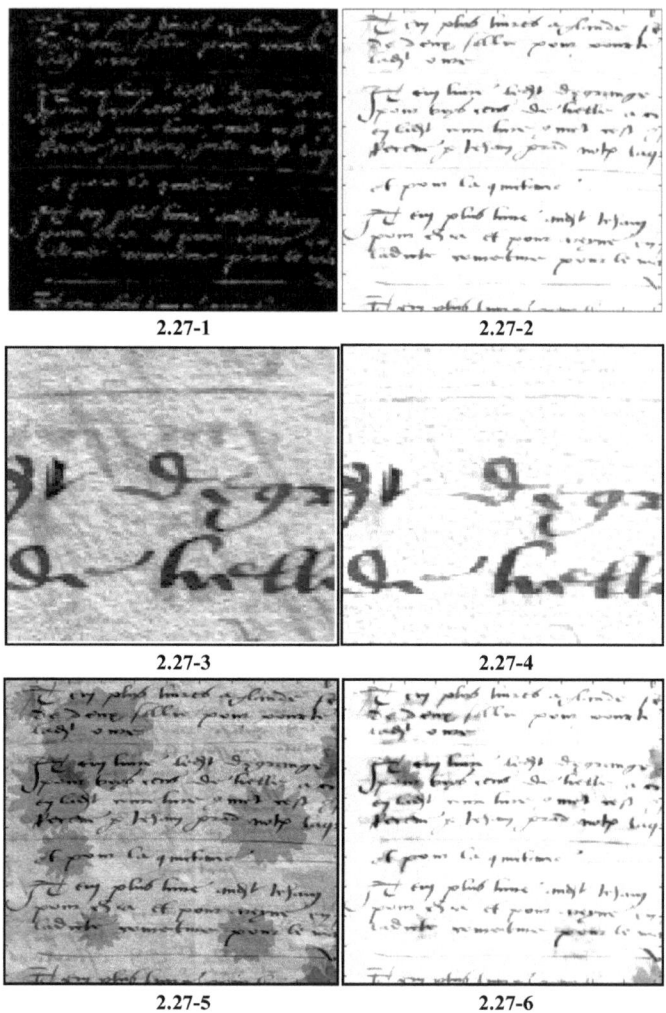

2.27-1   2.27-2

2.27-3   2.27-4

2.27-5   2.27-6

Figure 2.27. Exemple de réduction de bruit. Masque d'énergie seuillé permettant de localiser l'écriture (**2.27-1**) – Document débruité (**2.27-2**) – Détail du document original (**2.27-3**) – Détail sur image débruitée (**2.27-4**) – Autre exemple de débruitage sur un document artificiellement bruité (**2.27-5**) et sa version débruitée (**2.27-6**), [EG-07].

Les fréquences des traits originaux ne sont pas modifiées ici (ni rehaussées, ni réduites). A ce stade, c'est un seuillage adaptatif pour chaque quadrant (chaque domaine fréquentiel) qui a permis de produire les résultats de traitement. Les contours lissés faiblement contrastés sont ainsi traités différemment des frontières au contraste élevé. Selon ce point de vue, on peut comparer ce mécanisme à ceux exploités sur les décompositions par ondelettes ou encore ceux exploités sur les approches variationnelles sur les images.

Les décompositions qui sont rappelées dans la littérature pour des applications de segmentation de texture et de détection de contours portent essentiellement sur des données régulières où un certain lien avec le système visuel humain est désiré, [SO-12]. Nous avons constaté que l'orientation des filtres ne coïncide pas nécessairement avec celle des orientations réelles des éléments de l'image. Réduire ces imprécisions importantes peut se résoudre en sélectionnant les orientations principales (comme nous avons proposé de le faire) et produire des outils de choix pour une caractérisation riche des textures. Les filtres de Hermite correspondant aux quatre premiers degrés de la décomposition ont finalement été utilisés pour produire une caractérisation des écritures pour l'analyse des mains. Ce travail sera présenté au chapitre 3.

A la suite de ces travaux, j'ai choisi d'exploiter des transformées plus adaptées aux structures courbes et linéaires géométriques. Elles constituent des familles de transformées dites géométriques non adaptatives et redondantes, [JO-09].

3.3 Des transformées en ondelettes aux transformées non-linéaires anisotropes

3.3.1 Insuffisances des ondelettes pour la représentation de la géométrie des formes

La difficulté liée à l'analyse d'images dans le domaine fréquentiel est qu'il ne possède pas la propriété de garantir une localisation *spatiale* des informations. Par conséquent, on ne peut associer aucune structure géométrique (comme les contours des objets) aux primitives de la représentation, ce qui empêche une quelconque interprétation visuelle. L'introduction des bases d'ondelettes a ainsi permis de résoudre ce problème conjoint de la bonne représentativité fréquentielle et spatiale de l'information par la capture des maxima locaux se situant précisément à l'emplacement des contours multi-échelles, avec une l'information résiduelle caractérisant ce que visuellement on pourra appeler les « micro-textures internes » des objets et des fonds, [MA-93]. Il existe de nombreuses stratégies pour construire de telles représentations. Parmi elles, les plus couramment utilisées sont les bases d'ondelettes, ainsi que les transformations géométriques anisotropes. Récemment, la transformation en ondelettes séparables a connu un grand succès fournissant un outil simple et permettant une représentation éparse des images (avec un nombre de coefficients réduits, ne se concentrant uniquement que sur quelques zones considérées comme « perceptuellement » importantes). Une représentation multi-échelle d'une image notée I peut être définie comme un ensemble d'approximations allant de l'échelle la plus grossière (notée v_0) à la plus fine (notée d_n).

L'approximation multirésolution d'une image I est définie par la suite $\{d_j\}$ $j\in \mathbb{Z}$ des sous-espaces fermés de $L^2(R)$. On considère ensuite l'ensemble des représentations contenant les coefficients additionnels associés aux fluctuations entre deux niveaux d'échelle successifs par $MI = (v_0, d_0, d_1, d_2,\ldots, d_n)$. Chaque d_j est formé d'une base orthonormée composée de familles de fonctions $\{\varphi_{jn}\}$ $n\in \mathbb{N}$ définies pour chaque niveau de décomposition j (ou facteur d'échelle) et de position n. Ainsi on définit la famille d'ondelettes $\{\psi_{jn}\}$ $n\in \mathbb{N}$ associée à chaque fonction d'échelle par l'ensemble des coefficients de l'ondelette associés aux fluctuations présentes entre deux niveaux d_j successifs. Le signal 2D associé à l'image peut ainsi se décomposer en une somme composée d'une part de la somme des coefficients associés à l'échelle la plus grossière et d'autre part de la somme des coefficients de projection sur les sous espaces d_j. Le principe de reconstruction parfaite d'un signal I sur la famille de fonctions d'ondelettes peut alors se ramener à l'expression suivante :

$$I(t) = \sum_n \alpha_n \varphi_{0n}(t) + \sum_{j=0}^{+\infty} \sum_n \beta_{jn} \psi_{jn}(t) \qquad \text{(Eq.2.20)}$$

Les β_{jn} sont les coefficients de la transformée en ondelettes et les α_n les coefficients de la projection sur le sous espace v_0. En utilisant une base d'ondelettes, on calcule l'ensemble des coefficients (v_0, d_0, d_1, d_2,..., d_n) par filtrage linéaire. La représentation multi-échelle correspond ainsi à une approximation des contenus décomposée selon un changement de base. La transformée en ondelettes discrètes 2-D dyadique est une transformée particulière reposant sur un pavage dyadique de carrés de côté 2^{-j} qui sont de plus en plus petits quand j augmente. Il s'agit d'un raffinement isotrope, parfaitement adapté pour détecter des singularités ponctuelles multi-échelles. Sur la figure 2.28 ont été illustrés (en noir) les coefficients maximaux seuillés de la décomposition multi-échelle d'une image représentant des formes circulaires simples et imbriquées : la plupart sont proches de zéro tandis que ceux qui se concentrent au voisinage des contours et dans les régions texturées présentent des valeurs extrêmes qui peuvent être conservées pour caractériser localement des informations de formes et de contenus.

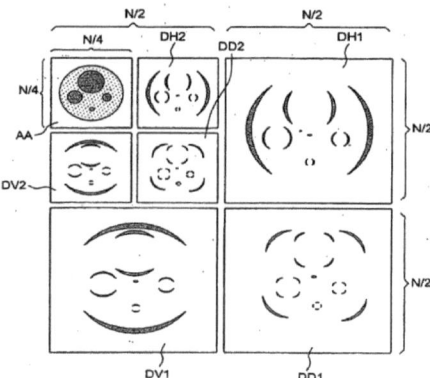

Figure 2.28. Transformées dyadiques par ondelettes de Haar d'une image constituée de formes circulaires. Seuillage des coefficients élevés caractéristiques des zones fortement contrastées aux orientations horizontales, verticales et 45° sur deux itérations successives (deux résolutions), [BR-06b].

Cette transformée dyadique peut donc schématiquement être implémentée par un banc de filtres comprenant un filtre passe-bas 1D et un filtre passe-haut 1D associés à une ondelette mère (ici l'ondelette de Haar), et un sous-échantillonnage. Le filtrage est donc réalisé itérativement sur les lignes et colonnes de l'image permettant d'extraire les détails horizontaux, verticaux, diagonaux ainsi que l'image "approximée". Cette transformée dyadique est alors réitérée sur cette dernière image (algorithme pyramidal), jusqu'à la résolution souhaitée.

L'efficacité de la représentation par ondelettes est limitée par l'isotropie spatiale des fonctions de base établies dans les directions horizontales, verticales et diagonales. Il en résulte un découpage fréquentiel rectangulaire très arbitraire non conçu pour représenter les contours. Les discontinuités et singularités présentes dans les images de traits (aux bords et aux contours) sont des éléments perceptuellement importants mais qui intersectent un trop grand nombre de fonctions de base des ondelettes. Cela conduit à une représentation non-éparse (et donc très dense). Elles sont donc incapables de fournir une description adaptée des structures géométriques linéaires allongées. En pratique, on se retrouve ainsi dans une situation de caractérisation d'objets à une seule dimension et par conséquent, exploiter des ondelettes orthogonales 2-D pour représenter de tels objets semble être un véritable gâchis. La figure 2.29 rappelle à ce titre ce qu'une décomposition anisotrope et directionnelle permet de produire sur un contour régulier en comparaison d'une décomposition par ondelettes.

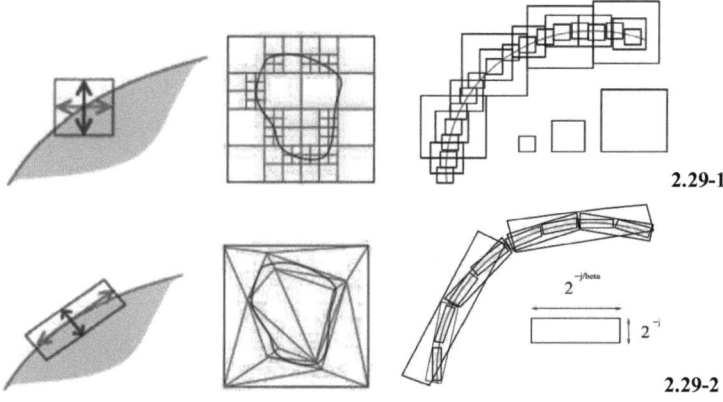

2.29-1

2.29-2

Figure 2.29. Adaptation du noyau au contour : comparaison de la densité d'information à la modélisation des contours pour une décomposition par ondelettes séparables (**2.29-1**) et pour une décomposition géométrique anisotrope (**2.29-2**).

L'image de haut (de la figure 2.29-1) illustre le fait que le nombre d'ondelettes positionnées le long de la discontinuité est de l'ordre de $O(2^j)$ à l'échelle j. Mais l'erreur d'approximation peut être compensée par le schéma anisotrope (figure 2.29-2) en diminuant le nombre de coefficients d'un facteur proportionnel en puissance de 2 en lien avec la forme des fenêtres analysantes. Il est également intéressant de noter l'étude des mécanismes de reconstruction des formes faites par B. Matei dans [MA-08b] et Plonk et al. dans [JI-07] et portant sur la reconstruction des formes dans les images de traits (objets liniques). Leurs travaux ont montré que les mécanismes de décompositions isotropes par ondelettes s'avèrent très insuffisants pour la représentation fine des objets associés à une forte sélectivité directionnelle. D'autres études ont également montré qu'il existait des corrélations multi-échelles importantes entre coefficients maximaux d'ondelettes. Ces corrélations sont dues en partie à la présence de contenus géométriques importants repérables à différents niveaux d'échelles dans ce type de transformées. Pour s'ajuster aux profils des formes et à l'allure allongée des contours, à l'image de travaux antérieurs intiés par [DA-92] ou encore [FA-98] et [AY-01], j'ai privilégié la transformée en *Curvelets*, introduite par Candès et Donoho dans [CA-02] en 2002 et reprise par Starck dans [ST-02]. Au démarrage de nos travaux, ces transformées n'avaient pas encore été exploitées à des fins de caractérisation d'écritures ou d'images de traits mais uniquement utilisées dans des contextes de débruitage, de reconstruction et de compression. Elles reposent sur un principe d'approximations des informations de contours avec la meilleure précision possible. Lorsque le contour est régulier (on dira de classe C^2 par morceaux, [CA-04]), il est intuitif et facile d'imaginer qu'un raffinement anisotrope permet d'améliorer la précision (figure 2.29-2). Les Curvelets sont conçues à partir d'une analyse locale en Ridgelets qui sont des fonctions de type ondelette dans une direction et constante dans la direction perpendiculaire. Elles fournissent une bonne représentation des lignes droites (figure 2.30). On peut noter l'analogie marquante avec l'idée de la diffusion anisotrope (lissage adaptatif) en traitement d'images et l'analyse par Ridgelets locales.

Depuis une vingtaine d'années, de nombreuses décompositions multi-échelles «géométriques» à reconstruction parfaite ont été proposées pour décrire les images de traits. La généralisation de ces transformées sont dénommées les *X-lets géométriques*. Elles incluent en particulier les contourlets de Do et Vitterli, [DO-03], les Bandelets de Mallat et Le Pennec [PE-05], les ondelettes complexes de Kingsbury [KI-99], les ondelettes orientées de Simoncelli, Freeman et Adelson [SI-92].

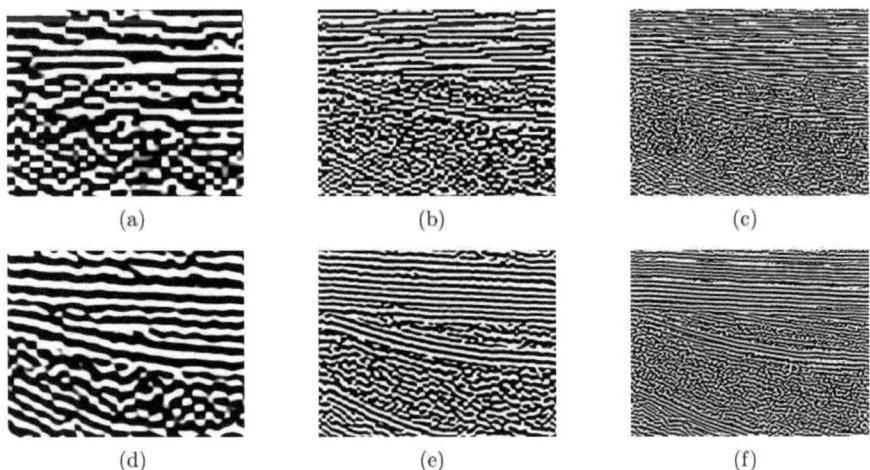

(a)   (b)   (c)

(d)   (e)   (f)

Figure 2.30. Comparaison de la reconstruction en sous bandes aux trois premiers niveaux d'échelles (de la plus grossière à gauche à la plus fine à droite) par transformées en ondelettes (ligne haute) et transformées en Curvelets (ligne basse). Mise en évidence de l'aptitude des Curvelets à bien approximer les segments linéaires par morceaux, [CA-04].

3.3.2   Les Curvelets : quantification directionnelle des discontinuités

PRINCIPE DE LA TRANSFORMEE EN CURVELETS. Les Curvelets définies par Candès et Donoho dans [CA-02] sont obtenues dans le domaine continu par un filtrage multi-échelle similaire à celui des ondelettes suivi de filtrages directionnels avec des filtres dont le nombre et la sélectivité augmentent aux échelles fines. Son principe consiste à partionner l'espace des fréquences en sous bandes de fréquences vérifiant des propriétés de conservation énergétique. Chaque sous bande est analysée localement par une Ridgelet qui constitue un outil permettant de capturer les segments allongés dans des fenêtres d'analyse (à support fini) de dilatation $W=L^2$ de la fonction d'onde (W est la hauteur de la fenêtre et L la longueur). Cette non « symétrie » est nécessaire pour capturer les formes allongées.

Le cœur de la transformée en Ridgelet est l'utilisation d'une transformée de Radon qui permet de représenter une image de façon bijective dans le domaine polaire. On obtient ainsi une conversion des singularités rectilignes dans le domaine spatial en singularités ponctuelles dans le domaine de Radon. Pour une image $f \epsilon L^2(\mathbb{R}^2)$, la projection radiale de f sur la droite d'équation $x\cos(\theta) + y\sin\theta = t$ s'exprime par :

$$\mathcal{R}_f(\theta, t) = \int_{\mathbb{R}^2} f(x,y)\delta(x\cos(\theta) + y\sin(\theta) - t)dxdy \qquad \text{(Eq.2.21)}$$

La transformée en Ridgelets RT s'obtient alors en appliquant une transformée en ondelettes 1D (ondelette de Meyer) dans la direction radiale, le long de $\mathcal{R}_f(\theta,.)$ en utilisant la variable d'intégration t. La décomposition de f s'écrit alors :

$$RT_f(a,b,\theta) = \frac{1}{\sqrt{a}} \int_{\mathbb{R}} \psi\left(\frac{t-b}{a}\right)\mathcal{R}_f(\theta,t)dt \qquad \text{(Eq.2.22)}$$

où a est un facteur d'échelle, b un paramètre de translation et θ l'angle de projection, ψ est l'ondelette de Meyer, voir figure 2.31.

Figure 2.31. Ridgelet locale orientée selon la direction θ.

La particularité des méthodes de décomposition par Ridgelets vient essentiellement du fait qu'elles se présentent sous la forme de fonctions de base auxquelles on applique des translations, dilatations et rotations. Dans ses travaux Candès décrit parfaitement le processus de transformation indiquant que les contours qui n'auront pas été capturés par l'analyse en ondelettes séparables seront décrits dans les sous bandes de détails. Les coefficients importants se partagent ainsi les informations de contours. La transformée en Curvelets est souvent considérée comme une pyramide multi-échelle non standard car il n'y a pas de décimation habituelle carrée comme dans le cas des ondelettes (même traitement en ligne et en colonne). L'échantillonnage parabolique signifie qu'à l'échelle 2^{-2j}, chaque élément est analysé dans une fenêtre alignée le long d'un segment de longueur 2^{-j} et de largeur 2^{-2j}, voir figure 2.32.

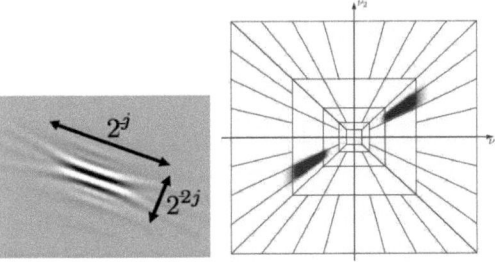

Figure 2.32. Pavage discret par Curvelets associé à un support fréquentiel parabolique, [PE-05].

Techniquement, la transformée en Curvelets fait intervenir deux étapes : l'image est initialement partitionnée en carrés de tailles variables avec recouvrement pour éviter les effets de bords puis chaque carré est analysé localement par une transformée en Ridgelets. Le partitionnement très fin qui est produit dans les sous bandes fréquentielles permettent ainsi aux contours fins et allongés de former des lignes droites analysables par Ridgelets locales. Une des particularités majeures des transformées par Curvelets est qu'elles font intervenir une analyse multi-échelle en sous bandes centrées sur les couronnes de fréquences *freq* (couronnes dites dyadiques) vérifiant la propriété suivante : *freq* $\in [2^s, 2^{s+1}]$, avec s le facteur d'échelle entière.

Dans la direction angulaire, on décompose la $s^{ième}$ couronne en 2^s régions, voir figure 2.33. Dans la direction radiale, le traitement se réalise finalement par une ondelette locale.

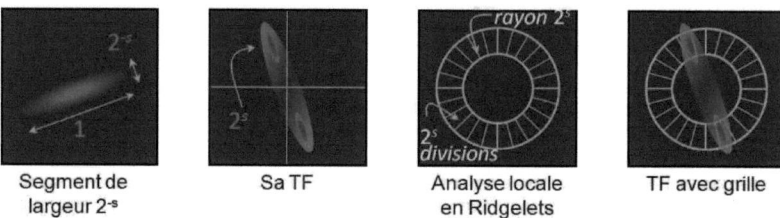

| Segment de largeur 2^{-s} | Sa TF | Analyse locale en Ridgelets | TF avec grille |

Figure 2.33. *Curvelets :* principe de la décomposition en sous bandes selon un pavage dyadique de l'espace des fréquences.

Ainsi pour un objet d'épaisseur 2 pixels la fréquence maximale vaut ½, et pour un objet de 4 pixels de large la fréquence maximale vaut ¼ (elle se rapproche donc du centre de la transformée de Fourier) et ainsi de suite. Plus un objet est épais et gros, plus il est bien représenté dans les fréquences faibles et les échelles élevées. L'image est initialement divisée en plusieurs couches selon une décomposition en sous-bandes de fréquences analysables par Ridgelets locales, [DO-98].

$$f \longmapsto (P_0 f, \Delta_1 f, \Delta_2 f, \dots)$$

- f correspond au signal original
- P_0 : correspond au filtrage passe-bas.
- $\Delta_1, \Delta_2, \dots$ correspondent aux filtrages passe-bande et passe-haut.

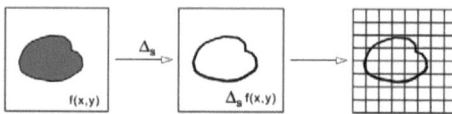

Ce partitionnement suffisamment fin des sous-bandes permet d'obtenir des blocs où les contours des objets forment des lignes droites et sont donc adaptés à l'analyse en Ridgelets. Candès and Donoho ont également montré que la relation parabolique qui existe dans le facteur d'échelle utilisé par la transformée en Curvelets est un élément clé de son succès. Il constitue un élément de paramétrage des valeurs de largeurs et de longueurs utilisées par les fonctions de base appliquées aux sous bandes de fréquence. La transformée garantit une approximation non linéaire des formes en apportant une grande précision à la représentation des contours selon l'échelle qui leur convient le mieux. Il a été initialement montré par Candès qu'il était impossible de produire une représentation discrète des Curvelets par la formation d'une base orthogonale et que seule une représentation dite *redondante* peut être obtenue. Celle-ci ne présente aucun inconvénient pour un usage réservé à la caractérisation du signal que nous faisons ce qui n'est pas le cas pour des applications de compressions. Nous avons profité de l'ensemble de ses propriétés pour les appliquer aux images d'écritures et produire une description associée à l'extraction des informations d'orientations et de courbures multi-échelles rendues accessibles à partir de l'interprétation des coefficients élevés de Curvelets, [JO-09].

LES CURVELETS POUR LA CARACTÉRISATION DES IMAGES DE TRAITS D'ÉCRITURE. Les images de textes qui ont été étudiées durant les travaux de Guillaume Joutel appartiennent aux collections de textes médiévaux très marqués par la présence de directions stables, mais également de ruptures de tracés et de nombreuses courbures très spécifiques et propres à un style d'écriture. Dans ces images, le texte et les parties graphiques sont repérables par les fortes transitions qu'ils engendrent : il est donc recommandé d'utiliser des transformées en ondelettes géométriques capables de fournir des informations précises sur ces zones de fortes transitions. Ces transformations redondantes permettent d'obtenir une propriété de presque invariance par translation et d'obtenir une meilleure sélectivité directionnelle. Les travaux d'analyse et de débruitage tels que [PO-03], [ST-03] ou encore [MA-05] en attestent la grande efficacité. Dans les images d'écriture, les points de discontinuités de traits se retrouvent essentiellement sur les contours porteurs du maximum de l'information visible. Dans ses travaux de thèse, Guillaume Joutel [JO-09] engage une analyse à plusieurs niveaux :

– *Globale* : portant sur la présence d'orientations des contours, et celle de courbures particulièrement saillantes et redondantes.
– *Locale* : portant sur le repérage des points de discontinuités situés à des emplacements très sensibles des traits. Ce sont sur ces traits spécifiques que le travail de discrimination des formes écrites se produit généralement (par des spécialistes des écritures). Il est nécessaire de tenter de les caractériser et de les localiser le plus précisément.
– *Mixte* : niveau d'analyse combinant une approche globale des formes et une approche locale des traits telles que celles que nous fournissent les Curvelets et qui s'est avéré être une piste performante en terme de caractérisation pour la classification des styles et la recherche par similarité.

L'indexation des coefficients de Curvelets en position, échelle et direction a permis de déduire facilement l'orientation dominante des traits en ne conservant que le coefficient le plus élevé correspondant au pixel. C'est généralement l'échelle la plus fine qui dans le cas des traits d'écritures permet une meilleur sélectivité directionnelle et également une meilleure estimation de la courbure. Pour une échelle donnée s, le nombre n de sous-bandes directionnelles créées par la transformée en Curvelets est calculé suivant la formule :

$$n = \alpha * 2^{\frac{(s-1)}{2}}$$

où a est le nombre d'angles utilisés pour le premier découpage angulaire du plan fréquentiel qui correspond à l'échelle 2. Ainsi à l'échelle la plus fine, on obtient un découpage en 64 angles différents impliquant une précision de l'analyse de l'ordre de 5°. Il n'a pas été nécessaire d'exploiter davantage de précision qui apporte une sensibilité trop importante aux légères variations dans l'écriture. Ce qui n'est pas souhaitée pour une analyse par styles. L'orientation dominante conservée correspond à la valeur du coefficient de Curvelets maximal pour l'orientation considérée.

Certains pixels de transition entre plusieurs orientations peuvent ainsi être repérés dans plusieurs sous-bandes. Il est intéressant de les conserver soigneusement, car ils apportent une information de changement d'orientation en ces points. Le nombre d'orientations estimé en un point correspond au nombre de fois où un coefficient élevé dans la décomposition en Curvelets est rencontré. Ce décompte permet de produire une indication de courbure, définie par Joutel dans [JOU-09]. Ainsi pour tout pixel p d'une image I, si $\mathcal{O}(p)$ est l'ensemble des orientations significatives qui lui sont associées, alors le niveau de courbure $\mathcal{C}(p)$ en ce point p est défini par $\mathcal{C}(p) = \text{Card}(\mathcal{O}(p))$.

La figure 2.34 illustre l'affichage des 8 orientations dominantes pour un extrait de Flaubert (issu de la base de manuscrit de la bibliothèque municipale de Rouen et associé au projet ANR Bouvard & Pécuchet, *http://dossiers-flaubert.ish-lyon.cnrs.fr*) ainsi que l'échelle de courbure correspondante à l'analyse de la fréquence d'apparition d'un point image dans les sous-bandes fréquentielles orientées de la décomposition en Curvelets.

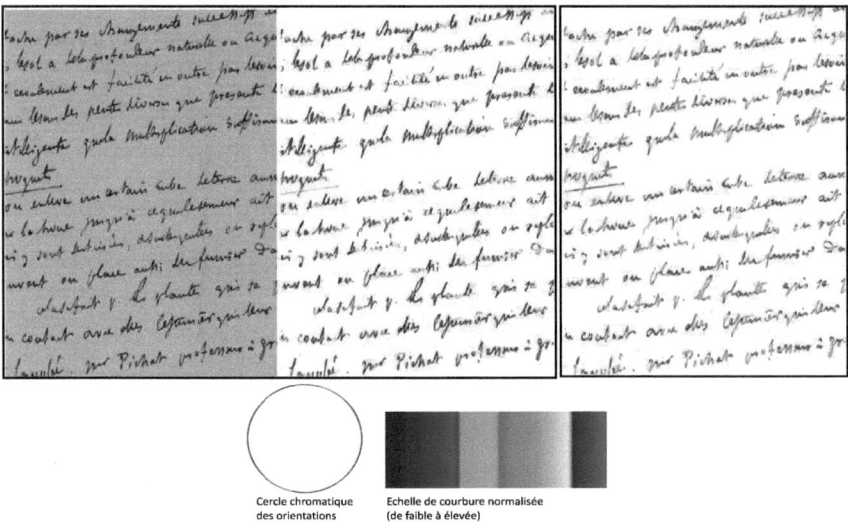

Cercle chromatique des orientations   Echelle de courbure normalisée (de faible à élevée)

Figure 2.34. Evaluation des orientations et des courbures sur un extrait d'un manuscrit de Flaubert extrait de la base de la bibliothèque municipale de Rouen, [JO-09].

MISE EN EVIDENCE DE LA GEOMETRIE DES FORMES : SEPARATION TEXTE-FOND ET SIGNATURE. L'hypothèse selon laquelle l'écriture peut être décrite par ses orientations et ses courbures a été longuement exploitée par des chercheurs spécialistes de l'écrit, [BU-05a] [BU-06] [BU-07b] [NI-07]. Nous avons considéré que ces dimensions pouvaient être avantageusement combinées avec l'aide de la transformée en Curvelets en exploitant le lien qui existe entre les orientations les plus significatives du texte et la présence de points (et de segments) de fortes courbures. Cette analyse directionnelle a déjà fait l'objet de plusieurs de mes travaux à travers l'usage des bancs de filtre de Gabor. Dans ce cas précis, elle permet de considérer deux niveaux d'analyse : un niveau global au niveau de la page pour l'analyse de l'orientation des lignes de texte et la séparation « texte - non texte » et un niveau local autour du fragment textuel pour l'analyse des styles d'écritures par la construction de signatures. Pour l'analyse à basse échelle, seule l'orientation principale a été retenue car elle seule a un pouvoir de discrimination suffisant pour écarter les régions non textuelles.

A basse résolution, la direction des lignes ressort de manière relativement explicite. Pour des raisons de clareté, nous avons remis les coefficients sous forme d'images à l'échelle de l'image originale en centrant la valeur nulle sur le niveau de gris 128, en utilisant pour cela la valeur maximale de l'orientation détectée pour les lignes comme échelle pour les valeurs. Ainsi, pour chaque coefficient a, si max est la valeur maximale (en valeur absolue) des coefficients de Curvelets, toutes orientations confondues à l'échelle choisie, alors le niveau de gris correspondant à a est ici $n = ((a/max) * 127) + 128$. Les figures 2.35-1 et 2.35-2 illustrent les histogrammes de ces deux images de coefficients comme démonstration de leur différence d'amplitudes. Cette analyse très globale et très simple s'apparente à l'analyse par autocorrélation que nous avons exploitée lors de la présentation des bancs de filtres de Gabor. Elle permet de produire un rendu à basse échelle des lignes (2ème niveau d'échelle sur les 8 entreprises dans notre analyse par Curvelets) : les pixels de l'image affichés ont été seuillés, ils correspondent aux points d'orientation horizontale, figure 2.36.

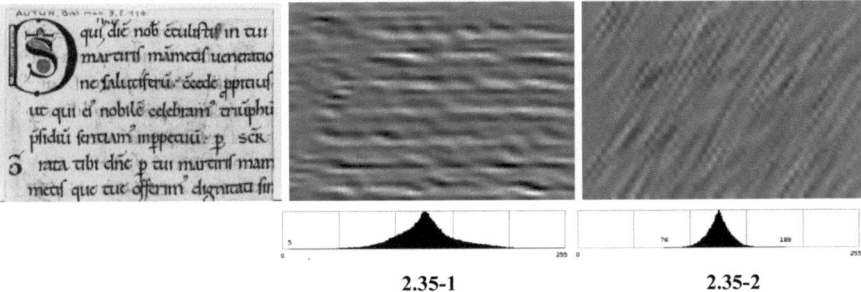

2.35-1   **2.35-2**

Figure 2.35 Détection de l'orientation des lignes. **1**. Orientation des lignes de textes (histogramme de l'orientation maximale. **2**. Autre orientation détectée et histogramme associé.

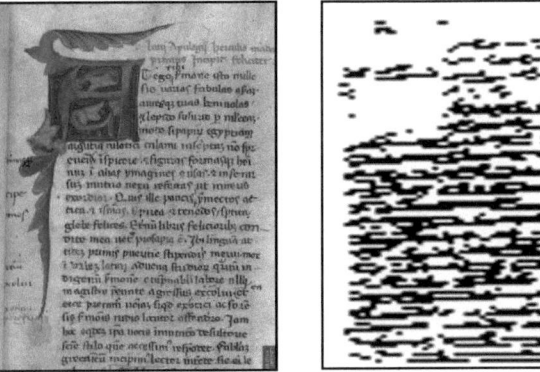

Figure 2.36 Extraction des zones de textes par simple classification binaire des coefficients de Curvelets de l'orientation dominante à basse échelle sur un manuscrit extrait de la Digital Library, *http://www.bl.uk/manuscripts/*.

65

La transformée en Curvelets fournit pour chaque pixel une analyse multi-échelle suivant plusieurs orientations. Nous nous intéressons ici uniquement à l'échelle la plus fine de la décomposition. Le principe d'estimation de la courbure est le suivant : un pixel sur une courbe est potentiellement détecté dans plusieurs orientations en fonction de la courbe du trait qu'il décrit localement. Pour chaque coefficient de Curvelets correspondant à ce pixel dans une orientation donnée on le compare aux autres orientations de la décomposition répondant avec un coefficient de Curvelet élevé pour ce même pixel. On ne conserve que les valeurs réellement significatives. Le nombre de coefficients significatifs nous donne une évaluation de la courbure générale du pixel comme cela a été démontré dans [AN-03]. À partir des orientations récupérées et des courbures calculées on peut alors construire une signature pour chaque échantillon d'écriture, voir figure 2.37.

La signature est définie comme la matrice d'occurrences de couples (courbure, orientation). Pour ne pas normaliser les images avant la décomposition nous avons choisi de normaliser nos signatures. Pour cela nous ne conservons que les ratios entre les valeurs de la signature et la quantité totale d'informations dans la signature. Le problème avec une telle définition est que certaines coordonnées de la signature sont communes à bon nombre d'écritures (présence de fortes valeurs dans les directions horizontales et verticales). Pour compenser ce phénomène nous avons inversé les ratios dans la signature de sorte que les faibles valeurs s'en retrouvent accentuées et dominantes et qu'au lieu de caractériser les points communs des textes (présences de linéarité horizontales dues aux lignes) on privilégie les particularités spécifiques à l'écriture considérée. Un filtre Lorentzien inversant l'ordre des valeurs de la signature a été exploité à cette fin, [JO-09]. La figure 2.36 illustre deux signatures pour deux extraits manuscrits : un extrait médiéval et un manuscrit extrait de la collection Georges Washington. La signature fait ressortir (visuellement) les orientations dominantes de l'écriture considérée. La signature est très largement paramétrable en nombre d'échelles d'analyse (sur la figure 2.37, 8 seulement sont exploitées) et en orientation (il n'est pas nécessaire d'exploiter les orientations au-delà de 180° du fait de leur symétrie)

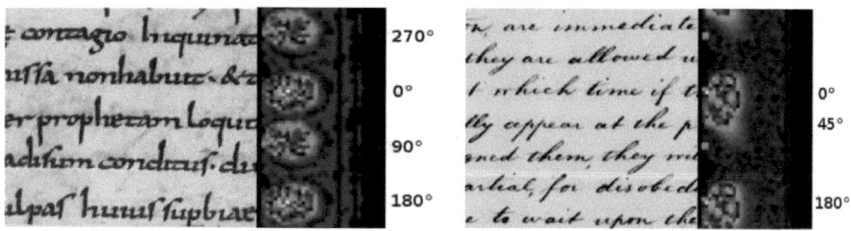

Figure 2.37. Matrice d'occurrences des couples (courbure, orientation) pour deux extraits de manuscrits. Extrait de la base IRHT (13ème s.) et de la base GW (18ème s.). Visualisation des orientations dominantes (lignes) et de leurs courbures associées (colonnes).

La signature possède une dimension très discriminante et nous montrerons au chapitre suivant dédié aux applications que ce descripteur a des performances très intéressantes pour l'analyse des styles et la discrimination des scripteurs. L'étude de robustesse de la signature à diverses déformations géométriques (comme les modifications des espaces interlignes, les modifications de vitesse d'exécution des traits, ou encore les changements de plume), diverses distorsions morphologiques (comme les changements de résolution, les déformations locales, l'ajout de trous et de discontinuités dans les traits) et homothétiques (comme les étirements directionnels, les changements d'échelles) a été réalisée dans [JO-09].

L'analyse de robustesse a permis notamment de mettre en évidence l'influence de la taille des structures sur la variabilité de la signature et de constater que les tendances observées à échelles faibles (en terme d'orientations et de courbures) peuvent être préservées jusqu'à un certain point aux échelles les plus grandes. L'influence de la quantité d'information « au contour » est un critère déterminant : à faible échelle, la quantité d'informations aux contours croît et influence significativement le nombre et l'amplitude des coefficients de Curvelets en ces points. Les courbures sont localement fortement diminuées tandis que les orientations globalement renforcées par la présence de lignes plus grandes. Ceci est observable à la figure 2.38.

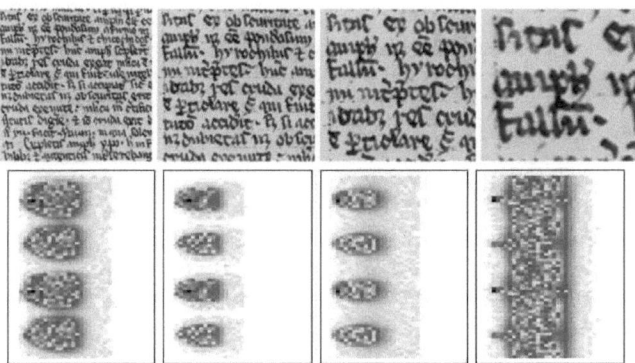

Figure 2.38   Extrait original (Base IRHT). Zooms successifs à 20, 40 et 80% et signatures 2-D (courbure, orientation) associées.

La diminution de la quantité de contours entraîne un changement significatif lors de la normalisation de la matrice d'occurrences qui est à l'origine de l'étalement des valeurs observables sur la signature de l'image zoomée maximale. La normalisation rehausse artificiellement les valeurs en certains points. L'information importante à relever à ce stade est qu'un changement d'échelle d'observation conduit également à un lissage des coefficients de Curvelets. Une adaptation de l'échelle d'analyse (aidée par la construction de représentations réellement multi-échelles de la signature) à l'échelle des contenus (images zoomées) est une piste intéressante qu'il faut entreprendre dès lors que les épaisseurs de traits représentant des éléments de contenus identiques sont variables.

L'utilisation de la signature comme descripteur complet sera présentée au chapitre suivant, nous l'associerons à l'utilisation adaptée de mesures de similarité spécifiquement conçues pour révéler les points de concordances entre signatures et les différences par pondération (distance de Tversky, [JO-09]).

CONCLUSION SUR LES TRAVAUX SUR LES TRANSFORMEES GEOMETRIQUES. L'anisotropie des données que nous avons eu à traiter durant ces travaux nous a conduits à nous intéresser à des transformées complexes qui se révèlent souvent bien adaptées pour isoler et sélectionner des directions locales. Nous avons donc pris le parti de nous intéresser à des méthodes procédant par approximation géométrique, comme le sont les transformées redondantes qui permettent de décomposer l'image en sous bandes orientées et également de bien capturer la géométrie aux contours des formes exprimés par un agglomérat de coefficients. La plupart de ces transformées permettent d'obtenir une meilleure sélectivité directionnelle. Ce fut notre motivation principale.

La transformée en Curvelets a été conçue pour combler les limitations de la transformée en ondelettes : tandis que les ondelettes capturent les singularités 1D (en localisant avec précision les points singuliers), les Curvelets peuvent en plus permettre de détecter les structures de dimensions supérieures comme les courbes dans les images sans se limiter à la seule présence de points singuliers souvent insuffisants pour contenir une information de formes, surtout lorsque celles-ci sont de petites tailles ou de tailles variables (les lettres présentes dans les écritures). La contrainte liée à la redondance inhérente à la transformée en Curvelets ne nous a pas semblé un frein à son exploitation car elle permet de confirmer une information majeure d'orientation et de courbure qui peut augmenter significativement grâce à cette redondance. Une seconde faiblesse souvent formulée à l'encontre des Curvelets est à mettre en relation avec leur incapacité à approximer des courbes de classe C^2 régulières par morceaux (les images de textes présentent des discontinuités fortes en dehors des zones régulières extérieures aux traits). On considère donc cette transformée peu adaptée aux applications de compression auxquelles elle était initialement destinée. Dans un contexte de caractérisation, nous avons pu montrer dans [JO-07] sa capacité à modéliser les images de traits avec une précision en orientation et en échelle très adaptée à la représentation des singularités locales des traits.

De nombreux chercheurs se sont récemment intéressés à des approches combinées exploitant une sélection de coefficients de Curvelets pour la résolution d'Equation aux Dérivées Partielles dans les situations de détection de bordures, de détails hautes fréquences importants et de débruitage, [ZH-09, JI-07, WE-05]. En comparaison à d'autres approches très exploitées pour la restauration, le débruitage et le rehaussement de contraste (résolution d'équations aux dérivées partielles, diffusion anisotrope, vote tensoriel), les transformées en Curvelets se sont montrées très performantes dans leur capacité à bien décrire, à préserver les contours, et les textures géométriques (non lisses) et à séparer l'information de structure de celle de bruit, [JI-08].

4. Bilan et prospectives autour de l'usage des approches espaces-échelles

4.1 Analogie entre les transformées pour l'approximation du signal

En analysant les caractéristiques des approches multi-échelles, nous pouvons nous apercevoir que les cloisons qui existent entre elles (approches variationnelles et fréquentielles) sont perméables et les liens très nombreux donnant des schémas numériques souvent très semblables : comme la théorie des problèmes inverses et les approches variationnelles par exemple. Dans [KO-08], M. Kowaleski s'attache en particulier à montrer les similitudes de comportements des approches portant d'une part sur les données (les méthodes variationnelles) et d'autre part sur les fréquences (selon l'analyse des projections et des distributions des coefficients des transformées aux valeurs et positions définies dans leur domaine fréquentiel). On peut affirmer que les travaux sur l'approximation non-linéaire par les bases d'ondelettes a fait évoluer le domaine de l'analyse d'images : initialement employées à des fins de compression et de reconstruction du signal, ces transformées ont été récemment re-étudiées pour leurs propriétés de parcimonie qui associées à la formation de dictionnaires non redondants permettent de représenter le signal sur un nombre réduit d'atomes, les plus représentatifs du signal. Il est vrai que ces mécanismes d'optimisation dans l'usage des coefficients sont essentiellement associés à des applications où la non-redondance est un avantage important. La parcimonie dans les décompositions est également très utile à la caractérisation des images car elle permet un gain de temps et une meilleure gestion de la mémoire.

4.2 Volonté d'une meilleure adaptation aux données

Durant mes travaux de recherche, je me suis intéressée à différentes approches multi-échelles pour la description, le débruitage et le rehaussement des contenus des images de documents afin de faciliter l'analyse. Ces approches ont été empruntées aux domaines de l'analyse harmonique des images (analyse fonctionnelle multi-échelle par variantes d'ondelettes), aux théories psycho-visuelles et psychophysiques (théorie Gestaltiste, théorie computationnelle, approches bio-inspirées,...), et variationnelles pour une plus petite part d'entre elles (par la résolution d'équations aux dérivées partielles, les EDP non linéaires et la théorie espace-échelle).

Il faut noter avant tout, que toutes les décompositions espaces échelles ne permettent pas toutes de rendre compte de propriétés à la fois globales et localisables dans l'espace de l'image. C'est le cas de la transformée de Fourier par exemple, tout en étant un outil très puissant d'analyse de la régularité globale d'une image (par analyse de l'autocorrélation du signal par exemple), elle ne permet pas de reconnaître et de localiser des points de discontinuités locales. Les ondelettes ont été conçues pour compenser cet inconvénient en fournissant des bases permettant une représentation parcimonieuse des images (avec peu de coefficients). Cependant, elles manquent de caractéristiques directionnelles pour les images aux orientations fortes comme les images de traits. Les Curvelets sont en ce sens une réponse apportée à la question d'une représentation plus adaptée à la description de la géométrie des contenus.

Alors que la majorité des opérateurs multi-échelles fonctionnent sur le principe selon lequel les échelles restent indépendantes des structures d'intérêt locales de l'image, certains travaux plus récents ont cherché à introduire plus d'adaptation pour le rehaussement et la détection de structures d'intérêt. La sélection automatique de la bonne échelle demeure aujourd'hui essentiellement liée à l'usage de bancs de filtres paramétrés (en espace et en échelle) et associés à la recherche de maxima locaux, voir figure 2.38. Le choix d'une bonne représentation repose sur sa capacité à s'auto-paramétrer (on peut rappeler les difficultés rencontrées avec les bancs de filtres de Gabor où le choix de l'échelle optimale est non trivial, ou avec la diffusion anisotrope où la détermination de la taille de support de l'orientation se pose) et à s'adapter à l'application visée (situation de débruitage, de rehaussement ou de caractérisation).

 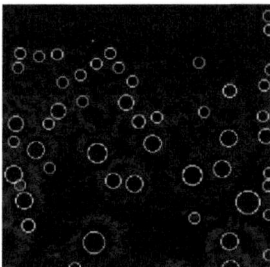

Figure 2.38. Champ de Tournesol. Diamètres des cercles calculés pour l'échelle optimale détectée à partir de la recherche des maxima locaux du déterminant du Hessien en espace et en échelle (seuillage permettant de renseigner sur la taille du blob).

Un élément qui semble essentiel à l'issue de ces travaux est qu'il est nécessaire d'établir une relation approximée sinon exacte entre l'échelle d'analyse portée par le noyau de la fonction analysante et le dimensionnement des structures d'intérêt présentes. Une représentation multi-échelle

69

devrait idéalement pouvoir se baser sur des opérateurs dont le contexte local du voisinage de chaque point de l'image détermine lui-même les fenêtres adéquates d'analyse à utiliser tout en généralisant la capacité des opérateurs à choisir des fenêtres d'analyse auto-adaptives à l'échelle des contenus, [CO-11]. Des travaux portant sur la reconstruction du signal image et proposés par G. Lebrun dans [LE-09a] s'engagent dans cette voie en apportant une réponse à la diversité des contenus, leur variabilité propre. Des transformations géométriques adaptatives (telles que le *matching pursuit* [MA-93], le *basic pursuit* [CH-98], ou encore le *lifting scheme* [SW-97]) sembleraient dessiner des voies tout à fait adaptées à la diversité des formes présentes dans les images géométriques, spécialement les images de traits. Des transformées qui pourraient alors exploiter l'ensemble des contours pour construire des bandes adaptées à la reconstruction des formes en respectant leur diversité de taille, accompagneraient ainsi avantageusement des applications dédiées à la restauration et la caractérisation fine. La transformée en ondelettes géodésiques est un exemple d'adaptation mettant en valeur les singularités des formes à travers des zones dont la taille et la forme sont très variables. Elle est cependant associée à des contraintes fortes liées au choix du masque géodésique le plus adapté ainsi qu'à des connaissances sur l'image.

L'hypothèse que l'information utile puisse être concentrée uniquement dans quelques coefficients significatifs fait naître l'idée de l'usage de dictionnaires naturellement guidé par la nature du signal. Des transformées comme les *Bandelets* ([LP-07]), les *Wedgelets* ([DO-99]) illustrent bien ce principe: les coefficients de *Wedgelets* par exemple permettent de définir la valeur des morceaux constants pour obtenir la transformées adaptées à la géométrie de l'image, voir figure 2.39. Cette question permet également de reboucler avec une modélisation statistique de l'information perçue : être capable d'identifier un petit nombre de variables explicatives du phénomène observé.

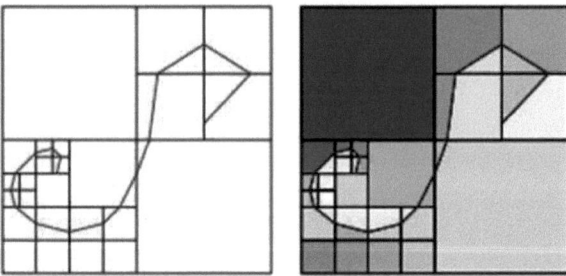

Figure 2.39 Décomposition adaptative en *Wedgelets* d'une image de traits, [DO-99].

Loin de chercher à trouver la représentation la plus adaptée, c'est la question de l'adaptation aux données qui se pose puisque la géométrie des formes, des contours et des textures varie de façon très significative dans les images de traits.

4.3 Application à la caractérisation du document : des approximations acceptables

Les adaptations qui sont faites sur les documents demeurent aujourd'hui encore très expérimentales. Les outils variationnels et fréquentiels existants pour le débruitage, le rehaussement de contraste et la caractérisation sont essentiellement liés à des opérations de prétraitement. Les méthodes, qui ont fait l'objet de thèses auxquelles j'ai pris part, sont associées à des approximations qui peuvent être soit imparfaites, nécessitant un paramétrage manuel important (Filtres de Gabor et de

Hermite), soit redondantes et intéressantes à exploiter pour la description. L'adaptation au contenu a pu être réalisée par la sélection des bonnes échelles d'analyse offerte par les décompositions nativement multi-échelles (Curvelets, Hermite) ou par l'exploitation des bancs de filtres balayant un spectre large d'échelles possibles. Dans les contextes associés aux usages du document (identification de scripteurs, analyse de structure, débruitage), nous n'avons réellement tiré profit que d'un nombre limité d'échelles : soit sélectionnées en amont des calculs, soit a posteriori :

- Analyse amont des orientations les plus significatives (issues de Gabor pour l'identification des mains)
- Sélection a priori de 4 échelles et 6 orientations dans l'extraction de coefficients de Hermite pour l'identification des scripteurs
- Exploitation de 8 niveaux de décompositions pour le marquage des traits d'écritures (en orientation et en courbure)
- Simplification des mécanismes simulés dans la capture de l'information basée sur des hypothèses de filtrage en régions périphériques (filtrage DooG itérés avec une croissance contrôlée des échelles de gaussiennes)

Permettre une adaptation à l'échelle des contenus sans avoir recours à des connaissances a priori trop forte ni un paramétrage manuel constitue un enjeu important. Dans les applications en lien avec des données hétérogènes (ce qui est le cas des contenus du document), un recours raisonné aux coefficients maximaux liés aux bonnes échelles (éventuellement plusieurs échelles co-existantes au sein d'une même page ou d'un même ouvrage) semble constituer une piste intéressante. Voyons désormais comment des mécanismes multi-échelles ont été adaptés à des applications de reconnaissance de structure et d'identification de styles d'écritures et de scripteurs.

3

Application d'une analyse multi-échelle et multirésolution à la reconnaissance des structures et des styles d'écritures

Contributions des thèses N. Journet, D. Gaceb, V. Malleron, G. Joutel, D. Hani

> « C'est pénible de peigner la girafe. Surtout sans échelle. »
> *Chaval*

Afin de faciliter la recherche et la navigation dans une masse toujours croissante de documents dont la diversité ne cesse d'augmenter, j'ai participé ces dernières années au développement de modèles et d'outils pour l'enrichissement, le traitement, l'édition personnalisée et l'indexation de contenus variables. Les enjeux associés à la mise au point de ces outils sont multiples : le traitement, la gestion, la visualisation, l'édition critique collaborative, l'enrichissement manuel ou assisté par analyse d'images, l'accès rapide. A travers la mise en pace d'une instrumentation informatique complète intégrant notamment des outils visant la transcription et l'annotation des ouvrages numérisés, j'ai contribué à deux grands axes dédiés à la valorisation et l'exploitation des documents : soit sous la forme de collections de petits volumes (ouvrages autographes rares, chefs d'œuvres uniques, documents préparatoires et brouillons rédactionnels), soit sous la forme de grand corpus (correspondances clandestines de l'époque des Lumières, imprimés de la Renaissance, manuscrits médiévaux et documents d'entreprise). Il est désormais admis que le traitement de corpus hétérogènes est susceptible de conduire à repenser de nouveaux cadres épistémologiques en lien avec la conception de nouveaux outils numériques de la recherche en SHS. Les humanités numériques (Digital Humanities), porteuses de riches perspectives dans l'élaboration d'outils transversaux nouveaux pour l'analyse des contenus et leur enrichissement, sont issues de ce constat.

La valorisation des masses de données s'accompagne d'un outillage spécifique en termes d'analyse des contenus image (textuels, manuscrites, imprimées, graphiques…). Elle doit améliorer conséquemment l'accès aux données et permettre de transformer des informations brutes en connaissances de nature scientifique exploitables par les experts des humanités. En y contribuant par l'encadrement de 4 thèses (travaux de Nicholas Journet sur les imprimés de la renaissance, Vincent Malleron sur les manuscrits d'auteurs, Hani Daher et Guillaume Joutel sur les manuscrits médiévaux), j'ai pu mettre à profit des approches multi-échelles et multirésolution à tous les stades de traitement.

La caractérisation des contenus est une étape importante du processus d'indexation. Dans mes travaux celle-ci a essentiellement porté sur des informations macroscopiques de texture, et de données géométriques relevant des traits (pour l'écriture) employant des représentations soit vectorielles, soit fondées sur des « sacs de mots visuels » ou sur les graphes. La prise en charge des grandes masses de données pour les grands dimensionnements a donné lieu à de nombreuses réflexions dans mes travaux (temps réels, réduction de dimension par clustering…) mais constituent à ce jour des perspectives encore ouvertes et des pistes à entreprendre, (travaux de Nicholas Journet, Djamel Gaceb). Une partie dédiée à la mise à disposition d'outils d'interactions pour les usagers en Sciences Humaines et associée à la construction d'interfaces de communication pour la recherche d'informations (interface d'interrogation par requêtes pour des applications de type CBIR, [JO-09]), et l'aide à la transcription (environnement de travail interactif et bureau virtuel, [EY-11]).

L'organisation très fortement hiérarchisée du document a été une condition nécessaire que j'ai retenue pour la mise en place de solutions multiéchelles et multirésolutions à la fois pour la caractérisation, la localisation et la reconnaissance de la structure des documents et l'analyse des écritures (identification des mains et reconnaissance de styles). Les propriétés de l'analyse multirésolution vont être ici pleinement exploitées pour la détection et représentation macroscopique des structures (pour lesquelles la notion de texture nous semble mieux adaptée que celle de trait local). Les travaux de thèse de Nicholas Journet décrit dans [JO-06] et de Djamel Gaceb décrit dans [GA-09] sont une contribution à l'étude des propriétés multirésolution du document à la fois pour l'analyse des textures et des structures. La théorie espace-échelle quant à elle a été essentiellement exploitée à des fins de caractérisation des traits et des formes manuscrites pour l'identification des mains, la classification des styles et la reconnaissance des écritures (voir chapitre 3). A l'occasion de mes travaux personnels de recherche, j'ai ainsi pu mettre au point une approche de caractérisation multi-échelle de l'écriture appliquée à l'identification des mains de manuscrits autographes de Montesquieu, [EG-07]. J'ai également pu contribuer à la mise en place de méthodes de comparaison d'écritures à l'aide de signatures globales de fragments de texte modélisant les distributions de courbures et d'orientations (thèse de Guillaume Joutel, [JO-09]). Les travaux de master recherche d'Asim Imdad que j'ai également co-encadrés en 2006 ont également initié l'exploitation des transformées multi-échelles (transformées polynomiales de Hermite) pour l'identification des mains sur des échantillons de textes de la base étiquetée IAM qui a fait l'objet de plusieurs compétitions internationales (Base IAM-Bunke 06), [IM-07]. Dans ce chapitre, je vais donc présenter mes contributions de recherche en pointant l'apport de la multirésolution et l'analyse multi-échelle pour deux applications cibles :

- L'analyse et repérage des structures fonctionnelles du document

- L'identification des écritures

Je dégagerai également les pistes qui semblent désormais prometteuses en matière d'analyse des contenus pour l'indexation, l'accès à l'information, la reconnaissance. Je montrerai notamment que la description des contenus et les efforts initialement consentis pour caractériser les formes (locales, globales ou contextuelles) sont indissociables d'un système de reconnaissance performant.

1. Apport de la multirésolution pour l'analyse de la mise en page

« Le forme n'est souvent qu'une mise en scène qui déforme. »
Paul Léautaud

La reconnaissance de la structure physique est l'étape préliminaire à l'interprétation des contenus. Cependant beaucoup d'applications ne nécessitent pas une analyse de plus haut niveau comme par exemple la conversion d'un document numérisé dans un format d'impression tel que le PDF, ou la recherche d'un document par sa mise en page, ou encore des applications de recherche par le contenu ou de segmentation, [JO-06, ME-13]. Par conséquent, il est possible de s'intéresser au contenu structuré du document sans y adjoindre des connaissances de très haut niveau pré-requis nécessaire à une bonne reconnaissance. Dans mes travaux de recherche, j'ai essentiellement contribué à des propositions de caractérisation des contenus visuels bas-niveau intégrant une dimension d'analyse multi-échelle. Je vais ainsi dans ce chapitre présenter les trois grandes directions auxquelles j'ai contribué pour parvenir à une caractérisation et une indexation de ces contenus. Elles répondent à des objectifs précis du domaine de l'analyse des documents, à savoir :

- la recherche d'informations par le contenu sans reconnaissance préalable,
- la segmentation en fragments physiques pour la mobilisation d'entités textuelles,
- la décomposition hiérarchique pour la localisation de régions cibles (zones d'intérêt).

Chacune des approches qui ont été développées pour satisfaire ces objectifs aborde le document selon une de ces modalités multi-échelles : soit en lien avec la perception visuelle humaine pour la détection des zones d'intérêt, soit en lien avec la dimension intrinsèquement multi-échelle de la structure du document (pyramide des données : du caractère au mot, du mot à la ligne, au paragraphe puis la page) [GA-07b, MA-11b], soit enfin en lien avec la nature multirésolution de la dimension de texture caractéristique des textes et de leurs combinaisons de caractères, [JO-06]. Dans un cas comme dans l'autre, les mécanismes sous jacents s'emploient à considérer soit les contenus bruts directement (méthodes guidées par les données liées à une analyse essentiellement de bas niveau) soit les modèles de représentation associés à des connaissances a priori sur l'organisation interne du document (méthodes guidées par les modèles).

Je détaillerai pour chacune de ces contributions les choix méthodologiques qui ont motivé ces recherches ainsi que les perspectives qui leurs sont directement associées.

1.1 Mise en œuvre d'une approche texture multirésolution pour une analyse sans segmentation

Thèse de N. Journet, 2006

1.1.1 Définition des cartes multirésolution de textures

Le principal avantage d'une utilisation d'outils de caractérisation des documents par la texture se situe dans la plus grande généricité que peuvent offrir ces outils et leur possibilité d'être exploités sur des images *sans* segmentation a priori et malgré une présence importante de bruit. Les approches textures offrent des mécanismes assez génériques de description, même si ceux-ci sont globalement plutôt grossiers et peuvent nécessiter des adaptations fines sur les régions ne contenant que très peu d'informations (annotations, surcharges manuscrites, titres, petites lettrines…). Dans un cas comme dans l'autre, leurs usages peuvent être très larges : aide à la recherche d'information, aide à la segmentation, aide à la structuration, à la navigation…. Les approches basées sur la *texture* utilisent principalement des informations de bas niveau, et s'affranchissent ainsi des connaissances a priori qu'utilisent les méthodes guidées exclusivement par les modèles. Les travaux de Nicholas Journet partent de l'idée que le document peut être essentiellement décrit par ses informations de texture et que celles-ci suffisent comme indicateurs de structure et de contenus en procédant à une classification exclusivement pixellaire de données. Son travail est à la base d'une démarche originale de caractérisation d'images de documents reprises de nombreuses fois pour produire des descripteurs robustes ne nécessitant aucune segmentation a priori et s'adaptant très aisément à l'échelle d'analyse et à la résolution des images.

Face à la grande diversité d'approches structurelles, statistiques et fréquentielles marquant le domaine de l'analyse de texture, [CH-96, ZH-99, JO-06, BE-12], les choix méthodologiques se sont portés dans ces travaux sur une exploitation exclusive d'information bas niveau, ouvrant la voie à une grande généricité d'exploitation dans le domaine de l'imprimé, et une bonne adaptativité au contexte de l'écrit et des images de traits. Ces contraintes fortes ont été initialement imposées par les multiples cas d'usages auxquels se dédiaient ces travaux, essentiellement pour des « non-spécialistes » en traitement d'image (chercheurs en sciences humaines et sociales), imposant de limiter la présence de seuils, de modèles, ou encore de structures explicites dans le processus d'analyse. Comme je l'ai évoqué dans le chapitre dédié à l'analyse multi-échelle, il est difficile d'exprimer une caractéristique qui soit générique d'un document à l'autre sans prendre en compte ses différents niveaux d'échelles. Cette contrainte peut être contournée par la mise en place de mécanismes considérant le document non pas exclusivement comme un ensemble organisé de pixels (ou de plans régions) mais comme un ensemble structuré hiérarchiquement (pyramide des données) et associé à une caractérisation multi-niveau. Les travaux de D. Gaceb développés dans [GA-09] pour l'analyse des structures sont également fondés sur cette volonté d'exploiter la dimension multiéchelle.

Partant du constat que la plupart des approches nécessitent de nombreuses adaptations (choix des paramètres, localisation spatiale ou fréquentielle de zones d'analyse, sélection de l'échelle appropriée…) et que celles-ci peuvent ne pas être souhaitées ou réalistes (dans le contexte d'une chaîne complète de traitement qu'on ne peut interrompre par exemple, ou de l'analyse de grands volumes de données hétérogènes), les travaux de N. Journet ont été conçus pour être génériques, adaptatifs, et re-exploitables. Aujourd'hui ses résultats se trouvent intégrés dans des travaux de doctorat dédiés à l'analyse de texture de documents acquis sur les chaînes de numérisation, [NG-13, ME-13]. Sur le principe, l'association de 4 cartes de textures établies pour 5 niveaux de résolutions différents a permis de fournir pour chaque pixel de l'image une information bas niveau en lien avec son contexte local (de taille variable du fait de l'espace échelle qui leur est associé). Chaque carte (ou plan texture) associée à l'image d'origine est l'expression d'une analyse spécifique en fréquences, en orientations, et en densité locale. Un mécanisme simple de déplacement de fenêtres glissantes de taille proportionnelle à l'échelle d'analyse visée a permis de produire cette représentation en tout point de l'image. Les cartes de textures ont été définies à partir d'indicateurs visuels quantifiant l'importance des orientations qui sont jugées comme étant des facteurs discriminants des textures. Il s'est avéré à travers ces travaux que l'information d'orientation constituait le facteur le plus discriminant et le plus robuste de séparation du texte avec les autres régions d'intérêt de l'image (graphiques, enluminures, gravures, images, arrière-plan…). Dans la littérature, la caractérisation des orientations est souvent réalisée à travers des filtres directionnels ou des bancs de filtres paramétrables, Nicholas Journet a cependant choisi un outil moins paramétrique basé sur la rose de directions proposée par S. Bres [BR-94] et très tolérante aux variations de qualité des images (variations en résolutions, en échelles, en bruits, en contrastes…). La rose de directions est un diagramme polaire illustrant le résultat de l'auto-corrélation qu'une image peut produire, voir *chapitre 2*. La figure 3.1 permet de visualiser facilement le lien entre le contenu, ses orientations principales estimées à partir des images autocorrélées selon un mécanisme hiérarchique (fenêtre glissante de taille progressivement croissante).

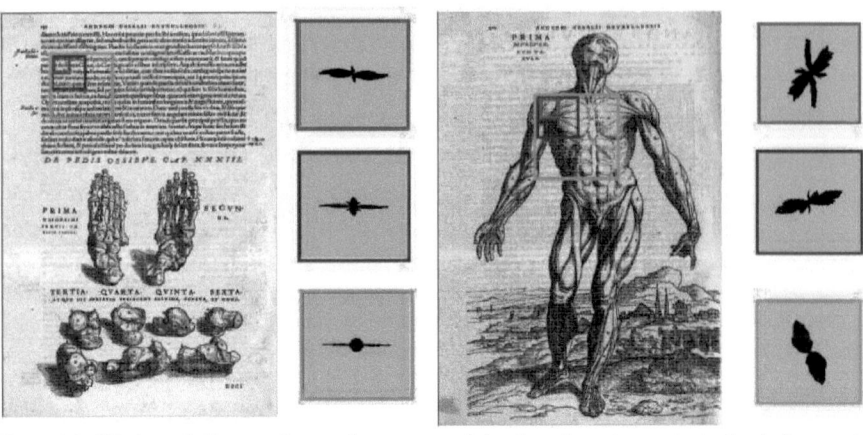

Figure 3.1. Résultats de l'expression en diagramme polaire des orientations principales de fragments multirésolution (carrés de couleurs), sur du texte (gauche) et une gravure (droite). Mise en évidence de la direction principale du texte toute échelle confondue et de la variance graphique, *http://www.bvh.univ-tours.fr/*, [JO-06].

Au delà de l'orientation, un second indicateur de texture très robuste est la fréquence de transitions entre l'encre et le papier. Cette mesure peut s'exprimer soit sous la forme d'une variance de niveaux de gris directionnelle soit sous la forme d'une entropie comme nous l'avons précédemment cité qui traduit le « désordre local » au niveau de la fenêtre d'analyse, [EG-04b, EG-04c]. Pour couvrir le spectre très spécifique de la prégnance visuelle de l'information imprimée, N. Journet a finalement choisi d'exploiter un indicateur de « longueur de plages » permettant d'apprécier les informations qui relèvent du texte régulier (composé notamment de fontes de petites tailles) et de les distinguer de celles relevant des traits plus allongés (fontes de gros caractères), des graphiques ou des gravures. La figure 3.2 synthétise les résultats de calculs de cet ensemble de descripteurs multiéchelles sur un document du *Vesal* ainsi que le résultat d'une classification non supervisée, ici par l'utilisation du classifieur CLARA, Clustering LARge Applications développé par Kaufman et Rousseeuw dans [NG-97] en 3 et 6 classes.

Cette classification est une illustration de la précision de la description dans sa capacité à discerner les éléments graphiques, textuels et homogènes (textures d'arrière-plan). Elle peut se réaliser à l'échelle de la page ou de l'ouvrage rendant compte de la variété des données à séparer. La connaissance a priori du nombre de classes à fournir est la seule contrainte d'entrée. Les performances de tels indicateurs ont également été établies à partir d'une étude statistique par ACP qui a rendu compte des fortes corrélations d'indices d'une résolution à l'autre, des corrélations entre les transitions encre-papier et du rôle fortement discriminant de la rose des directions pour l'extraction de l'orientation principale. L'ensemble des corrélations identifiées a permis de réduire l'espace de description du corpus de l'étude. Les redondances identifiées ont néanmoins été préservées car elles introduisent un renforcement utile à la description assurant une plus grande robustesse aux variations internes dans chaque fenêtre d'analyse.

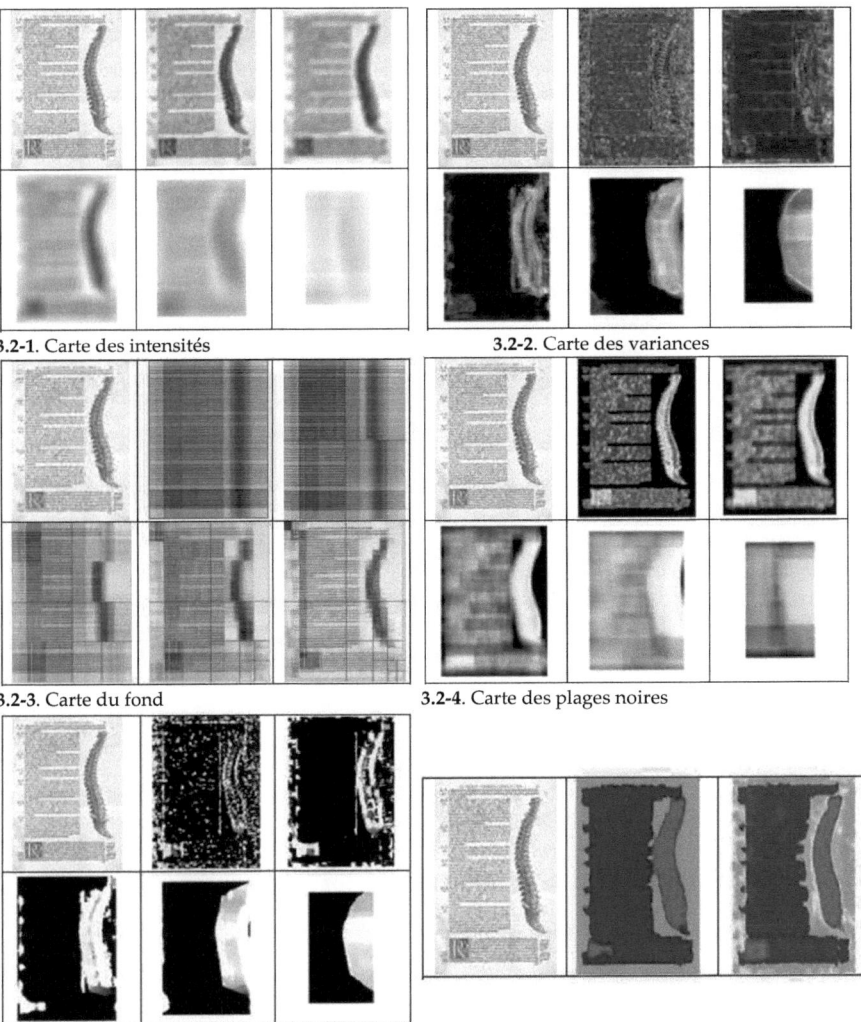

3.2-1. Carte des intensités

3.2-2. Carte des variances

3.2-3. Carte du fond

3.2-4. Carte des plages noires

3.2-5. Carte des orientations

3.2-6. Classification non supervisée en 3 et 6 classes

Figure 3.2. Résultats du calcul des descripteurs sur un ensemble des cartes multirésolution. Représentation du résultat d'une classification par partionnement (algorithme CLARA « Clustering LARge Applications) en trois et six classes de textures) après étude des corrélations entre descripteurs.

1.1.2 Intérêt d'une modélisation multirésolution par texture pour l'accès au contenu

Ce travail constitue un premier pas vers la généralisation de la description par texture pour l'analyse des contenus et de la mise en page des documents hétérogènes. S'il est établi que la structuration des documents ne peut pas passer par l'étude exclusive de l'information de texture même si celle-ci porte sur des fenêtres d'analyse très locales, il n'en demeure pas moins que la texture est un puissant outil de modélisation des contenus. En effet, sa richesse repose pour une grande part sur une redondance calculée (un motif est répété un certain nombre de fois), une régularité par morceaux qu'une approche multi-échelle permet de révéler, et enfin une stabilité de distribution des objets d'intérêt accessibles selon leurs contenus fréquentiels et directionnels. A ce niveau, l'orientation et l'entropie semblent être des dimensions de texture très significatives car elles expriment à la fois les dimensions géométriques, structurelles et statistiques propres aux images de traits, textures, graphiques et gravures et qu'elles s'adaptent très bien au changement de résolution. Les travaux de Nicholas Journet offrent ainsi une grande polyvalence pour des applications sur des corpus variés ainsi qu'un cadre méthodologique intéressant totalement indépendant de l'échelle réelle de représentation des objets. L'absence de paramétrage de la méthode de caractérisation, son auto-adaptation au contenu par une sélection de caractéristiques associées à une analyse en composantes principales sont les deux avantages de cette approche d'analyse de contenu sans segmentation. Elle présente ainsi une grande généricité et une grande modularité pour des applications d'accès au contenu très ouvertes (CBIR, classification, pré-structuration…). Le travail de N. Journet a finalement montré la faisabilité de l'ensemble de ces dimensions de texture pour des applications d'aide à la navigation, de type recherche par le contenu initiant la recherche par un mécanisme de requêtage par l'exemple, [JO-06]. Notons cependant que l'absence d'adaptation automatique à l'échelle (à la différence des approches reposant sur les objets connexes par exemple) peut constituer un frein à sa généralisation.

Dans les sections suivantes, je vais illustrer une autre façon de considérer le document selon un point de vue hiérarchique pyramidal en associant cette fois le processus de reconnaissance à la segmentation et la description des données. Dans ces travaux réalisés dans le cadre de la thèse de D. Gaceb (2009), les processus de reconnaissance et de caractérisation sont conçus pour interagir et s'entraîner mutuellement. Ils répondent au paradigme fondateur du domaine « *reconnaître d'abord pour segmenter ensuite ou segmenter d'abord pour reconnaître ensuite*» pour lequel aujourd'hui plusieurs réponses sont admises.

1.2 Modèle pyramidal pour la segmentation et la reconnaissance des documents

Alors que l'approche *pixel* développée dans les travaux de N. Journet a permis de mettre en évidence une description exhaustive du contenu de l'image produisant une cartographie en plans de contenus dédiée à de multiples usages, il est devenu très vite nécessaire d'envisager de repenser l'analyse lorsque les aspects calculatoires deviennent trop contraints et les usages très ciblés. C'est notamment le cas pour les mécanismes en lien avec des usages *temps réel*, où des contraintes de productivité et de rendement entrent en jeu (chaîne de traitements comme le tri postal et l'analyse par lots continus…). Dans ce cas, c'est une *analyse partielle des données* qu'il faut privilégier pour sélectionner en temps raisonnable les régions d'intérêt, les décrire (par de nouveaux indicateurs de formes) et les localiser (par des indicateurs de positions et un système de reconnaissance adapté).

Considérant comme objectif la *segmentation* en régions d'intérêt, toute imprécision dans la localisation de l'information devient un frein considérable. Il convient de disposer d'une description des contenus plus appropriée à leur échelle réelle. En d'autres termes, la fenêtre d'analyse doit pouvoir se superposer à celle des contenus. D. Gaceb dans ses travaux de doctorat a ainsi proposé de mener conjointement une approche hiérarchique pour la description et la reconnaissance des contenus du document à travers laquelle la *description* et la *classification* s'entraînent mutuellement, [GA-07b]. Cette évolution méthodologique a été mise au service d'une description multirésolution (intégrant des descripteurs adaptés à chaque niveau de la pyramide des données), et d'une classification supervisée hiérarchique basée sur la coloration de graphe. Les étapes d'apprentissage pour la reconnaissance des contenus et la reconnaissance de documents ont été réalisées par un mécanisme de b-coloration de graphes permettant de modéliser les relations entre objets d'intérêt à plusieurs échelles. L'ensemble des aspects formels de ces outils est présenté dans [GA-09].

1.2.1 Exploitation de la nature multi-échelle du document

L'apport principal de la thèse de D. Gaceb est à mettre en lien avec l'exploitation complète de la pyramide des données pour accélérer la recherche de régions cibles, affiner le découpage et l'usage d'une approche de clustering hiérarchique pour l'appariement d'objets connexes. La dimension multirésolution et multiéchelle du document a trouvé ici un essor considérable pour des applications temps réel de localisation de zones d'intérêt dédiées aux documents d'entreprise, [GA-07a, GA-07b, GA-09].

Dans ce type d'application, il est entendu que la zone d'intérêt peut être positionnée à différents endroits d'une page (cas du bloc adresse qui peut aussi bien exister au centre de l'enveloppe que dans un coin, voir figure 3.3). Les méthodes de segmentation de la structure physique et de localisation du bloc adresse (application phare du domaine industriel et enjeu très actuel des dispositifs temps réels) utilisent pour la plupart des structures de données encore trop complexes.

Figure 3.3. Localisation variable du bloc adresse sur des courriers d'entreprise et présence d'informations parasites dans le voisinage de ces régions (timbres, marques de la poste, logos, surcharges manuscrites…)

Il faut noter que la gestion des critères et des connaissances devient difficilement contrôlable face à la grande variabilité sur les données entrantes à trier.

La plupart des méthodes de segmentation de la structure physique des images d'enveloppes postales sont conçues sur la base, soit d'un découpage récursif à partir des espaces blancs, soit de fusions récursives des objets proches, soit encore de combinaisons d'approches [YU-97, JE-04, EI-04]. Les méthodes de segmentation par fusion (regroupement progressif des objets connexes, RLSA, segmentation par changement d'échelle, méthode de gradients cumulés) sont plus utilisées par les stratégies ascendantes (bottom-up), [DR-95] [DE-94], alors que les méthodes de segmentation par découpage (projection des profiles, segmentation par l'analyse des espaces, transformée de Hough) sont plus adaptées aux stratégies descendantes (top-down) ou mixtes [SH-04]. Les méthodes permettant de représenter l'image d'un point de vue multirésolution (approches pyramidales) demeurent à ce jour encore marginales car elles nécessitent la mise en place de cascades de traitements, et ne permettent pas toujours la capture d'informations hétérogènes non représentables à une unique échelle d'observation (cas des images contenant des données hétérogènes de tailles et localisation très variables). On pourra se reporter au *chapitre I* qui soulève la difficulté d'une extraction d'information efficace à la bonne échelle. On pourra néanmoins recenser des travaux phares appliquant le principe d'une analyse multirésolution, ceux de Déforges et Barba dans [DE-94], de Wang dans [WA-95], Shi et Govindaraju dans [SH-04]. Dans tous les cas, il est impossible d'assurer une segmentation parfaite au moyen de techniques simples bas niveaux sans intégrer un apprentissage sur la nature des contenus recherchés.

Constatons enfin que les blocs issus des méthodes de segmentation classiques peuvent contenir des éléments parasites (bruit, petits fragments des tableaux, logos, annonces publicitaires, graphiques). Afin de permettre un repérage stable, intégrant à la fois les très fortes irrégularités de mise en page mais aussi le bruit inhérent à ces documents d'entreprise, et de considérer de multiples variations d'échelles (taille de l'information visible variable d'un lot de données à l'autre), nous avons introduit un modèle basé sur une représentation pyramidale contournant la structuration complexe quasi inévitable des données et donnant à chaque niveau d'analyse une forme d'autonomie propre. La validation des représentations *par étage* repose sur un mécanisme de clustering riche et modulable : la *coloration hiérarchique des graphes*.

Le mécanisme de coloration de graphe est une alternative riche à d'autres approches supervisées de classification, car elle permet à la fois de modéliser les dissimilarités locales d'objets connexes et de synthétiser les règles de placement au sein des zones d'intérêt. Son exploitation aux différents niveaux de la pyramide des données facilite la cohérence des regroupements d'objets en corrigeant à chaque étape les possibles erreurs de sur ou de sous segmentation. Finalement, l'intérêt de la coloration hiérarchique de graphes est de former à chaque niveau de la hiérarchie des groupes de composantes qui doivent être les plus homogènes possibles pour aboutir à une description plus précise.

1.2.2 Segmentation hiérarchique de document par coloration de graphe

La segmentation d'un document en blocs homogènes consiste à faire apparaître correctement les différents blocs à partir d'un ensemble $X = \{x_1, .., x_n\}$ de composantes textuelles de l'image (caractères, lignes) et regrouper les autres composantes dans des blocs isolés formant les figures et les graphiques. Chaque bloc doit réunir le plus grand nombre d'éléments similaires reposant respectivement sur deux critères de similarité et de voisinage. Ces deux critères (notés S&V) spécifient que certaines paires d'éléments $\{ x_i, x_j \}$ ne peuvent être fusionnées au sein d'un même groupe. Pour résoudre ce problème de partitionnement (ou de classification), on peut partir du point de vue inverse et formuler la question suivante : « quel est le plus petit nombre de blocs homogènes que l'on peut former en respectant la contrainte S&V ». L'intérêt de formuler le problème de cette manière, est qu'il est possible de le résoudre en termes de coloration de graphe. Il existe plusieurs types de colorations. Nous pouvons citer en exemple la coloration de sommets [CH-98], [MA-99] [EF-03] [EF-06], la coloration d'arêtes [BO-01], la coloration par liste [HI-01]. Une coloration pour laquelle deux sommets adjacents n'ont pas la même couleur est dite coloration propre. La question essentielle qui est soulevée en matière de coloration est de savoir quelle est la meilleure coloration possible du graphe. En particulier, dans de nombreuses situations il est essentiel de savoir si un graphe peut être colorié avec un nombre *fixe* de couleurs et si tel est le cas comment y parvenir. Déterminer le nombre chromatique d'un graphe est un problème central de l'optimisation combinatoire qui par nature est NP-complet dès lors que le nombre de couleurs est supérieur à 3. De nombreuses méthodes approchées ont été proposées pour résoudre le problème de coloration. Leur étude complète est accessible dans [GA-09]. Elles procèdent généralement par une minimisation du nombre chromatique.

DEFINITIONS ET THEOREMES. Chaque élément x_i est représenté par un sommet $v_i \in V$ d'un graphe simple G relié à d'autres éléments par une arête $E(v_i, v_j)$. Une arête relie une paire d'éléments dissemblables *(i.e.* qui ne respectent pas la contrainte SV). La coloration des sommets du graphe G(V,E) consiste alors à affecter à tous ses sommets une couleur de telle sorte que deux sommets adjacents (dissemblables) ne puissent pas porter la même couleur. Ces couleurs vont correspondre aux différents blocs homogènes qui constituent les différentes classes d'éléments. La question de la détermination du plus petit nombre de blocs homogènes, revient à rechercher le plus petit k pour lequel le graphe G correspondant admet une k-coloration : c'est donc précisément le nombre chromatique χ (G) du graphe G qu'il faut déterminer.

Définition 1: Le nombre chromatique $\chi(G)$ d'un graphe G est le plus petit entier k tel que G admet une k-coloration. Si $c(G) = k$, le graphe G est dit k-chromatique.

Théorème: Considérant $\Delta(G)$ le degré du graphe, et $\omega(G)$ le nombre maximal de cliques du G, le nombre chromatique est encadré par ces deux grandeurs : $\omega(G) \leq \chi(G) \leq \Delta(G) + 1$

Définition 2 : Une b-coloration d'un graphe G est définie comme une fonction c sur $V(G)$ $\{v_1, v_2,... ,v_n\}$ dans un ensemble de k_b couleurs (généralement, C = $\{1,2,..., k_b\}$), qui consiste à colorer tous les sommets de V à l'aide d'une coloration maximale de telle sorte que :

- pour tout sommet v_i, avec $1 < i < n$, nous avons c (v_i) $\in$ C et pour toute arête $(v_i\ v_j)$ de $E(G)$, c (v_i) $\neq$ c (v_i).

- pour toute classe de sommets coloré par la couleur c, il existe au moins un sommet $v_i \in V$, coloré par cette couleur et adjacent à toutes les autres couleurs, appelé sommet dominant.

Proposition 1: Une coloration propre maximale est une coloration des sommets de G avec un nombre maximum de couleurs. Ce nombre est égal dans la plupart des cas à $\Delta(G)+1$.

Définition 3: Le nombre b-chromatique d'un graphe G, défini par b(G), est le nombre entier maximal de couleurs k_b tel que G peut avoir une b-coloration par les k_b couleurs. Ce paramètre de coloration a été défini dans [IR-99].

Proposition 2: Soit G un graphe et $\chi(G)$ son nombre chromatique, défini comme le nombre minimum de couleurs requises pour la coloration propre de G. $\Delta(G)$ est le degré maximum de G. Le nombre b-chromatique peut être encadré par la relation suivante : $\chi(G) \leq b(G) \leq \Delta(G)+1$

Algorithme de coloration minimal (1): En nommant $c(i)$ la couleur du sommet i, $N(i)$ l'ensemble des sommets adjacents au sommet i, on propose l'algorithme de coloration minimale répondant aux problèmes de partionnement des connexités extraites sur une page de documents. La complexité de cet algorithme est inférieure à O $(n\times\log(n))$.

Algorithme 1: Coloration_Minimale_Graphe()

```
BEGIN
  If c(i) ≠ ∅ then
    Let M := Nc(i) ∪ {c(i)};
        q := 0;
    For every node j∈ N(i) such that c(j):= ∅ do
        q := min {k|k > q,k ∉ M and k ∉ c(j)};
        If   q ≤ Δ + 1 then c(j) := q;
        Else c(j):=min{k|k ∉ Nc(j)};
        Endif
    Enddo
  Endif
END.
```

$Nc(i)$ est l'ensemble des couleurs des sommets $N(i)$, $d(i) = |N(i)|$ son degré, et $\Delta = \max\{d(i)|i \in V\}$. Sur le graphe G de la figure 3.4, dont l'ensemble de 11 formes différentes V représenté par les sommets $\{v_1,...,v_{11}\}$, il a été nécessaire d'introduire 4 couleurs pour les colorer, celles-ci garantissent que deux sommets adjacents (qui représentent deux formes dissemblables) ont bien deux couleurs différentes.

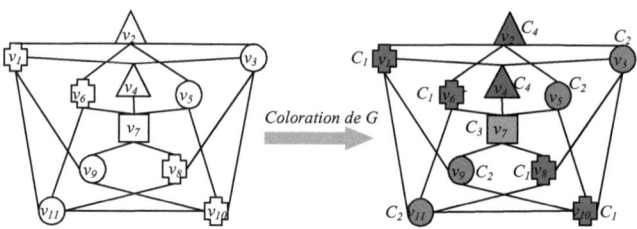

Coloration de G

Figure 3.4. Coloration propre de graphe G de 11 sommets par 4 couleurs (c1, c2, c3 et c4).

Le seuil S peut être un vecteur de plusieurs valeurs résumant les règles de séparation portant sur différentes caractéristiques décrivant les sommets du graphe. Dans le cas de l'extraction de la structure physique, on lui attribue manuellement une valeur résumant l'ensemble des connaissances a priori récoltées.

Algorithme de b-coloration maximale (2): La coloration est appelée b-coloration, si pour chaque couleur c_i, il existe au moins un sommet v_i coloré c_i dont le voisinage est coloré par toutes les autres couleurs. Le sommet v_i dit un sommet dominant pour la couleur ci.

Pour calculer une b-coloration d'un graphe G, chaque sommet de G a besoin de quelques informations sur les sommets dominants et les couleurs dominantes. Il est nécessaire de fournir pour chaque sommet i, une table $Dom_i[c(i)]$ contenant les étiquettes des sommets dominants de chaque couleur. Avant de retirer une couleur c, chaque sommet doit vérifier s'il n'est pas un sommet dominant pour cette couleur. Chaque sommet maintient à jour la liste des couleurs de son voisinage $N(i)$). Nous choisissons ensuite parmi tous les sommets dominants dans une couleur c, le sommet qui possède la plus petite étiquette (qui correspond à la plus grande dominance, i.e. la plus grande distance par rapport aux autres couleurs). Si i n'est pas un sommet dominant et sa couleur $c(i)$ ne contient aucun sommet dominant, alors on en déduit que la couleur de ce sommet est non dominante. L'algorithme complet distribué est présenté dans [GA-09].

Algorithme 2 : b-coloration_Graphe()

```
BEGIN
   Repeat
           q   := max{k| k∈ NDm};
           L   := L\{q};
           NDm:=L\Dm;
           For each vertex vi such that c (vi):=q do
               K: = {k| k∈ L and k∉ Nc(vi)};
               c(vj):= {c|dist(vi,c):=mink∈ K(dist(vi,k))};
           Enddo
           For each vertex vj such that c(vj)∈ NDm do
               Update(Nc(vj));
               If Nc(vj) := L\{c(vj)} then  Add(c(vj),Dm);
               EndIf
           Enddo
   Until (NDm := ∅)
END.
```

---

avec *NDm*, l'ensemble des couleurs non dominantes, *Dm* l'ensemble des couleurs dominantes, et *C(vi)* la couleur de sommet *i*. L'exemple de la figure 3.5 présente la possibilité de *b*-colorer les sommets d'une classe de couleur à l'aide des autres couleurs.

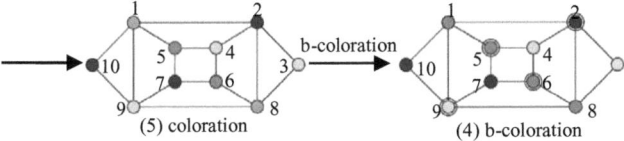

Figure 3.5. Exemple de *b*-coloration, les sommets 2, 5,6 et 9 sont des sommets dominants

LES APPROCHES DE LA COLORATION POUR L'ANALYSE DES STRUCTURES. Dans nos travaux nous avons contribué à l'établissement de deux approches de coloration : l'une simple, exploitée pour la structuration physique des documents, appelée *coloration propre minimale* fondée sur un algorithme temps réel optimisant le nombre minimal de couleurs nécessaires à la coloration (*algorithme 1*) et une *b-coloration maximale*, exploitée pour l'apprentissage des seuils, portant sur la maximisation du nombre chromatique (par une borne maximale, le nombre achromatique $\varphi(G)$) et permettant de produire une coloration propre assurant à chaque paire de couleurs d'apparaitre au moins sur une des arêtes du graphe (*algorithme 2*). Ce nombre vérifie la relation pour tout graphe G, $\chi(G) \leq \varphi(G)$. Il est produit par l'algorithme itératif distribué temps réel de b-coloration (ou double coloration) proposé par Effantin [EFF06]. La construction d'un graphe G à colorer à partir d'un ensemble $X=\{x_1,... , x_n\}$ de *n* individus (qui selon le cas de la segmentation peuvent être des blocs, des lignes ou des objets connexes) est basée sur le calcul d'une matrice de distances M_{Ds}. Cette matrice traduit les *dissimilarités* existantes entre les paires d'individus $\{i, j\}$ donnée par la relation suivante. Nous faisons l'hypothèse que si (x_i, x_j) sont les descripteurs d'une paire d'individus (i, j), la distance $D_s(x_i, x_j)$ exprime la dissimilarité entre cette paire d'individus.

$$M_{Ds}[i,j] = D_s(x_i, x_j) \text{ avec } (i \neq j) \in [1,n] \qquad (Eq. \ 3.1)$$

La mesure D_s peut être basée sur une métrique simple comme la distance euclidienne, la distance de Manhattan, la distance de Mahalanobis, la distance de Chebychev ou la distance binaire (de Hamming, de Jaccard ou de Tanimoto). Elle peut également être plus complexe comme le sont les distances dynamiques. Il reste alors à associer à *X* un graphe seuil supérieur $G_{\geq S} = (V, E_{\geq S})$ représentant une partie du graphe de départ *G= (V, E)* liée à une contrainte de dissimilarité de seuil *S*. Il a pour sommets l'ensemble *V* de tous les éléments de *X* et pour arêtes l'ensemble $E_{\geq S}$ formant toutes les paires (x_i, x_j) dont la distance $D_s(x_i, x_j)$ est supérieure ou égale à *S*. Cet ensemble $E_{\geq S}$ peut être donné par la formule suivante :

$$E_{\geq S}\left[v_i, v_j\right] = \begin{cases} 1 & \text{si } Ds(x_i, x_j) = Ds(v_i, v_j) \geq S \\ 0 & \text{sinon} \end{cases} \qquad (Eq. \ 3.2)$$

Dans ce graphe, deux sommets sont adjacents s'ils ont un degré de *dissimilarité* supérieur au seuil *S*. Une fois le graphe seuil construit, il est prêt à être coloré. Le système dans une phase préparatoire d'auto-paramétrage utilise la combinaison de disparités intraclasse et interclasse définie par de Levine et Nazif dans [LE-85] pour ajuster automatiquement, et de façon définitive, toutes les valeurs de seuils nécessaires à la coloration. Le principe consiste à choisir les seuils qui maximisent une fonction assurant le meilleur partitionnement selon ces deux critères de disparités.

MISE EN ŒUVRE D'UNE COLORATION HIÉRARCHIQUE ET PYRAMIDES DES DONNEES. La coloration hiérarchique appliquée à la segmentation physique des documents se réalise de façon ascendante pyramidale à trois niveaux : le niveau des composantes connexes, le niveau des lignes puis le niveau des blocs. Durant la coloration hiérarchique, l'extraction des caractéristiques d'un niveau de la hiérarchie conduit à regrouper les éléments pour former les éléments de niveau supérieur. Les éléments de la première segmentation (niveau 1) participent à former les sommets d'un second graphe pour la deuxième coloration qui a comme résultat une segmentation en lignes (niveau 2). Ces lignes participent à leur tour à la formation des sommets d'un 3ème graphe sur le quel on applique une 3ème coloration pour former la carte finale des blocs (de niveau 3), voir figure 3.6. Pour gérer les connaissances qui lui sont associées, chaque groupe d'objets possède des attributs et une stratégie d'arrangement. La progression dans la hiérarchie permet, à chaque niveau, d'acquérir des connaissances plus précises sur le contenu de l'image.

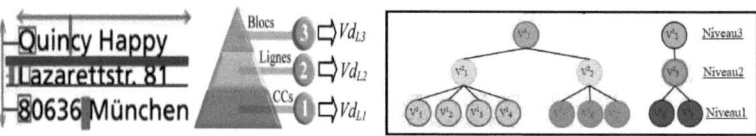

Figure 3.6. Trois niveaux de pyramides pour une segmentation hiérarchique et groupement progressif d'objets par coloration de graphe

Soit G un graphe non orienté à trois niveaux indépendants défini par la relation suivante :

$$G(V,E) = \bigcup_{k=1}^{3} G_k (Vd_{Lk}, E_{Lk>Sk})$$ avec, $Vd_{Lk} = \{Vd_{Lk} (i)\}_{i=1...N_k}$ l'ensemble fini des sommets représenté à partir des descripteurs de l'ensemble $V(L_k)_{k=1...3}$ des N_k éléments constitutifs de niveau k de la pyramide de données. $E_{Lk>Sk}$ est l'ensemble fini des arêtes représenté par les paires de sommets adjacents. Deux sommets sont dits adjacents si et seulement si leur dissemblance $d_{i,j}$ est strictement supérieure au seuil S_k. La définition (Eq. Xxx) devient alors la suivante :

$$E_{Lk>Sk} [vd_{Lk}(i), \ vd_{Lk}(j)] = \begin{cases} 1 & \text{si} \quad d_{i,j} > s_k \\ 0 & \text{si non} \end{cases} \qquad \text{(Eq. 3.3)}$$

L'originalité de la contribution « description-reconnaissance » est donc de faire coopérer la phase de la description des blocs avec la phase de la segmentation physique tout en permettant, à un niveau de la hiérarchie, d'utiliser toutes les informations exprimées dans les autres niveaux. En notant Vd_{Lk} (i) le vecteur descripteur de bloc i au niveau k = 1,2 et 3. La description complète de ce bloc est donnée par la combinaison des descriptions de trois niveaux L1, L2, et L3.

$$Vd_{Total}(i) = Vd_{L1} \cup Vd_{L2} \cup Vd_{L3} \qquad \text{(Eq. 3.4)}$$

Caractéristiques niveau connexité Vd_{L1}	Caractéristiques niveau lignes Vd_{L2}	Caractéristiques niveau blocs Vd_{L3}
Position Hauteur de CCs Largeur de CCs Espace inter caractères	Position Hauteur de la ligne Largeur de la ligne Espace interlignes Alignement Excentricité Degré de chevauchement	Position Largeur de bloc Nombre de lignes Excentricité Relations spatiales La densité Uniformité

Table 3.1 – Descripteurs à chaque niveau de hiérarchie.

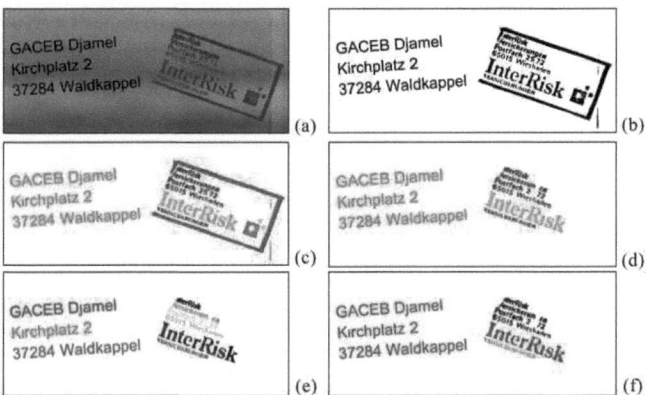

Figure 3.7 – Résultat de la coloration hiérarchique pour l'extraction de la structure du document. (a) zone d'adresse en niveau de gris, (b) image binaire, (c) première coloration, (d) séparation texte/non texte, (e) deuxième coloration : extraction des lignes, (f) troisième coloration : extraction des blocs.

La méthode de segmentation de la structure physique se base ainsi sur la construction d'un premier étage de graphe (que l'on note $G1$) à partir de la carte des connexités $V(L1)$ du premier niveau de la pyramide de données. Le graphe $G1$ $(Vd_{L1}, E_{>S1})$ est ensuite coloré pour former $G3(Vd_{L3}, E_{>S3})$. On superpose, ainsi, ces couleurs avec la carte des blocs $V(L_3)$ pour subdiviser tout bloc (couleur) en plusieurs couleurs (blocs). En exploitant ces nouvelles connaissances, nous appliquons à nouveau une 2ème coloration de graphe $G3$ $(Vd_{L3}, E_{>S3})$ formé par Vd_{L3} ensemble de descripteurs des fragments que nous fusionnons pour former une carte des blocs uniformes notée $V^*(L_3)$. Finalement, nous perfectionnons la description totale de chaque bloc par un nouveau jeu de caractéristiques extraites de la couche 2 issue d'une coloration du graphe $G2$ $(Vd_{L2}, E_{>S2})$ avec Vd_{L2} ensemble de descripteurs définis par l'analyse de $V(L_1)$ et $V^*(L_3)$, voir les étapes de la figure 3.7. Ces résultats de la segmentation physique ont été validés par d'excellentes performances de localisation et de reconnaissance de structures basées sur un apprentissage exploitant une coloration en couleurs dominantes des régions d'intérêt (*b-coloration*).

1.2.3 Reconnaissance de structure : apprentissage par b-coloration de graphe

L'étape de b-coloration portant sur une base d'apprentissage (ensemble d'exemples choisis pour constituer un ensemble de modèles) se fonde sur un premier graphe conçu à partir de l'extraction de la structure physique de chaque document de la base. Ce graphe subit alors deux étapes de colorations pour l'apprentissage. La construction de l'ensemble des sommets *dominants* conduit à la représentation d'un modèle pour chaque type de documents. Le modèle est ensuite comparé avec chaque sommet du graphe à tester. L'optimisation automatique du seuil d'adjacence ($S_{Optimal}$) est basée sur un critère d'évaluation non supervisée de la qualité de la classification. Celui-ci est basé sur la combinaison des disparités intra-classes et inter-classes. Cet auto-paramétrage de seuil permet de réaliser une classification automatique non supervisée, sachant que l'imprécision de ce nombre pourrait facilement forcer le classifieur à commettre des erreurs de classification (sur une base d'apprentissage qui possède certains blocs trop déformés). Dans les essais réalisés, la base d'apprentissage a été réduite à 400 blocs de 7 catégories (blocs adresse, timbre, logos...), issus de l'extraction de la structure physique d'une assez grande variété d'images de 250 enveloppes. Une classe de bruit à faible effectif contenant les blocs déformés (coupés ou mal alignés) a été introduite pour renforcer le système dans les situations d'indécision (classe de rejet), voir figure 3.8. Les blocs de la base ont été répartis en 150 blocs-adresse imprimés de différentes mises en page, 100 blocs-adresse manuscrites et 150 blocs représentant des timbres, des cachets, logos et autres blocs graphiques.

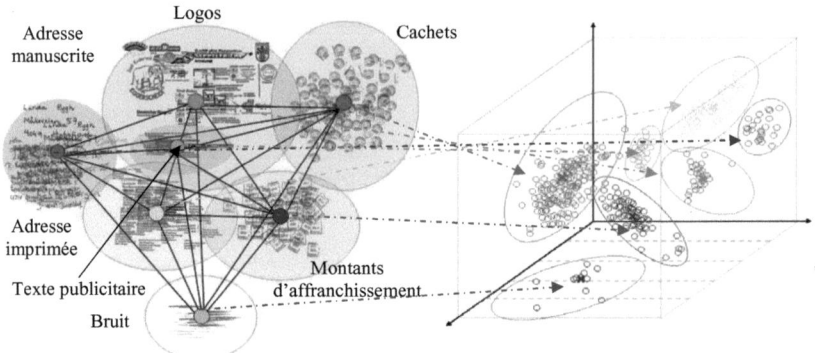

Figure 3.8 : Séparation en classes logiques et apprentissage : classification des blocs par la b-coloration de G>SOptimal et détection des représentants des classes (sommets dominants).

Sélectionner le bloc adresse dans une liste des blocs candidats $S=\{V_{i=1...N}\}$ revient alors à comparer la description de chacun avec celle de tous les représentants des blocs (sommets dominants) $S^*\{v^*_{j=1...M}\}$ issus de la phase d'apprentissage. L'algorithme d'appariement affecte en temps réel à chaque bloc de S la même désignation que son plus proche sommet dans S^*. Cette interprétation fournit de nouvelles connaissances sur les relations spatiales entre les zones de l'enveloppe nécessaires à la prise d'une décision dans le cas de confusion. La dissemblance entre V_i et V^*_j est donnée par la distance généralisée de Minkowski.

Le système est ainsi capable de rejeter facilement les composantes parasites situées au voisinage des zones de texte. L'évaluation des performances de cette approche a été réalisée sur un corpus de 10000 images d'enveloppes (jugées difficiles). Plus de 95 % de bonnes localisations ont été obtenus, contre 60% pour la méthode *Run Length Smoothing Algorithm* et à peine 30% par la méthode de *Projection de profils*, pénalisés par leur forte directionnalité, voir figure 3.9. La coloration de graphe s'est montrée très robuste aux variations de tailles de composantes évitant les erreurs de *sur* et de *sous*-segmentation dans des temps de traitements records, [GA-10]. Les rejets sont essentiellement liés à l'échec de l'une des phases de localisation : étape de binarisation (18% images rejetées par [SA-97], défauts de segmentation physique (53 % images rejetées par [PA-97]), erreur d'identification du bloc destinataire (29% images rejetées par [YU-97]).

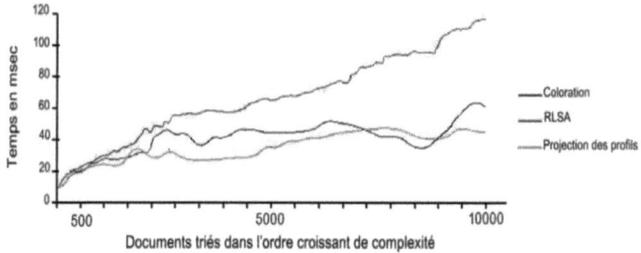

Figure 3.9 : Comparatif des temps d'exécution (les temps de binarisation et de détection d'extraction des connexités ne sont pas compris).

1.2.4 Bilan sur les modèles hiérarchiques pour la reconnaissance de structure

Alors que les techniques supervisées de classification nécessitent d'introduire un nombre de classes a priori, et sachant que l'imprécision sur ce nombre peut facilement forcer le classifieur à commettre des erreurs de classification, les techniques non supervisées offrent plus de souplesse et des avantages pour le traitement de données bruitées, hétérogènes et à grande variabilité. La coloration de graphe constitue une branche très importante de la théorie de graphes pour le clustering supervisé ou non supervisé de données. Il s'agit d'un modèle qui n'a jamais été utilisé dans le domaine du traitement d'image de documents. Sa simplicité et son potentiel en matière de classification nous ont conduits à l'exploiter pour résoudre des problème de segmentation, d'apprentissage, de reconnaissance et de localisation de régions d'intérêt dans les images de documents (courriers d'entreprise, [GA-07b]. Son principe a été étendu aux documents structurés possédant des règles de mises en page précises, voir figure 3.10. Nous sommes partis de travaux antérieurs portant sur la coloration de graphes et avons apporté des adaptations visant à approximer le nombre chromatique minimal du graphe nécessaire au dimensionnement du clustering.

Figure 3.10. Exemple d'application de notre méthode d'extraction de la structure physique sur des documents anciens, (a) image de documents anciens, (b) séparation texte / non texte (première coloration), (c) extraction de la structure des lignes par une deuxième coloration.

La coloration de graphe est également un outil adaptatif à la diversité de contenus que peut présenter un traitement de documents par lots. Elle peut offrir à la fois une capacité de regroupement efficace et automatique des données en ensembles homogènes, et une excellente capacité à sélectionner les bons représentants de classes sans paramétrage contraignant. Cette adaptation peut être réalisée soit en mode « par lots », soit en mode incrémental en gardant toujours à l'esprit, la possibilité d'une interaction possible avec l'utilisateur en minimisant les connaissances. Cette technique de clustering sera exploitée pour la création non supervisée de code book de graphèmes pour l'identification de scripteurs, [DA-12].

1.3 Décomposition en fragments topologiques et logiques: approche mixte
Thèse de Vincent Malleron, [MA-11b]

Les brouillons d'auteurs relèvent d'une catégorie d'images très particulières à plusieurs titres : documents souvent dégradés du fait d'une manipulation intensive, écritures souvent négligées car rapidement produites (pour les documents des périodes contemporaines, dès le 18ème siècle), structure visuelle physique et logique peu fiable du fait de la difficulté à produire une régularité réellement exploitable, présence de notes, de renvois et de multiples annotations contribuant logiquement à l'organisation de l'ensemble mais complexifiant l'analyse. Vincent Malleron a travaillé durant son doctorat dans ce contexte sur un corpus de 2500 pages manuscrits produites par la main de Gustave Flaubert, avec pour objectif de redonner du sens et de la mobilité aux fragments textuels pour y accéder de façon dissociée du support originel (*http://www.dossiers-flaubert.fr/*). Ce travail a porté sur l'exploitation de la dimension hiérarchique des pages manuscrites modélisée par un graphe *topologique* rendant compte de l'ordonnancement spatial des fragments. Un mécanisme d'analyse de structure relevant d'une approche mixte a été établi : une étape d'analyse ascendante (pour la construction du graphe) et une étape d'analyse descendante (pour la localisation bas niveau de régions d'intérêt compactes).

1.3.1 Les brouillons d'auteurs : singularités d'écriture et organisation spatiale variable

Le manuscrit comporte des spécificités justifiant les choix d'une approche hiérarchique d'analyse. Les dossiers constituant l'œuvre y sont d'une extrême hétérogénéité typologique. Celle-ci est partagée entre des notes prises en vue de la rédaction du premier volume, des documents préparatoires du second volume (et incomplets, dans la mesure où Flaubert devait encore y travailler), de très nombreuses pages de définitions et de citations classées par sections (comme « Haine des grands hommes » ou « Beautés de la religion »). Ces différents groupes de documents sont rassemblés dans des catégories qui se sont révélées très instables. On y retrouve ainsi des pages restées presque blanches, de nombreuses annotations marginales intéressantes : intercalations, renvois internes mobilisant des contenus très variés : médecine, pédagogie, histoire, philosophie, agriculture ou encore littérature.

Pour réaliser la description d'une page nous avons adopté un modèle structurel, qui exploite un graphe pour décrire les adjacences entre les différents éléments structurels de notre page. Cette technique permet de décrire une page de manière générique et peut être adaptée à des documents manuscrits de contenus très variables. La condition d'exploitation d'un tel graphe est à mettre en relation avec la possibilité d'une segmentation en objets structurels (allant du graphème au mot). L'échelle d'analyse est ici totalement ajustable selon les contenus et les primitives structurelles choisies pour les décrire interchangeables en fonction de cette échelle. Cette architecture repose sur un graphe générique volontairement peu contraint. Cette souplesse de représentation des informations permet d'uniformiser les traitements sur des ensembles de pages hétérogènes d'un corpus. Cette propriété est fondamentale pour l'étude de corpus de documents anciens.

Le graphe géométrique est un outil de représentation utilisé en traitement des images de documents et repris dans de nombreux travaux, [LE-05]. Le graphe proposé soutient la partie de l'analyse ascendante du document en traduisant les relations spatiales existantes entre les formes graphiques d'une page en une représentation assez intuitive caractérisant les adjacences entre objets élémentaires (connexités, graphèmes ou mots) de la page.

1.3.2 Graphe de structure pour la représentation des manuscrits

GRAPHE D'ADJACENCE ET STRUCTURE HIERARCHIQUE ASCENDANTE. La recherche d'objets structurels de type connexités est une étape ne nécessitant pas de binarisation a priori, même si celle-ci est conseillée car elle accélère considérablement la collecte des informations, [MA-10]. Cette recherche se poursuit en une analyse fine des adjacences locales permettant de produire un réseau de liens qu'un graphe pondéré va entièrement modéliser.

Définition. Un graphe est un 4-tuple $G = (V, E, \mu, v)$, où :
- $V = \{v_1, v_2, ..., v_n\}$ représente l'ensemble des sommets correspondant à un objet connexe de la page.
- $E \subseteq V \times V$, $E = \{e_1, e_2, ..., e_m\}$ représente l'ensemble des adjacences entre deux sommets correspondant aux segments entre deux sommets adjacents.
- $\mu: V \rightarrow L$ est la fonction qui associe à chaque sommet sa position dans la page, la distance moyenne avec les voisins directs dans les directions horizontales et verticales, une orientation moyenne, leur degré entrant et sortant. Chaque nœud est l'origine d'au maximum 4 arêtes.
- $v: E \rightarrow L$ est la fonction qui associe à chaque arête du graphe une mesure d'orientation du lien et la distance entre deux sommets.

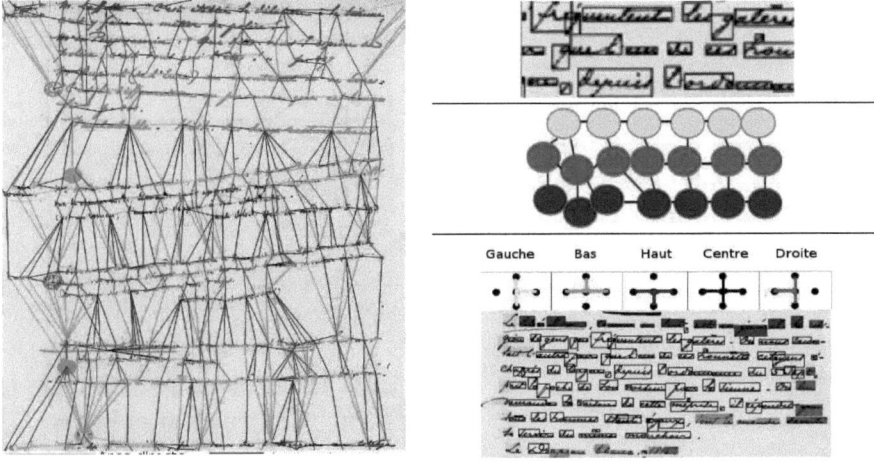

Figure 3.11. Exemple de visualisation d'un graphe de page dont les arêtes sont étiquetées par les distances entre objets (sans restriction sur les degrés des nœuds). Application à la recherche des alignements par analyse des liens et des degrés pour l'étiquetage des nœuds de bordure (haut-droite).

89

L'extraction des lignes se base sur les résultats de l'extraction du graphe d'adjacence : elle consiste à subdiviser le graphe G, en *n* sous graphes. Chaque sous-graphe correspond à une ligne de texte. Cette extraction repose sur une identification des nœuds du graphe correspondant aux bordures (cette extraction se base sur le calcul du degré sortant de chacun des nœuds du graphe et permet de produire cinq catégories de labels, voir figure 3.11), la construction des lignes correspondant aux *n* sous-graphes. Les adjacences locales entre connexités sont construites en utilisant des valeurs d'orientations contrôlées par les valeurs locales de la transformée de Hough. Un post-traitement des lignes assure finalement une cohérence spatiale en permettant la suppression des nœuds orphelins et une fusion entre les lignes dont un recouvrement même partiel est observé.

L'approche ascendante se base enfin sur les résultats obtenus lors de l'extraction des lignes, à savoir sur les *n* sous-graphes, représentant chacun une ligne unique. Pour chaque nœud, l'espace avec la ligne suivante est évalué et un échantillonnage des points de l'enveloppe de la ligne est réalisé permettant une approximation fiable du contour de la ligne et permettant aisément un calcul d'espaces interlignes, excellents marqueurs de transition entre fragments, voir figure 3.12, [MA-10].

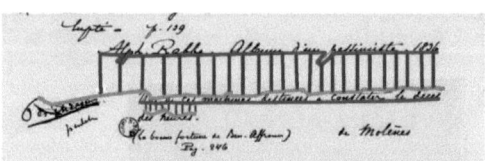

Figure 3.12. Représentation des espaces interlignes réguliers pour la constitution de fragments.

ANALYSE DESCENDANTE DE LA STRUCTURE. Elle est fondée sur un algorithme générique, sans connaissance a priori sur le document à traiter, en utilisant successivement la transformée en distances et l'approche ascendante reposant sur la construction du graphe. Une première étape d'extraction descendante permet de révéler les fragments macroscopiques. A ce stade aucun a priori sur la structure n'est requis, l'information en lien avec la distribution des éléments, et leur espacement peuvent être révélés par une transformée en distance paramétrée sur un ensemble de pages pour définir le seuil de distance entre pixels à prendre en considération.

Définition. Soit *d(x,y)* une distance (euclidienne ou de chanfrein) sur le plan discret. Etant donnés un point (x, y) et un ensemble X de points de ce plan, on définit la transformée en distance d'un ensemble de points de X comme l'application $\mathfrak{D}_X(x)$ qui associe à chaque point x, la distance au point y le plus proche hors de X.

$$\mathfrak{D}_X(x) = min \ \{d(x,y) \ / \ y \notin X\} \qquad\qquad (Eq. \ 3.6)$$

On a alors *d(x,y) = 0* si et seulement si y $\in$ X, et pour tout pixel z, *d(x,y) <= d(x,z) + d(z,y)*.
On peut alors définir alors la transformée en distance sur une partie V du plan de l'image (définissant un voisinage) sur une partie $\mathcal{P}(I)$ de l'image. La transformée en distance de $\mathcal{P}(I)$ dans V est la fonction TD$_{\mathcal{P}(I)}$ définie par :

$$TD_{\mathcal{P}(I)}(x) = \mathfrak{D}_V(x) \text{ pour tout pixel } x \text{ de } V.$$

Afin de généraliser l'application d'une telle transformée sur des images en niveaux de gris (images plus dégradées par exemple ou moins contrastées), il convient d'estimer un chemin entre les niveaux de gris les plus faibles. Une distance définie par la somme pondérée des niveaux de gris le long du chemin discret reliant deux points peut permettre cette adaptation, [Morain Nicolier, Web]).

La transformée en distance qui a servi à nos travaux a été simplement seuillée pour révéler l'apparition d'espaces inter-mots, inter-lignes et inter-paragraphes. La fonction linéaire de seuillage consiste à affecter à chaque pixel une valeur de gris en fonction de la distance à son point objet le plus proche (figure 3.13). Les zones claires correspondent alors aux valeurs des pixels de fond situées à une distance élevée. On voit ainsi apparaître les espaces entre fragments (régions les plus claires), les zones interlignes (régions de gris moyen) et les zones inter-mots (régions gris foncé). En recadrant l'échelle de gris en fonction des distances maximales et minimales rencontrées, on peut alors produire un découpage en régions d'intérêt par « blocs » homogènes. Cette cartographie en blocs (rectangulaires ou polygonaux) permet de circonscrire localement chaque sous-graphe représentant un paragraphe, une ligne ou un mot. L'analyse ascendante peut alors commencer.

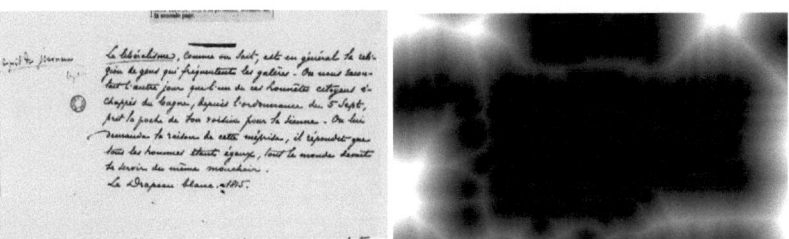

Figure 3.13. Carte des distances d'une image binaire : pour chaque pixel des objets, on associe sa distance au bord (les valeurs sont représentées ici en échelle de gris).

1.3.3   Performances de l'approche mixte de segmentation en fragments physiques

L'évaluation des performances de l'approche mixte repose sur l'estimation des dimensions de précision et de rappel lors de l'extraction des lignes et des fragments. Elle a été réalisée sur des bases manuscrites standards : IAM (*http://www.iam.unibe.ch/~fkiwww/iamDB/index.html*) et UMD (*L.A.M.P http://lamp.cfar.umd.edu/*) et sur une sélection de 206 pages de la base issue des dossiers de « *Bouvard et Pécuchet* ». Ces dernières images ont été choisies pour leur représentativité du corpus (en proportion équilibrée). Sur le corpus de test « *Bouvard et Pécuchet* », une indication logique est apposée aux fragments une fois formés : elle repose sur l'information de présence d'une marge (densité et localisation dans l'espace de la page), de soulignement ou une indication signalant qu'une transition entre différents types de contenus existe. L'approche mixte proposée segmente de manière satisfaisante les pages au sein desquelles la présence d'éléments de structure logique implicite est très faible. C'est le cas notamment des listes ou des collages, pour lesquels la structure est clairement identifiée par des règles de mise en page simples, voir table 3.2-1.

Dans le cas de l'approche ascendante (tableau 3.2) relative à l'utilisation exclusive du graphe d'adjacence, la valeur de rappel de 59% ne permet pas de garantir la fiabilité d'un fragment extrait. Ce faible taux est dû à la forte dépendance de l'approche aux résultats de l'extraction de lignes et des marges. Au sein des fragments logiques cependant, l'approche par graphe permet de détecter les informations locales avec beaucoup de précision. L'approche combinée (ascendante et descendante) présente ainsi un bénéfice certain pour la structuration d'ensemble. En effet, la transformée en distance permet une détection immédiate des colonnes et des blocs et rend ainsi la décomposition en fragments indépendante de l'étape d'extraction des lignes. La détection de la structure logique devient aussi plus efficace car la restriction de l'étude à des zones plus petites permet d'accélérer la localisation des marges et de les affiner localement (certains fragments marginaux demeuraient indétectables dans une approche exclusivement ascendante, comme les fragments collés comportant une marge), [MA-10].

Classe	Titres	Notes	Listes	Collages	Imprimés	Mixtes	Total
Pages	3	64	9	104	8	7	195
Fragments	18	154	11	319	21	27	550
Rappel	0.72	0.65	0.45	0.5	0.76	0.59	0.59
Précision	0.92	0.84	0.71	0.81	0.5	0.84	0.80

3.2-1   *Performances en rappel/précision de l'approche ascendante pour la décomposition en fragments.*

Classe	Titres	Notes	Listes	Collages	Imprimés	Mixtes	Total
Pages	3	64	9	104	8	7	195
Fragments	18	154	11	319	21	27	550
Rappel	0.94	0.71	1.00	0.86	1	0.96	0.83
Précision	1.00	0.72	0.91	0.82	1	1	0.82

3.2-2   *Performances en rappel/précision de l'approche descendante pour la décomposition en fragments*

Classe	Titres	Notes	Listes	Collages	Imprimés	Mixtes	Total
Pages	3	64	9	104	8	7	195
Fragments	18	154	11	319	21	27	550
Rappel	0.88	0.84	1.00	0.92	0.95	0.96	**0.90**
Précision	0.84	0.79	0.92	0.84	0.8	1	**0.83**

3.2-3   *Performances en rappel/précision de l'approche mixte pour la décomposition en fragments*

Table 3.2. Analyse des performances des approches ascendante, descendante et mixte (combinée).

1.4 Bilan des contributions sur la caractérisation et l'analyse des mises en page
Des mécanismes adaptés aux échelles des contenus et aux usages

DE L'ANALYSE DU CONTENU A LA RECONNAISSANCE DE LA STRUCTURE. La description des contenus demeure une étape fondamentale dans le processus de reconnaissance. Celle-ci est d'autant plus informante qu'elle combine des informations sur les contenus, la topologie et leur spatialité. Le graphe de structure présente en ce sens une ressource tout à fait adaptée à cette modélisation. Nous avons exploité les structures de graphe à des fins de représentation (graphe d'adjacence) et de reconnaissance (coloration) car ils offrent une représentation en réseaux de connaissances et permettent une mise en relation d'informations contextuelles qu'une description exclusivement bas niveau ne permet pas.

A travers ces différentes contributions, l'analyse des contenus est établie comme un pré-requis nécessaire à l'analyse des structures. En particulier, le travail de Nicolas Journet a permis de mettre en place des outils très efficaces pour faciliter la recherche par le contenu pour des applications de type *CBIR*. Il peut être considéré comme l'esquisse d'une analyse plus complète de la mise en page par sa capacité à décrire individuellement de façon riche et très complète l'ensemble des pixels de l'image. L'introduction de la multirésolution dans la représentation est un critère assurant la fiabilité de la description. Une séparation en régions d'intérêt pour la reconnaissance s'inscrivant dans le cadre d'une analyse descendante (au-delà d'une simple différenciation de contenus comme cela est le cas) peut être conçue sur ce modèle.

LES BONNES ECHELLES D'ANALYSE. Une bonne caractérisation des informations dépend initialement d'une indication d'échelle pour s'adapter à la diversité des contenus mais également des besoins à l'origine des usages. On constate à travers ces travaux que le double point de vue inscrit dans les mécanismes d'analyse mixte descendante / ascendante constitue une alternative intéressante aux approches multi-échelles qui offrent généralement une plus grande précision dans l'analyse (par la coexistence de plusieurs niveaux de représentations). Dans les deux cas, une adaptation a priori (approches mixtes) ou a posteriori (approches multi-échelles) est requise. La description qu'elle soit originellement multi-échelle ou mixte aborde l'analyse de la mise en page comme un compromis exploitable entre d'une part une proposition suffisamment précise de frontières entre régions d'intérêt et d'autre part l'exhaustivité d'une recherche de régions d'intérêt.

Pour les approches structurelles, la détermination a priori de la bonne échelle permet de donner à la notion d'objet d'intérêt une identité en amont, établie par ses dimensions en lien avec sa *taille* (travaux reposant sur les objets connexes). Les approches texture peuvent procéder à l'analyse d'un spectre plus étendu d'échelles d'analyse dont les plus représentatives peuvent être sélectionnées a posteriori. Un apprentissage de ce type de sélection peut alors permettre d'automatiser ces choix (cas des travaux sur la séparation texte/graphique de Guillaume Joutel où l'inexistence d'échelle stable pour l'ensemble d'un corpus nécessite une caractérisation directionnelle multi-échelle et l'apprentissage des échelles réellement informatives, [JO-09]).

DES METHODES DIRIGEES PAR LES USAGES. C'est généralement l'usage qui permet d'établir des seuils de tolérance et d'assurer la cohérence d'une approche. Dans nos travaux, les usages ont balayé un spectre très large de besoins passant d'une description macroscopique de l'image pour la recherche par similarité de contenu (Travaux de N. Journet), à une recherche de fragments logiques dans la page pour faciliter la navigation dans une collection numérisée (travaux de V. Malleron), pour enfin s'intéresser à une localisation fine du bloc adresse des documents courriers d'entreprise pour le tri automatique (travaux de D. Gaceb). Les usages permettent ainsi d'indiquer la voie méthodologique à suivre afin de garantir non seulement la précision souhaitée dans la description, mais également favoriser des temps de traitements raisonnables (voir temps *réels* pour des applications de tri automatique par exemple). Cette adaptation de la description se retrouve dans de nombreux travaux, elle garantit notamment un accès plus robuste et précis (en termes de précision et de rappel) pour une recherche par le contenu, [WA-13].

MODELES DECISIONNELS POUR LA RECONNAISSANCE. Comme dans tout système de reconnaissance, il persiste une question fondamentale à laquelle nous pensons désormais pouvoir apporter une réponse : « *Faut-il caractériser pour bien localiser ou faut-il repérer le contenu avant de le décrire ?* ». Assurément la robustesse d'une approche semble résider dans une analyse conjointe permettant à la fois de caractériser les contenus pour les inscrire d'abord dans un espace de description et de les localiser ensuite afin de favoriser l'évolution de leur représentation, [GA-09], [MA-11b]). A ce jour, nous pouvons faire le constat que la majorité des méthodes d'identification est encore régie par un fonctionnement très linéaire et séquentiel n'exploitant que très rarement une coopération interprocessus et les ressources d'un fonctionnement en apprentissage automatique. On constate également, que pour des raisons pratiques (nombre d'exemples à fournir pour les classes de références), les moteurs de reconnaissance industriels ont une capacité limitée qui interdit une progression de leurs performances au-delà d'une certaine quantité d'exemples. Les lenteurs qui sont également constatées au sein de la plupart de ces approches ne permettent pas de répondre aux enjeux d'applications temps réels sur des chaînes réelles de numérisation (ou d'interrogation temps réel).

Schématiquement, les schémas usuels de classification des contenus se fondent sur des mécanismes portant soit sur des primitives bas niveau sans segmentation, [ES-00], soit sur l'analyse de la structure physique [MA-11b], [WA-95], soit sur la description de la structure logique [TA-98], soit sur des informations textuelles basées sur la sortie OCR, ou enfin sur des combinaisons de descriptions, [MH-07]. La quantité d'informations apportée par une simple description de l'image de document sans analyser sa structure physique ne peut pas être suffisamment discriminante sur des documents présentant une grande diversité de mise en forme, [HE-98], [SH-01]. Aussi une prise de décision issue de résultats intermédiaires et collectés d'un bout à l'autre de la chaîne de traitement (de la binarisation à la reconnaissance) et organisée comme une véritable coopération de modules constitue-t-elle une voie très intéressante qui multiplie les chances de succès de l'identification des structures. L'usage de la *coloration* et de la *b-coloration* de graphes pour les étapes allant de la caractérisation à la reconnaissance permet de propager des connaissances d'un bout à l'autre de cette chaîne tout en conservant une unité de principe. Cela constitue une solution très intéressante adaptable à de multiples situations de reconnaissance.

De façon générale, pour renforcer la robustesse et l'adaptabilité d'un système, il convient d'introduire des indications contextuelles, essentiellement textuelles (issues d'un OCR par exemple) ou dispositionnelles (relatives à la position des éléments) augmentant le pouvoir décisionnel du système, mais également d'exploiter des combinaisons de mécanismes ou de classifieurs spécialisés (cas des one class-SVM ou des classifieurs en cascade, [MI-05]), ou encore d'offrir une plus grande flexibilité à l'étape d'apprentissage en intégrant des possibilités d'évolution de la description des classes, de leur nombre ou encore leurs frontières.

2. L'écriture : identité et conditions d'une bonne description

> *« L'écriture a ceci de mystérieux qu'elle parle. »*
>
> *Paul Claudel*

2.1 La problématique de l'identification d'écriture

L'identification d'écritures a pris une place importante dans les recherches aujourd'hui du fait des multiples usages dont elle fait l'objet comme l'authentification des mains, la reconnaissance des styles et l'analyse des fonds patrimoniaux. Cette grande diversité d'usages en a fait un domaine très fortement investi par la recherche ces dix dernières années. L'analyse des écritures est un challenge complexe car il relève de dimensions très différentes, à la fois en lien avec la caractérisation des formes spécifiques à la langue, au scripteur, à l'époque, à la plume, au support matériel, et à la fois au mécanisme de reconnaissance exploité pour permettre cette identification. Afin d'établir des outils d'analyse efficaces dans ce domaine, il est nécessaire de s'intéresser aux dimensions permettant une différenciation visible entre écritures individuelles, exploitant tout à la fois des descripteurs performants et discriminants entre écritures et des descripteurs robustes aux variations internes d'une même écriture ainsi que leurs combinaisons. L'ensemble des travaux portant sur cette thématique considère l'identification d'écriture comme un objet complexe résultant d'une dynamique d'exécution du trait et qui répond à de multiples enjeux scientifiques : l'extraction de descripteurs, le choix d'un bon classifieur, des mesures de similarité entre échantillons traités. Les méthodes d'identification des écritures appartiennent principalement à deux classes : l'écriture en ligne et hors ligne. Dans mes travaux, je me suis intéressée à la dimension hors ligne uniquement, nécessitant de compenser l'absence d'information de dynamique, de pression et de cinétique du geste par une description plus riche en terme de structure, de topologie, de géométrie et de rendu visuel. Pour exploiter cette information, j'ai choisi d'employer une modalité multiéchelle de caractérisation, dépendante des objectifs et permettant d'apprécier les propriétés de l'écriture à différents niveaux de représentation et de perception. Je me suis également intéressée exclusivement aux approches indépendantes des contenus textuels, sans lien avec une quelconque sémantique des contenus car elles sont plus tolérantes aux comparaisons entre caractères, mots et formes. Je me suis tournée vers des approches portant sur la comparaison globale des formes à partir d'un panel d'indicateurs centrés selon le cas sur les dimensions caractéristiques topologiques, structurelles ou fréquentielles des contenus. En termes de performances, j'ai également montré que ce sont les approches *mixtes* qui permettaient les meilleures descriptions et que c'est une bonne combinaison entre le choix de la description et le choix du classifieur qui assure les meilleurs résultats. Il est également nécessaire à ce niveau de considérer les objectifs et les usages très influents dans le choix de la description, [LE-06].

Comme Bulacu et Schomacker dans [BU-07a], je suis partie du principe qu'un classifieur, aussi puissant soit-il, s'il ne dispose pas d'indices performants (de bons descripteurs) ne peut pas produire objectivement bien plus de 70% de bonne reconnaissance. Cette limite théorique a été vérifiée par plusieurs travaux, [BU-07b].

La figure 3.14 inspirée des travaux d'Atanasiu dans [AT-11] décrit le cadre standard de l'analyse des écritures, distinguant deux points de vue, le point de vue individuel (celui du scripteur) et le point de vue macroscopique (celui du style). Différents scénarios d'analyse et de reconnaissance sont ainsi mis en jeu dans ce domaine, ils répondent chacun à des objectifs d'analyse différents : vérification, identification, extraction ou classification. Pour chaque combinaison l'analyse exploite des séries de descripteurs qui ne portent généralement pas sur les mêmes éléments. Même s'il est évident qu'une écriture ne peut pas être décrite d'une infinité de façon, il n'en demeure pas moins vrai que considérer son style globalement ou sa nature spécifique avec ses variations propres requiert deux points de vue différents. En effet, si l'écriture possède une composante individuelle forte (celle du scripteur, à travers par exemple la formation très typique d'une lettre, comme un « *d* » ou la présence d'une inclinaison caractéristique), dans le cadre d'une analyse de style au contraire, il conviendra de la délaisser au profit de composantes plus génériques à l'intersection entre plusieurs groupes d'écritures au caractère similaire (rondeur, cursivité, étirement…). C'est ainsi que l'on peut imaginer la formation de groupes d'écritures semblables se distinguant par leur description de celle des écritures individuelles marquées par des singularités propres et des redondances spécifiques. Ainsi, une des différences fortes existante entre un style et un scripteur relève de ce qui est commun à un ensemble d'éléments (cas du style) et de ce qui exprime sa singularité (cas du scripteur).

J'ai ainsi porté une attention particulière à l'établissement de liens entre une description portant d'une part sur des données individuelles (cas des écritures propres au scripteur) et d'autre part sur des données communes et génériques faisant référence à des groupes similaires (cas des écritures propres aux styles, à une époque, une langue…). De même, j'ai proposé des mécanismes d'accès et de classements différents selon qu'il s'agisse d'un objectif d'identification de mains, de reconnaissance de styles ou d'une simple extraction triée d'images au contenu similaire (*CBIR*). Les thèses de Guillaume Joutel, [JO-09] et d'Hani Daher [DA-12] orientées sur des approches de caractérisation globale, par texture et par éléments de structures (dictionnaires de graphèmes) pour le classement par styles d'écritures paléographiques ont fourni des éléments méthodologiques pour traiter ces différences.

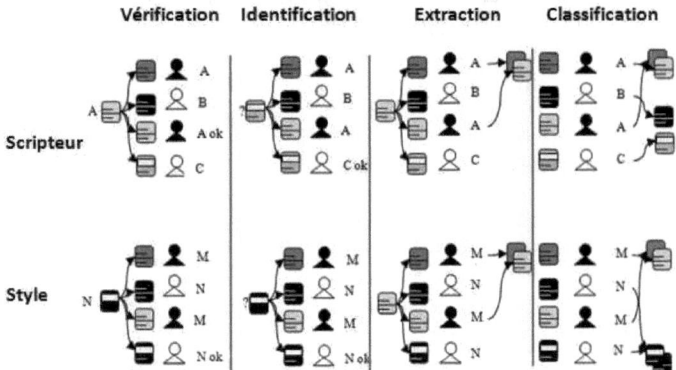

Figure 3.14. Illustration des différents scénarios de classification et de reconnaissance de scripteurs et de styles d'écritures, [AT-11].

Ce point de vue ensembliste m'a poussée à considérer les images d'écritures non pas à travers un petit nombre d'occurrences de caractères ou de mots, mais à travers un panel très représentatif et très redondant de formes. C'est la redondance des occurrences de formes et leurs fréquences d'apparition qui m'ont semblé être les indicateurs les plus riches pour la description. Ainsi, pour pouvoir offrir au système des données en quantité suffisante, il est nécessaire de disposer d'images de taille suffisante (contenant en moyenne de 4 à 10 lignes de texte). Les travaux de thèse dont j'ai eu la responsabilité proposent finalement deux points de vue : un premier point de vue fondé sur la notion de sacs de concepts graphiques (les dictionnaires de graphèmes ou *codebook*, [DA-12]) et un second point de vue fondé sur l'accumulation d'occurrences de descripteurs (orientations et courbures, [JO-09]).

2.2 L'écriture : expression d'une individualité

2.2.1 Les dimensions essentielles du trait d'écriture

La plupart des propriétés permettant de décrire le trait d'écriture sont dépendantes de l'échelle d'observation. Des travaux antérieurs comme ceux décrits par Niels dans [NI-07] indiquent précisément qu'au niveau du point se jouent les changements de trajectoires et les changements de courbure par exemple, qu'au niveau du caractère et de la portion de caractères se lient des fragments d'épaisseurs éventuellement variables et les changements de directions, et enfin qu'au niveau de la combinaison de fragments se construisent des représentations caractéristiques perceptibles à plusieurs échelles. Cette dimension multi-échelle est capable de rendre compte de la rondeur d'une écriture, sa cursivité, et de traduire une vitesse d'exécution, une possible fatigue ou même une ardeur à écrire...

LA DIMENSION DE « DYNAMIQUE » DANS LA PRODUCTION DE L'ECRIT. Pour définir un style d'écriture, il est naturel de parler de l'héritage et du mimétisme culturel associé à une forme d'éducation au mouvement : les styles paléographiques, et les styles d'écritures du 18ème siècle reposent en particulier sur des règles de production très strictes qu'il est possible de décrire en décomposant l'écriture dans ses traits les plus élémentaires. L'apprentissage d'une dynamique contrôlée par des séquences de mouvements influence l'exécution du trait et donc les spécificités d'un style d'écriture. Pour l'écriture dans son individualité, il est incontournable d'évoquer des structures biomécaniques de la main du scripteur et des performances motrices du mouvement, [SC-90], [FR-05], [NI-06]. Qu'il s'agisse d'un niveau local allographique (fragments, traits), d'un niveau plus macroscopique de la dimension du caractère, de la lettre ou finalement du niveau global lié au placement des caractères et du rendu visuel exprimable en termes de structure d'une page, les deux dimensions culturelle et bio-mécanique sont déterminantes pour la formation de l'écriture.

L'adjacence locale d'ensembles constitués de traits et de points possédant des propriétés similaires est fortement caractéristique des formes écrites car elle produit un rendu perceptible qui lui donne sens. Il est ainsi assez naturel de parler de la dynamique propre à l'exécution pour laquelle de nombreux travaux de modélisation ont été consacrés, [PL-89, PL-95a, PL-95b, GA-10]. Dans ses travaux, R.Plamondon modélise la formation des lettres selon un mécanisme intégrant à fois une dimension humaine dans ses aspects temporels liés à l'exécution, la trajectoire et la cinématique, ses aspects bio-mécaniques pour la production des formes (la force utilisée pour écrire) et une troisième dimension associée à l'outil de production (la plume, le stylo) générant les formes par dépôts d'encre et produisant finalement le rendu visuel. Ces travaux nous ont conduits à proposer comme indicateurs de changement de mouvement, des marqueurs structurels et topologiques des formes qui ne sont autres que des points d'intérêt liés à des points de changement de trajectoires, [DA-12]. Dans le cadre spécifique de l'étude des écritures du Moyen-âge, nous avons exploité l'hypothèse selon laquelle la trajectoire du trait entre deux poser et lever de plume contenait des informations quantifiables et spécifiques d'une écriture ou d'un copiste. Pour étayer ces hypothèses, nous avons également envisagé l'écriture hors-ligne comme un processus qui se construisait à partir d'une dimension temporelle interdisant les opérations de feed-back (retours arrière) mais conduisant à la formation de séquences pour lesquelles il est alors possible d'envisager de simuler la construction a posteriori.

Considérés comme des éléments pivots dans l'exécution du trait, les points sont également porteurs d'une information riche de courbure et d'orientation. Malgré sa définition initiale qui lie le trait à sa linéarité caractéristique et ses dimensions cartésiennes, la courbure du trait et ses multiples orientations constituent des dimensions jugées plus stables, [BR-93], [JO-07]. Le trait d'écriture est également caractérisé par une forte redondance liée à la répétition de mouvements. Cette dimension particulière de l'écriture a été abondamment étudiée dans les travaux de G. Joutel qui a contribué à l'étude des redondances par l'analyse de certaines répétitions caractéristiques liant l'orientation estimée d'un point et la présence en ce point d'une courbure importante. Les points de fortes courbures possèdent très vraisemblablement un rôle fondamental dans la perception et la reconnaissance des formes (points de changement de courbures, de rupture de tracé…). La présence de points de haute courbure et de points de ralentissement dans l'exécution du trait sont deux indications également corrélées : plus l'écriture est ralentie donc appliquée, plus elle contient de l'information utile et exploitable pour ces tâches. Une analyse par transformées en Curvelets a permis d'établir une cartographie précise en courbures et en orientations en lien avec un style ou un scripteur, [JO-09]. H.Daher a également proposé d'étudier la répétition de mouvements dans la production de l'écrit au Moyen-âge par une décomposition adaptée en graphèmes vérifiant les règles de d'exécution enseignées à ces époques, [DA-12]. La répétition et la fréquence de ces répétitions peuvent également être vues comme une description au delà de la valeur scalaire du descripteur (primitive). Une bonne connaissance de la production de l'écriture semble donc être un pré-requis nécessaire à sa bonne caractérisation.

LA VARIABILITE INTRA ET INTER SCRIPTEUR. Dans le domaine de l'analyse des écritures, on peut soit s'intéresser à l'identification d'un individu, d'un copiste, d'un scripteur, en s'intéressant aux échantillons d'écritures présentant de fortes similarités de contenus, soit s'intéresser à la ressemblance des styles, point de vue plus macroscopique permettant d'identifier ce qu'on pourrait appeler des familles d'écritures liées entre elle par des taux de ressemblances et de mélanges de styles quantifiables. Dans le premier cas, il s'agit de porter l'attention sur des particularités internes spécifiques d'une main. L'identification du scripteur cherche à tirer profit de la variabilité des autres écritures avec lesquelles il faut produire la comparaison. Le domaine de l'authentification des mains qui fait partie de ce domaine et a ainsi toute sa place dans les mécanismes de datation des écrits. Alors que l'identification d'un scripteur consiste à le reconnaître parmi un ensemble de scripteurs connus du système, la tâche de discrimination de styles d'écriture consiste à comparer par des mesures de similarités adaptées les échantillons d'écriture indépendantes du scripteur mais dépendantes d'un style, d'une école ou plus généralement d'une période de l'histoire.

De nombreuses études ont prouvé que l'écriture était une donnée individuelle qui peut être identifiée par une combinaison de descripteurs, [SR-02], [VU-03]. Pour parvenir à produire une caractérisation efficace, on emploie généralement deux types d'approches portant sur les descripteurs globaux (orientation des traits, inclinaison, espaces inter lignes ou inter mots, distributions des encres, mesures de textures…) ou locaux portant sur les formes allographiques (les caractères) ou sous-allographiques (portant sur des formes plus réduites comme les graphèmes et rassemblant des dimensions géométriques en lien avec la présence de boucles, de zones de croisements, de courbures …), [SR-03, ZH-03a, ZH-03b, NI-08]. Les dimensions dites locales présentent la particularité d'être la plupart du temps accessibles et signifiantes pour l'expert humain (le paléographe par exemple, spécialiste en écritures anciennes, l'expert juriste chargée d'une affaire d'expertise de main…), voir figure 3.15. En basant l'analyse sur des dimensions locales et interprétables, il devient plus évident de justifier une ressemblance d'écritures et de produire un résultat d'identification, [PE-07].

Une bonne description de l'écriture se doit d'être universelle et de définir une main de façon unique et non équivoque. La description, sa précision (sa capacité à définir les formes avec finesse), sa compacité (liée à l'usage d'un nombre contrôlable voire même réduit de caractéristiques) et son unicité (deux mains ne doivent pas avoir les mêmes caractéristiques) sont des qualités indispensables pour produire une signature unique, stable à travers la quantité de texte produite par un auteur, et dans une certaine mesure interprétable par un spécialiste humain. Une écriture individuelle ou un style d'écriture doit également présenter des invariances suffisamment fortes et une stabilité satisfaisante à l'épreuve du temps. Pour les écritures paléographiques par exemple, un style doit pouvoir présenter des signes reconnaissables avec des variations contrôlables liées à l'existence de différents copistes, de différents instruments d'écriture, de différents lieux géographiques s'étalant parfois sur plusieurs siècles. Cette stabilité doit pouvoir être exprimée à travers une description qui met en valeur les constantes de formes au-delà des traits particuliers qui eux sont essentiels pour discriminer les écritures individuelles.

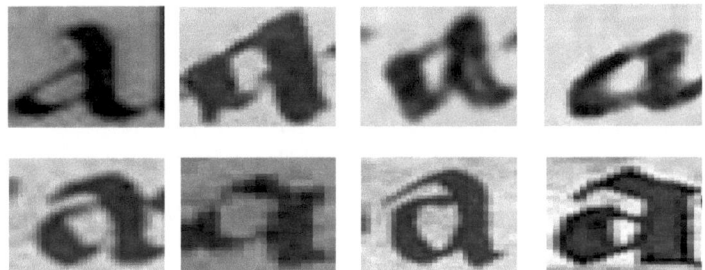

3.15-1   Lettre « a » sur un panel de manuscrits du 9ème au 15ème siècle de l'IRHT, [DA-12].

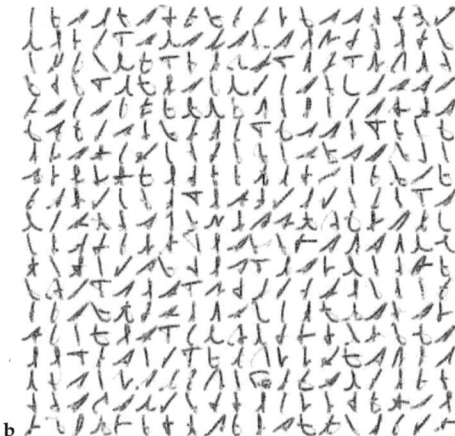

3.15-2 Variance inter-scripteur de la lettre « t » sur la FISH-Database du système WANDA (6600 scripteurs d'Europe et des Etats-Unis), [FR-03].

Figure 3.15. Variance allographique de lettres.

Il faut considérer que la variabilité de l'écriture est une donnée inhérente au scripteur : celle-ci peut en effet subir lors de sa production des variations affines (translations, rotations) parfois non linéaires (déformations des mots aux extrémités des lignes), et des variations de séquencement des traits (liées par exemple à un désordre dans la dynamique de production de l'écriture). Bien que les questions relatives aux variations de séquencement sont davantage liées aux problématiques d'identifications d'écriture on-line, les effets sur le rendu visuel de l'écriture sont notables. Cette variabilité intra scripteur peut ainsi conduire à une instabilité dans la description des formes et se traduire par une dégradation de la lisibilité. Il est donc nécessaire d'absorber cette variabilité en compensant la précision apportée par l'utilisation de descripteurs par l'exploitation d'une forme de redondance ayant la capacité de confirmer les dimensions importantes de l'écriture (comme la présence de certaines orientations privilégiées, de certaines fréquences de courbure, de certaines variations de profils aux contours des mots…). L'ensemble des facteurs responsables des variations intra scripteurs ont été étudiés par M. Bulacu & L. Schomaker, A. Brink et K. Franke dans [BU-06, BR-11, BR-12, FR-05] à l'occasion d'études biométriques des écritures.

Finalement, nous avons retenu pour décrire un trait d'écriture les dimensions suivantes:

- sa *dynamique* : liée au mouvement et à ses changements, donnant naissance à la double indication de «courbure» et d'«orientation», [EG-08], [JO-09]
- sa *régularité* interne ou sa *variabilité* : encodable sous la forme de dictionnaire de formes et exprimant les fréquences d'apparition et les répétitions, [DA-12]
- certaines *dimensions spécifiques* que l'on ne retrouve pas dans les textes imprimés ou autres tracés (comme la présence de hampes et jambages), les orientations locales en lien avec la présence de discontinuités de profils et de contours, [EG-04b].

Une étude complète d'autres dimensions essentielles de l'écriture a été proposée par Lambert Schomacker dans [BU-06, BU-07a, BU-07b] et poursuivie par Raph Niels dans [NI-08] et [NI-10]. Les auteurs ont souligné l'importance des éléments structurels tels que les points de jonction, et les jambages, mais également l'alternance des boucles (*loops*) et des traits (*strokes*) que l'on peut apparenter aux graphèmes. Les informations liées aux boucles ont été très abondamment exploitées dans ce domaine, notamment dans les travaux sur l'authentification d'écriture et de discrimination de scripteurs, [MA-07], [BL-07], voir figure 3.16.

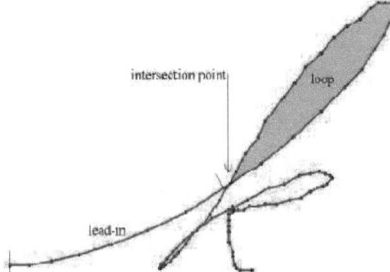

Figure 3.16. De l'importance des boucles, des hampes et fragments curvilignes dans la caractérisation des traces écrites, [NI-10].

2.2.2 Des outils d'analyse des écritures en lien avec des usages spécifiques

Les systèmes automatisés de reconnaissance de scripteurs sont souvent conçus pour assister l'expert (qu'il s'agisse d'une personne chargée d'une instruction judiciaire, d'un expert littéraire ou d'un paléographe) sur la base d'une quantité d'informations réduites (questionnaires, brouillons, correspondances, extraits anciens). Parmi ces systèmes de reconnaissance, on peut citer les plus célèbres, tels que le système FISH dans [PH-96], SCRIPT [JO-94], WANDA [FR-03] ou encore CEDAR-FOX [SR-03]. Des systèmes d'accompagnement de ce type ont pour vocation de fournir une aide à l'expertise humaine, en offrant les moyens de faciliter l'accès aux grandes bases d'images (gestion du dimensionnement, suppression du bruit, amélioration de la qualité des images…) et d'objectiver certaines mesures empiriques souvent estimées manuellement mais n'ayant pas de définition rigoureuse (pour un usage paléographique par exemple). Ces systèmes s'accompagnent ainsi souvent d'un véritable environnement permettant l'enrichissement des contenus offrant des possibilités nouvelles de navigation, d'annotations collaboratives et d'indexation multiples. Finalement, ils visent à réduire l'espace des possibles lors d'une recherche d'information en sélectionnant de façon contrôlée les sous espaces d'exploration (clustering) permettant ainsi un gain de temps et d'efficacité notable.

La plupart de ces travaux est par nature pluridisciplinaire. Une approche partielle de cette interdisciplinarité est fréquemment rencontrée lors de l'instrumentation de corpus de documents du patrimoine produite par les Sciences et Techniques de l'Information et de la Communication (STIC) à destination des activités des Sciences Humaines et Sociales (SHS). L'enjeu de telles coopérations interdisciplinaires est de tirer parti de l'union des compétences, permettant à chaque discipline d'avancer avec l'apport de l'autre et s'offrant mutuellement de nouveaux modes de valorisation et un nouveau rayonnement. Les travaux auxquels j'ai participé se sont inscrits dans une mouvance de collaboration avec les spécialistes des Sciences humaines autour de ce qui est communément désormais appelé les *Digital Humanities*. Depuis 2003, j'ai beaucoup œuvré pour la mise au point d'instrumentation de corpus dédiés à des usages experts. Je vais ici rappeler les principaux enjeux en liens avec la sauvegarde, la valorisation et l'accès facilité au contenu de données patrimoniales rares et à la navigation peu aisée. Du point de vue des usages, j'ai ainsi pu participer à la réalisation de plusieurs prototypes expérimentaux : la figure 3.17 illustre deux interfaces de plateformes de ces outils en lien avec deux projets ANR (*Graphem*, 2008-2011 et *Bouvard* 2008-2001).

De façon générale, rappelons ici que le développement de traitements informatisés destinés aux experts pour les assister dans leur travail de description des contenus ne peut se faire que sur la base d'une collaboration étroite entre les chercheurs en Sciences Humaines et Sociales (SHS) et les chercheurs en Informatique (STIC). Pour les chercheurs en SHS, il ne s'agit pas de remettre en cause leurs méthodes de travail mais d'intégrer une dimension systémique dans l'analyse des formes et les règles de production de l'écrit dont ils étaient jusqu'ici privés afin de permettre à leurs expertises d'être plus objectives qu'elles ne le sont actuellement.

Dans le cadre du projet d'étude des textes manuscrits médiévaux, l'enjeu de la collaboration portait sur le classement et l'identification des centaines de milliers de manuscrits médiévaux numérisés en mode image attendant d'être analysés pour être rendus accessibles sur Internet à des chercheurs du monde entier. Il existe à ce jour un trop petit nombre d'experts face à une trop grande quantité de documents à analyser pour que le minutieux travail de description puisse être réalisé dans des délais raisonnables. Sur ce type de manuscrits, les règles d'exécution des écritures sont très strictes: certaines lettres et combinaisons de lettres ne peuvent être produites que selon une unique dynamique d'exécution. Celle-ci est parfaitement maîtrisée par les paléographes qui connaissent très précisément les contraintes de formation des lettres et de construction des ductus.

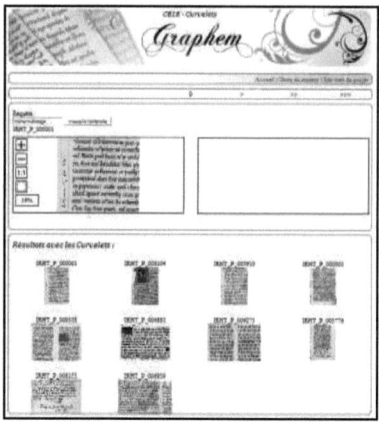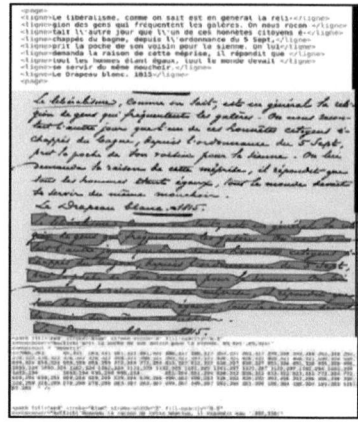

Figure 3.17. Interface de navigation du corpus d'images médiévales (projet ANR-*Graphem, 2007-2011*), [JO-09], [DA-12]. Station philologique d'alignement des manuscrits Bouvard et Pécuchet (projet ANR-*Bouvard, 2008-2011*), [MA-10].

Le projet *Gaphem* s'inscrit dans ce contexte d'études savantes de l'évolution des écritures et va chercher à mettre au point des méthodes et des techniques qui permettront d'aider les experts paléographes à retrouver et comprendre les origines souvent énigmatiques des manuscrits anciens. Les avancées proposées dans le cadre de ce projet constituent à la fois un progrès majeur des méthodes de travail pour les historiens et une avancée certaine dans les méthodes informatiques d'extraction de connaissances dans des grands corpus d'images. Le choix de traiter des images de manuscrits du Moyen Age s'est justifié à la fois par l'existence de grandes collections déjà numérisées, l'homogénéité du corpus concernant leurs métadonnées et de la disponibilité d'experts médiévistes prêts à collaborer. Assister l'accès au contenu d'une œuvre complexe, comme cela fut le cas lors de l'étude des dossiers préparatoires manuscrits autographes de Gustave Flaubert pour l'édition de l'œuvre Bouvard et Pécuchet à travers le projet *Bouvard* a également été un enjeu de taille s'inscrivant dans le contexte de l'analyse des manuscrits. L'objectif du point de vue usage SHS fut de disposer d'un nouveau type de reconstitution conjecturale du « second volume » de Bouvard et Pécuchet, qui, à la différence des éditions imprimées antérieures, n'ait pas à opérer des sélections et des déplacements toujours trompeurs, mais puisse offrir une image fidèle du chantier documentaire de ces dossiers. Ce projet visait à permettre l'analyse de configurations critiques complexes, singulières et dépendantes de la définition d'une ontologie. L'objectif primordial d'une dématérialisation des contenus a pu être atteint par l'établissement d'une correspondance étroite entre le texte et l'image, en particulier sur la notion de représentation scriptographique du manuscrit et sur son découpage en régions, voir figure 3.17.

2.3 Caractérisation de l'écrit pour l'analyse des styles et des scripteurs

Le principe général de l'identification de scripteurs consiste à proposer un apprentissage très contrôlé d'échantillons d'écritures avec des descripteurs spécifiques. Chaque classe d'écritures est associée à un modèle. Par exemple dans [SC-05], Schlapbach fonde son mécanisme de reconnaissance sur un modèle de Markov caché individualisant chaque type d'écriture ou chaque scripteur. Lors des tests, un texte inconnu est soumis à l'ensemble des modèles et celui qui est retenu correspond à celui dont le score est le plus élevé. Ce type d'architecture est très générique et modulaire et permet une adaptation à des types d'écritures, des langues très diversifiées avec des conditions d'application en lien avec la taille des échantillons d'écritures et la nature de la description choisie. On comprend bien ainsi qu'une des difficultés inhérentes à la comparaison des méthodes d'identification de scripteurs est liée à la façon dont la reconnaissance s'effectue : sur quel type de données-échantillons, quel type de classifieur, quelle nature de description. Les systèmes de reconnaissances peuvent ainsi procéder selon un mode opératoire totalement différent et par conséquent être difficiles à comparer. Dans tous les cas, on relèvera trois points importants qui devront être soumis à des expérimentations adaptées : la composition de la base (en termes de contenus, de taille des échantillons, de répartition et de représentativité de ses contenus pour une bonne représentativité des classes, partagées entre les sous ensemble réservés à l'« apprentissage » et au « test »), le choix de la description (en lien avec les particularités morphologiques des textes à analyser selon une représentation qui peut être structurelle, statistique, mixte ou fondée sur la texture), le choix de l'approche d'apprentissage et du classifieur rendant ainsi dépendante la métrique exploitée pour comparer les observations dans l'espace de représentation choisi.

Pour la description, on distingue généralement plusieurs catégories d'approches : les approches structurelles (procédant à l'étude des structures internes de l'écriture), texture (privilégiant des dimensions réparties comme les orientations, les courbures, les motifs redondants), statistiques (établissant un modèle de distributions de diverses propriétés) et enfin les approches mixtes procédant en une combinaison de plusieurs. Pour les approches basées sur la fréquence d'apparition de certains caractères (ou graphèmes), la quantité des données à traiter doit être très importante pour éviter de produire des systèmes spécialisés dans la reconnaissance d'un type de textes ou d'une sélection faite par le scripteur lui-même. Dans ce cas, on appréciera les bases d'apprentissage (et de test) fondées sur la rédaction contrôlée d'un texte unique permettant de comparer des fréquences de même significations. Les travaux de Pervourchine [PE-07] se basent sur ce principe mais leur principale limitation est liée à l'utilisation difficile à maîtriser de l'ensemble de test qui ne doit pas présenter de nouvelles variations de fréquences de lettres non identifiées dans l'étape d'apprentissage. L'idée de base de ces approches est souvent à mettre en relation avec la construction d'un dictionnaire de formes, celui-ci pouvant être composé de traits ou des graphèmes, de caractères (approche allographétique), de bi-grams (approche sémantique) ou encore de pixels (approche texture). L'exploitation du dictionnaire (et de son éventuelle parcimonie dans le cas où celui-ci n'est que partiellement renseigné) constitue un enjeu clé pour l'analyse de l'écriture.

2.3.1 Diversité de descriptions

De nombreux systèmes d'analyse et de reconnaissance de textes manuscrits sont basés sur l'exploitation d'une hiérarchie de niveaux d'interprétation: du niveau graphique jusqu'aux niveaux lexical et syntaxique, voire sémantique. Il faut bien comprendre que l'écriture est le résultat d'un processus complexe, qui s'exprime par un rendu visuel (impression visuelle très globale), selon une organisation locale (agencement et séquencement d'informations), et selon une exécution liée à une dynamique qui peut être redéfinie en mode *off-line* à partir de l'étude de relations internes entre fragments (ordre, séquence, chaînage). La figure 3.18 extraite de [NI-10] rappelle ces différences de points de vue qui sont associés à différentes approches de la description. La dimension temporelle étant totalement inaccessible dans un processus de description off-line, il est possible de la « simuler » en cherchant à extraire de l'écriture les bons indicateurs de changement propre à l'exécution : vitesse/accélération, orientation, pression.

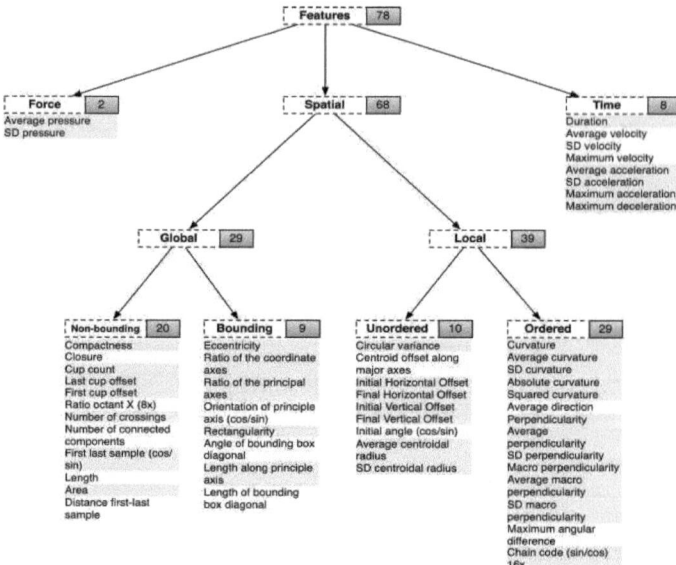

Figure 3.18. Dimensions privilégiées de l'écriture (spatiale, temporelle, pression), [NI-10].

L'écriture a cela de particulier, qu'elle peut être vue et analysée selon différents niveaux d'échelles. D'un point de vue global, on peut envisager de voir l'écriture, soit dans son ensemble (point de vue « texture ») soit du point de vue du geste graphique et du motif identifié comme un « tout » caractérisable. A chaque point de vue correspond un ensemble de descripteurs. Lors de mes travaux d'encadrement doctoral, je me suis intéressée à des descripteurs permettant de considérer l'écriture à travers ses différentes échelles de perception. La figure 3.19 illustre cette représentation de propriétés multi-échelles de l'écriture qui ont été exploitées pour des cas d'usages très précis et sur des corpus patrimoniaux très spécifiques (reconnaissance de contributeurs d'œuvres littéraires manuscrites du 18ème siècle, typologie et classement par styles d'écritures médiévales).

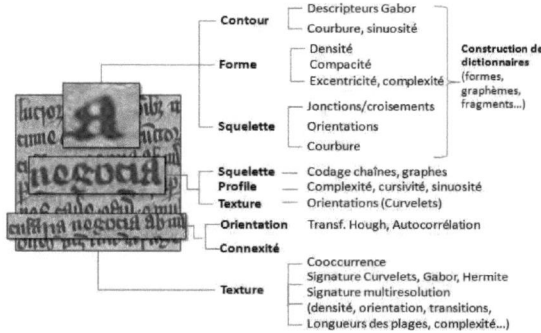

Figure 3.19. Taxonomie des descriptions multi-échelles synthétisant mes contributions (de 2003 à 2013).

2.3.2   Méthodes globales et approches multi-échelles

Afin de contourner la difficulté de produire une segmentation des formes avant de les caractériser, certains auteurs se sont penchés sur des approches dites *globales* sans segmentation en s'intéressant à l'impression générale générée par le rendu visuel de l'écriture. Il est en effet possible de s'intéresser dans ce cas à une combinaison de motifs élémentaires issus du geste graphique rendant compte d'une impression générale de texture. Dans ce domaine de l'analyse de texture, on peut rappeler les travaux de caractérisation des écritures initiées par Kuckuck dans [KU-80] et repris par Said dans [SA-98b] et [SA-00] où l'extraction de caractéristiques s'est effectuée à partir d'une décomposition spectrale des images de textes, l'utilisation des filtres de Gabor et les matrices de cooccurrence. Cette idée d'exploitation du spectre de l'image a été très largement reprise dans de nombreux travaux portant sur une caractérisation par texture comme dans les travaux de Bush et Sridharan dans [BU-05b], une analyse par quantification de phase, et sur l'utilisation des matrices de cooccurrence en niveaux de gris (*Gray Level Matrix Cooccurrence CGLMC* des travaux de Hanusiak et al. dans [HA-11] et Bertolini et al. dans [BE-13]) qui se sont avérées être à l'origine des descripteurs les plus performants pour la vérification de scripteurs. Ceux-ci ont été re-exploités par Moalla et al. Dans [MO-06, MO-13a] pour la caractérisation des écritures paléographiques produisant des résultats plus performants que la plupart des approches structurelles, fréquentielles, et statistiques existantes.

Bonnes alternatives aux descripteurs par points d'intérêt, les "Local Binary Patterns" (LPB) sont des descripteurs de texture robustes utilisés pour l'identification de scripteurs. Ils consistent à comparer le niveau de luminance d'un pixel avec les niveaux de ses voisins. Cela rend donc compte d'une information relative à des motifs réguliers dans l'image qui selon l'échelle du voisinage utilisé permettent de détecter des zones d'intérêt de manière robuste. Le concept de Local Phase Descriptor (LPQ) a été originellement introduit par Ojansivu and Heikkila [OJ-08] pour classifier les textures floues et rendre la description indépendante de la rotation. Ce descripteur s'est avéré plus performant que les LPB. Il a été repris dans les travaux de Bertolini et al. [BE-13] comme descripteur de textures pour la vérification et l'identification de scripteurs.

Dans mes travaux, je me suis intéressée initialement aux approches par texture (dès mon doctorat) cherchant à caractériser les contenus textuels (écritures et imprimés) sans les segmenter a priori. Mes travaux d'encadrement des thèses de Guillaume Joutel [JO-09] et de Nicholas Journet [JO-06] attestent ces choix méthodologiques. Comme alternative aux méthodes globales traitant le texte d d'un point de vue *texture*, d'autres approches reposent sur une analyse *globale* de motifs. Dans cette catégorie de descripteurs, on s'intéresse essentiellement aux dimensions géométriques globales du motif, sur la base d'indice de formes simples à calculer et caractérisant son unité graphique. Ces descripteurs permettent notamment d'exprimer par une valeur scalaire le rapport entre coordonnées des axes principaux d'une forme, la surface d'un motif, la position du barycentre, le nombre de points de croisements, le nombre de connexités, l'enveloppe convexe, la compacité.... Ces descripteurs ne considèrent pas le voisinage direct de chaque point, ni ne centrent l'analyse sur les relations topologiques de voisinage entre pixels, comme c'est le cas pour les descripteurs locaux et structurels.

2.3.3   Méthodes locales et structurelles

Les méthodes de description structurelle décrivent l'écriture à partir des relations existantes entre les pixels d'une forme et permettent ainsi d'exprimer la diversité interne d'un motif. On s'intéresse en particulier ici aux informations telles que la sinuosité, la courbure moyenne d'un tracé comme elle est décrite dans [AR-13] et étudiée à travers leurs invariances, [BE-05]. L.Schomaker et R. Niels définissent dans [NI-07] deux types de descripteurs : un lié aux boucles (« *loops* ») et un aux graphèmes (« *strokes* »), tous deux ayant prouvé leur capacité à discriminer très efficacement les scripteurs.

La difficulté de ce type d'approches repose sur les besoins de disposer d'une information segmentée. On peut envisager la segmentation essentiellement de différentes façons : de façon allographique, sur la base d'une décomposition en caractère comme cela a été exploité dans les travaux de Bensefia et al. dans [BE-05], Bulacu et Schomaker dans [BU-07b], Marti et al. dans [MA-01], Siddiqi et al dans [SI-10], ou encore Srihari et al. dans [SR-02], et de façon fragmentaire reposant sur un découpage en graphème, entité plus petite que le caractère en lien avec la dynamique de l'écriture comme nous l'avons développé dans [DA-12] ou aléatoire par hachage régulier du texte, comme l'a exploité Séropian dans [SE-05]). La segmentation en caractères nécessite une régularité interne de l'écriture et des méthodes de segmentation basées sur une modélisation par HMM complexes peuvent permettre d'y répondre, [SC-05]. Dans ce cas, les classes de formes, de fond et de bruit sont définies comme les états du processus markovien, dont les probabilités de transitions reposent sur des caractéristiques locales de voisinage. Bien que ce type d'approches soit très sensible aux résultats de segmentation, une segmentation en *graphème* autorise a priori plus de souplesse, en laissant une plus grande liberté sur le nombre de classes utilisables (les classes de « strokes ») et sur le type de classification utilisée qui peut être, selon les usages, supervisée ou non. C'est dans ce dernier contexte que se sont inscrits les travaux de doctorat de Daher Hani, [DA-12]. L'élaboration de sacs de mots visuels (codebooks de graphèmes ou dictionnaire de formes) ont permis de signer statistiquement les écritures selon leur style et la fréquence d'apparition de certains motifs. Ces méthodes sont indépendantes du texte et de son contenu : deux écritures issues de deux textes peuvent être comparées même si les extraits analysés n'ont pas les mêmes contenus, ni le même nombre de lignes de texte.

2.3.4 Méthodes reposant sur la dynamique de l'exécution

L'idée de produire des mécanismes de reconnaissance hors ligne portant sur des indications très riches réservées à l'analyse *one-line* de l'écriture a poussé de nombreux auteurs à s'intéresser à sa dynamique. Un travail de reconstruction du signal hors ligne guidé par des indicateurs sur l'exécution du tracé (par la présence de traces d'encre sur le papier significatives de changements de contextes) et par des connaissances a priori sur l'ordonnancement des fragments a été réalisé par Rousseau dans [RO-05]. Ces approches permettent notamment d'obtenir une représentation des lettres sous forme de zones régulières par morceaux correspondant aux régions difficiles à segmenter et à retrouver dans un squelette (intersections, points de poser et de lever de crayon, zones de fortes courbures) toutes les indications de changements. On peut s'intéresser ici à l'état de l'art produit par Rousseau qui décrit l'évolution des mécanismes de caractérisation portant sur la simulation de la dynamique. L'auteur pointe du doigt les techniques responsables de l'ordonnancement des points de tracé, la continuité des fragments et de leur contour, la minimisation de courbure globale, et enfin l'utilisation de critères topologiques liés à une modélisation par graphe. Des travaux récents portant sur le recouvrement de la dynamique ont été produits par Toselli dans [TO-07], Zhang dans [ZH-07] et Niels dans [NI-07]. Ils permettent de produire une approximation grossière de la formation du trait en lien avec l'axe du temps et d'extraire des descripteurs sur la durée du geste graphique et ses dimensions cinétiques (vitesses et accélérations).

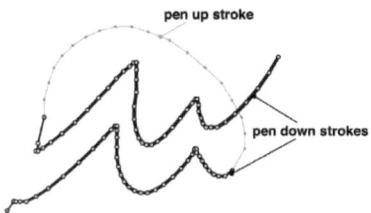

Figure 3.20. Recouvrement de la dynamique du trait par repérage des points de poser et lever spécifiques aux extrémités des formes, par échantillonnage des contours et extraction de points d'intérêt [NI-07].

Afin de mieux pouvoir comprendre les règles de formation des écritures anciennes et durant les travaux de thèse de H.Daher, nous nous sommes intéressés à l'étude des gestes essentiels appris, mémorisés et reproduits par les copistes du Moyen-âge pour produire leurs textes. Nous avons ainsi produit différents types de descripteurs basés pour une part sur une décomposition en graphèmes « interprétables » par des paléographes experts du domaine et pour une autre part sur des dimensions « non interprétables » directement en lien avec une analyse espace-échelle des segments d'écritures.

ORIENTATION DU TRACE. Mes travaux s'inscrivent dans la lignée de ceux proposés par L. Schomaker qui a porté une attention très marquée à la définition de descripteurs de formes pour l'aide à l'expertise judiciaire. Il a tenté d'assurer une réelle exhaustivité dans la description tout en garantissant la possibilité pour les experts de les interpréter, [NI-06], [BU-07b]. Parmi ces descripteurs, on remarquera une influence tout à fait considérable de la dimension angulaire (direction et sens du tracé) permettant de signer de manière très globale un extrait d'écriture, à la manière d'une rose directionnelle, voir figure 3.21.

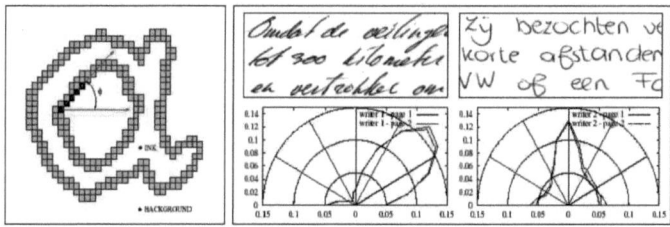

Figure 3.21. Dynamique de l'écriture et angle du trait, [BU-07b].

EPAISSEUR DU TRAIT. Une autre dimension en lien avec l'étude de la dynamique de l'écriture concerne l'épaisseur du trait, [BR-11]. Selon le matériel utilisé et l'emplacement du trait, l'épaisseur peut subir des variations locales d'épaisseur. Cela est d'autant plus vrai que l'outil d'écriture est ancien ou s'apparente à une plume (plutôt qu'un stylo ou un crayon). De nombreux travaux sur l'analyse des écritures paléographiques se sont intéressés à cette dimension, [FR-05]. Une telle description peut être réalisée en utilisant des attributs portant sur les contours, comme l'attribut nommé *Quill* (plume) qui étudie la distribution de probabilité des relations entre la direction de l'encre et son épaisseur en tout point. Cet indicateur s'est avéré extrêmement performant (jusqu'à 95% de bonne identification) par rapport aux méthodes de l'état de l'art portant sur des dimensions plus

107

standard (comme les dimensions *Edge-Hinge* et *Fraglets* proposées par Bulacu dans [BU-06] et qui concernent l'analyse des changements de directions de l'écriture, et les configurations angulaires possibles en points de contours). Très récemment dans [MA-13], Marcelli et al. vont jusqu'à prouver que « *the actual shape of the ink trace contains enough information to characterize the handwriting style [...]* ». La thèse d'Hani Daher s'inscrit dans cette logique d'extraction d'attributs dynamiques en mode hors ligne visant à caractériser a posteriori les changements d'orientations et les changements d'épaisseur de traits caractéristiques du mouvement (les points de posers et de levers de plume).

Les travaux les plus récents actuellement revisitent les techniques de description des écritures en y réintégrant ce qui constitue leur fondement autour de leurs bases linguistiques et lexicales. Des travaux portant sur des modèles de langues naturelles commencent ont pu voir le jour pour la reconnaissance de mots, et la recherche par similarité, [BI-12], [MO-13b].

2.4 Facteurs déterminants pour l'identification d'écriture

2.4.1 Les influences croisées

De manière générale, les questions relatives aux bonnes performances d'un système d'identification abordent les questions fondamentales suivantes : « Les primitives choisies sont elles adaptées aux particularités de l'écriture ? Leur sélection s'ajuste-t-elle bien aux objectifs de reconnaissance ? La mesure de similarité retenue est-elle appropriée et robuste aux variations intra et inter-scripteurs ? Le modèle décisionnel est il performant au regard de la description qui est proposée, de la taille de la base considérée ? Enfin, on peut également s'interroger sur la nécessité de mettre en place un apprentissage dès lors que l'on dispose d'informations suffisantes pour décrire les classes d'écriture. En ce sens, la capacité de *généralisation* de l'approche d'identification à des données nouvelles diversifiées est un élément déterminant à considérer.

On peut constater que pour conduire un processus d'identification robuste d'écritures, il faut pouvoir décrire une écriture dans toute sa diversité (assurer une bonne représentation) tout en tenant compte de la description des éléments qui lui diffère (assurer ainsi une bonne discrimination). Pour les langues telles que le chinois, les approches reposant exclusivement sur des coefficients issus de bancs de filtres de Gabor ou des descripteurs du second ordre issus des matrices de cooccurrences de niveaux de gris, comme cela est proposé dans [SAID-00] sont très communes. Pour les langues d'origine latine où la répétabilité de formes plus petites, parfois confusément courbes, il est nécessaire de centrer l'analyse sur une description plus fine essentiellement en lien avec la dispersion de l'information aux contours. Aux dimensions essentiellement texturées (capturant les orientations, les courbures et les régularités macroscopiques), on ajoute alors des dimensions allographiques portant sur le caractère, [BU-06, BU-07b]. Les approches reposant sur des combinaisons de descriptions ont également vues le jour : elles permettent d'adapter la description aux spécificités des traits et des images en intégrant des processus de sélection de caractéristiques validant la meilleure description possible, [AL-07], [HE-08], [ZH-08]. Dans tous les cas une adaptation aux spécificités graphométriques des écritures issues de différentes langues et cultures doit être entreprise.

L'écriture peut être définie comme un processus stochastique de formation des lettres lié à la fois aux qualités du scripteur (application, soin) et au contenu à reproduire. Cela conduit naturellement au constat que deux pages d'écritures issues de deux scripteurs différents sont différentes visuellement et deux pages écrites par la même main doivent également être différenciables. Ainsi, en normalisant les contenus (en ne traitant que des textes contenant les mêmes mots), on peut ainsi se concentrer sur les spécificités du scripteur davantage que sur la variabilité interne des compositions. Cette approche de l'analyse des écritures a été très abondamment traitée dans la littérature, [FA-96], [AL-08]. Alors que les méthodes dépendantes du contenu textuel parviennent à exhiber des taux d'identification largement supérieures aux autres méthodes analysant des images d'écritures reposant sur des textes libres, il convient de noter qu'en pratique un système d'identification pour être performant doit pouvoir s'adapter à des contenus variables, dans la limite d'une taille d'échantillons minimale, [DA-12], [JO-09]. Les questions relatives à la « normalisation des effets d'une différenciation de contenus » doivent être traitées en amont et être intégrées dans une description plus universelle et générale. Ce sont désormais vers ces approches que les auteurs se tournent, [SC-07]. On peut constater dans ce domaine de recherche que l'expérience de la description par codebook a largement inspiré la communauté de chercheurs qui a trouvé dans ce modèle de répésentation des possibilités de faire émerger à la fois des informations consistantes en terme de description structurelle, et naturellement discriminantes en analysant le codebook selon ses probabilités de distribution de ses éléments. Le codebook est un outil de description à la fois universel (toutes les écritures peuvent être décrites par un codebook parcimonieux) et spécifique (on peut conserver la spécificité d'un codebook pour une écriture prise isolément). Les questions relatives aux coûts de calculs sont généralement déterminantes dans le choix de telle ou telle approche, [SR-11]. On peut rappeler à ce titre que la quantité d'informations est une donnée sensible du processus d'identification et conditionne fortement le fonctionnement du classifieur. Les expérimentations menées à très grande échelle (comme cela a été proposé dans les travaux de Bulacu et al.) nécessitent de disposer de description simple à calculer et d'être peu sensible à la taille du codebook (pouvant aller de quelques dizaines de clusters à plusieurs dizaines de milliers).

Les modèles reposant sur une adaptation au scripteur, se fonde généralement sur un apprentissage assez lourd pour chaque auteur, dont on ne dispose généralement pas suffisamment de données (il est en effet très rare de trouver des bases offrant des données en quantité suffisantes pour conduire un apprentissage complet). Le modèle de similarité est un élément important. Il permet d'apprécier l'échantillon soit en estimant sa dissimilarité par rapport aux autres (comme les modèles de clustering reposant sur la coloration de graphes par exemple), soit en estimant une similarité paire à paire (comme cela est proposé dans le SVM multi-classe) ou encore en proposant une décomposition « un contre tous » (comme cela est le cas dans les modèles fondés sur les One-Classe SVM, [BE-13])

2.4.2   Les bases de mes contributions : choix et méthodes

IMPORTANCE D'UNE BONNE DESCRIPTION. Le point de vue adopté dans mes travaux et soutenu par de nombreux auteurs travaillant dans le domaine de l'analyse des écritures est que la description des formes est l'étape clé à sa bonne reconnaissance, au-delà des étapes décisionnelles liées à l'apprentissage et la classification. Ce point de vue est également développé dans les travaux de Schomacker dans [SC-08]. La description ne pouvant être à la fois *informante* et *discriminante*, *locale* et *contextuelle*, il est nécessaire de faire des choix judicieux en relation avec l'objectif qui lui est associé. C'est généralement sur ces quatre dimensions que la plupart des approches de reconnaissance des écritures cherchent à proposer des outils d'analyse. Je montrerai que le choix d'une famille de descripteurs conditionne la réalisation effective d'objectifs allant de la recherche par similarité de formes (application de type word spotting), ou par similarité de contenu (application de type CBIR), aux applications de reconnaissance de styles ou d'identification de scripteurs (impliquant généralement des informations pouvant être à la fois du ressort de la description informante/discriminante et locale/contextuelle). Le point de vue volontairement adopté dans mes travaux repose sur une complémentarité de descripteurs : la description des formes doit revêtir simultanément deux aspects : un aspect local (ramené à une indication niveau pixel) et un aspect global (ramené à la page d'écriture). Il a toujours été question d'analyser une écriture à partir d'un échantillon suffisamment représentatif. Quelques mots ne suffisent pas à produire une description complète, car quelques formes ne permettent pas d'estimer des paramètres statistiques. On trouvera ici trois types de contributions autour d'approches structurelles, statistiques et fréquentielles.

UNIFIER LES APPROCHES DE CARACTERISATION. Dans la plupart des travaux du domaine, une étape majeure de segmentation en caractères ou en mots constitue une étape clé souvent considérée comme un pré-requis aux méthodes de description. J'ai toujours défendu l'idée que les étapes de segmentation et de description devaient être des processus non dissociables car dans un grand nombre de cas les deux peuvent être menés conjointement en s'entraînant mutuellement.

La segmentation en allographes (décrite notamment dans les travaux de Schomaker) nécessitent une grande connaissance a priori de l'écriture, et des informations textuelles très contraintes sur les formes ou leur quantité (présence de très peu de texte, écritures aux formes très régulières, lignes faciles à repérer et en nombre limité…). C'est le cas des documents destinés à l'expertise juridique qui contiennent généralement très peu d'informations écrites. A l'inverse, dans le cas du document patrimonial qui est davantage lié à mes préoccupations ces dix dernières années, les formes écrites, en grand nombre cette fois et souvent très dégradées ne sont pas facilement segmentables en fragments allographiques (allographes de type caractères, combinaison de caractères ou de mots). Afin de généraliser l'idée d'une décomposition transposable à des images de manuscrits très diversifiés, j'ai privilégié dans mes travaux des décompositions de types fragments (graphèmes) plus petits, dénués de sens mais dont les fréquences d'apparition sont des signes caractéristiques et discriminants, [DA-12]. La vision unifiée de l'analyse du manuscrit qui a soutenu la plupart de mes contributions et de mes encadrements a finalement répondu aux enjeux suivants :

- faciliter l'accès au texte sans le segmenter nécessairement, selon des dimensions bas niveau (orientations, courbures, jonctions), et de niveau intermédiaire (rondeur, cursivité, sinuosité, lisibilité) et à plusieurs niveaux d'échelles.
- offrir une description spécifique et non universelle de l'écriture, car toutes les écritures ne peuvent pas s'identifier aux mêmes catégories de descripteurs (les écritures paléographiques par exemple possèdent des fragments très typiques proches de ce que l'on retrouve dans les textes imprimés à la différence des écritures contemporaines plus variables). La langue a également une place centrale dans le choix de la description en orientant la description, comme l'extraction de points d'accroches caractéristiques différentiables d'une langue à une autre, [LE-09b].
- faciliter les usages en donnant du sens à la description afin d'aider le travail d'expertise (classement, recherche par le contenu, identification) en se démarquant des descriptions vectorielles ou matricielles non interprétables. Le choix d'une description exploitable par un usager expert, dans ses dimensions caractéristiques (cursivité, rondeur, et autres dimensions psycho-visuelles comme la présence de boucles, de traits, de ruptures…) est essentiel. La réduction de la dimensionnalité d'une description est alors recommandée si elle crée du sens pour l'expertise: un ensemble de descripteurs de texture d'Haralick ou un ensemble de coefficients maximum de Curvelets n'ont pas de sens s'ils ne sont pas ramenés à des dimensions interprétables (orientation, cursivité, échelle…).

Ma vision de l'analyse de l'écriture porte ainsi sur des mécanismes non exclusivement ascendants ou descendants, locaux ou globaux mais tente d'associer la plus grande diversité possible de descriptions des formes en préservant une indication sur leurs relations avec leur voisinage immédiat (formes prises en contexte).

Pour l'identification de scripteurs et de styles, les travaux de doctorat que j'ai encadrés ont proposé des réponses aux questions portant sur la *différenciation* entre ce qui est informant (et fréquent : les formes répétitives et redondantes en lien avec le *style* d'une écriture) et ce qui est discriminant (et rare : les formes spécifiques en lien avec les particularités internes propres au *scripteur*). Des métriques adaptées (comme la distance perceptuelle de *Tversky* et les formes *quadratiques* pour la pondération des sacs de mots visuels) ont ainsi été intégrées à des classifieurs fondés sur des mesures de dissimilarités permettant de produire soit un classement topographique (respectant les distances estimées entre les observations par *MDS*) soit un partionnement non supervisé optimisant les variances statistiques intra et inter-classes par coloration de graphes). Elles ont permis de pondérer différemment ce qui est identique entre deux formes (ou groupes de formes) de ce qui diffère réellement (différences visuelles parfois minimes). Les notions très complémentaires de similarités et de dissimilarités ont été très largement étudiées dans les contextes de classifications par SVM (pour l'identification des scripteurs reposant sur les coefficients de polynômes de Hermite, [IM-07]), de coloration de graphes (pour la construction de sacs de mots visuels représentés par les graphèmes de l'écriture, [DA-12]), de représentation par MDS (pour le groupement perceptuel et géométrique d'écritures paléographiques, [JO-09]). Dans les espaces fondés sur la dissimilarité, il n'est pas nécessaire de disposer de frontières multiples, car seule celle qui permet de différencier une classe des autres est exploitée. On se ramène ainsi à des problèmes de classification à 2 classes où la variabilité intra-classe devient une donnée sensible.

Dans les sections suivantes, je vais présenter de façon synthétique les fondements de mes contributions qui répondent aux différents points relevés ici et qui sont en lien avec des descriptions de contenu que nous avons jugées caractéristiques et discriminantes. Je présenterai également les mécanismes de classification adaptés aux objectifs de recherche par le contenu et à l'identification de scripteurs et de styles. Ces derniers mettent en œuvre des comparaisons de signatures réalisées à partir de distances et des mesures de similarité dont les définitions seront rappelées ici.

3. Trois approches de l'analyse des styles et l'identification

3.1 Approche multi-échelle selon Gabor et Hermite pour l'identification
Dimensions visuellement observables et importance de l'orientation

Les écritures sont caractérisées par diverses orientations observables à différents niveaux d'échelles. La recherche des orientations essentiellement présentée au *chapitre 2* soutient ce constat. Un travail préliminaire à l'identification des scripteurs a été réalisé dans [EG-07] afin de valider cette hypothèse par l'analyse de l'orientation multi-échelle prise comme unique dimension et appliquée au corpus des secrétaires de Montesquieu. Le constat de l'existence d'une faible quantité d'informations par scripteurs dans ce corpus d'étude nous a orientés vers une étude totalement indépendante des contenus reposant uniquement sur des échantillons de très faible taille (5 lignes de texte en moyenne). Cela nous a conduits à définir des signatures compactes indépendantes d'une segmentation a priori en mots ou en caractères, basées sur des dimensions simples à interpréter.

Ces travaux préliminaires ont montré que l'*orientation multi-échelle* était une dimension réellement significative mais que la considérer isolément n'était pas suffisant. Ils nous ont également permis de pointer du doigt la nécessité d'introduire une description plus contextuelle (comme l'information de *courbure* liée à un changement local d'orientations que nous expliciterons à travers les travaux de G. Joutel ainsi que des dimensions relatives à la *dynamique* de l'écriture et à son *séquencement* caractéristique).

DIMENSIONS PSYCHO-VISUELLES LOCALES MULTIRESOLUTION, [EG-04a, EG-04b]. Dans ce travail initial portant sur la mise en évidence de dimensions perceptuelles de l'écriture, je n'ai considéré que des dimensions qui d'un point de vue graphométrique font l'unanimité des spécialistes de l'identification des mains. Cela m'a conduit à considérer l'écriture comme une fonction déformable en fonction de la perception que l'on en a de « près » et de « loin ». L'observation de l'écriture à différents niveaux d'échelle a permis de mettre en évidence une hiérarchie de comportements allant du global (selon l'ensemble de ses lignes) au local (au niveau du composant élémentaire du mot et du graphème).

Les dimensions retenues dans ce travail ont été sélectionnées pour rendre compte de la diversité de l'écrit dans ses propriétés essentielles que sont :

- la *direction* (évaluée à partir d'une analyse fréquentielle multi-échelle des images),
- la *cursivité* (définie à partir de l'évolution multirésolution du nombre apparent de connexités présentes sur les lignes de texte),
- la *sinuosité* (calculée comme une déformation de type multirésolution des profils haut et bas des tracés),
- la *complexité* (exprimée comme une entropie de distributions multi-échelles).

Aucune segmentation a priori n'a été nécessaire à l'exception d'une extraction de contour, obtenue par des différences d'images issues de convolutions gaussiennes, appelées *Differences of offset Gaussian* (DOOG) dont nous avons rappelé le principe et l'intérêt au *chapitre 2*. L'approche globale par différence de gaussiennes a permis de faire ressortir des connexités différentes à chaque niveau de résolution considéré. L'analyse directionnelle retenue s'est basée sur un banc de filtres directionnels de Gabor faisant varier les facteurs d'échelles et d'orientations automatiquement. En partitionnant le domaine fréquentiel en différents canaux, l'extraction d'indices multi-échelles et des orientations significatives s'est trouvé facilitée.

La *direction* et la *complexité* du tracé sont analysées à partir d'un découpage hiérarchique de l'image en blocs de taille décroissante recouvrant l'image initiale. Au niveau le plus fin, on parvient à des découpages en pavés dyadiques garantissant des résultats de mesure d'orientation et d'entropie significatifs. Ces résultats conduisent à la construction d'une mesure d'orientation (il s'agit en réalité d'un vecteur de valeurs) et de complexité multiéchelle qui caractérise l'évolution de l'inclinaison et de l'entropie du tracé selon les niveaux de découpages. A grande échelle, les orientations principales sont significatives des directions des lignes, éventuellement plusieurs orientations principales peuvent émerger (cas des mises en pages avec annotations marginales multi-orientées ou encore présence d'inclinaisons très marquées dans le tracé), et à cette échelle, la complexité traduit la densité de distributions des traits observables sur toute la surface de l'image. A petite échelle (niveau de partitionnement fin), les orientations significatives sont les témoins des directions ponctuelles prises par le tracé (orientations des lettrines, présence d'inclinaisons plus locales). Les valeurs d'entropie obtenues à petite échelle sont significatives de la complexité locale des lettres, des graphèmes et des portions de mots. La mesure conservée pour caractériser la complexité multiéchelle est le rapport entre l'entropie maximale obtenue à l'échelle d'observation idéale (qui correspond à l'entropie mesurée sur une portion intérieure d'une ligne manuscrite) et l'entropie minimale mesurée sur le bloc de taille minimale exploitable. Selon les extraits analysés, il a été vérifié une dépendance quasi linéaire entre les deux valeurs : ce qui est complexe à petite échelle le reste à plus grande échelle et inversement. Ce constat ne peut pas se généraliser à toutes les catégories de scripteurs.

La *sinuosité* est définie sur la notion de courbure qui demeure un paramètre de forme abondamment utilisé pour la caractérisation du manuscrit, [BU-07b]. Dans [RA-03], Rath et al. présentent une approche de la description des mots portant sur la normalisation des écritures et la définition de profils (haut et bas) servant de base à une caractérisation d'invariants. Nous avons choisi de définir la sinuosité pour une échelle donnée comme le rapport de la somme des longueurs des profils haut et bas calculés pour chaque contour fermé (de fragments de mots ou de mots complets) sur la surface des connexités. Ces profils sont déduits, à partir de la ligne médiane des connexités. On ne conserve que le contour le plus extérieur (le plus large). Pour une résolution fixée, on obtient une hiérarchie de valeurs de sinuosité pour un extrait. La distribution des points résultants met en évidence l'existence d'une corrélation entre les profils haut et bas. On constate en particulier que la variation du profil est plus légèrement marquée pour les écritures initialement peu sinueuses et très étirées. Considérant σ_i l'échelle d'analyse au niveau i (on en considère dix au total), l'estimation de la sinuosité multi-échelle s'exprime par le rapport de l'aire sous courbe obtenue pour les n valeurs de sinuosité *haute* (S_H). Rapportées sur la valeur de la sinuosité à pleine résolution σ_0, représentative de la rondeur maximale du trait, les valeurs de surface par échantillon d'écriture sont alors moyennées. Pour chaque composante dont on a extrait un contour, on définit la fonction de déformation suivante :

$$S(\Gamma) = \frac{\sum_{i=0}^{n-1}(\sigma_{i+1}-\sigma_i)*S_H(\sigma_i)}{S_H(\sigma_0)} \qquad \text{(Eq.3.7)}$$

La *cursivité* du tracé peut s'interpréter simplement en termes de connexités et d'enchaînements, elle peut se traduire par une estimation de l'étendue des liaisons à l'intérieur d'un même mot et entre plusieurs mots d'une même ligne. Nous avons choisi de calculer la cursivité à partir d'une première identification des emplacements des lignes de textes (par mesure d'autocorrélation) qui donne la direction à explorer d'une composante à la suivante. L'image initiale subit une série de n filtrages appliqués dans la direction des lignes de texte combinés par des différences de gaussiennes estimées pour une valeur de σ fixe. Le résultat conduit à une image de contours de formes connexes à partir de laquelle on évalue un nombre moyen de connexités nbC considérées comme appartenant à une même ligne, définie comme la droite bordée par deux connexités extrémales (on note sa dimension L dans Eq.3.8). A partir du barycentre de la première connexité, on explore dans la direction des lignes estimée par la mesure d'autocorrélation les barycentres situés dans le voisinage de cette direction. La fonction de cursivité normalisée à [0..1] pour une ligne de texte et pour le $i^{ème}$ filtrage s'exprime alors par:

$$C_{\sigma^i}(\Gamma) = 1 - 2 * \frac{nbC_i}{L}, pour\ i\ \in [1..n] \qquad (Eq.3.8)$$

Elle est d'autant plus faible (proche de 0) pour les écritures scriptes très espacées marquées par la forte présence d'espaces intra et inter-mots et d'autant plus élevée (proche de 1) pour les écritures très connexes caractérisées par un tracé continu. La cursivité moyenne d'une page ou d'un extrait s'exprime alors par une moyenne des cursivités obtenues sur chaque ligne. La courbe obtenue par la représentation des valeurs de cursivité successives est ensuite décomposée en trois régions aux points de courbure locale maximale δ_1 et δ_2. L'expression du rapport entre ces deux dérivées si elles existent permet de déterminer une échelle de cursivité de l'écriture.

- $\delta_1 \ll \delta_2$: écriture très cursive présentant des espaces inter-mots très importants
- $\delta_1 \gg \delta_2$: écriture très morcelée (peu cursive) contenant des espaces inter-mots faibles
- $\delta_1 \approx \delta_2$: situations intermédiaires

La figure 3.22 illustre des exemples d'écritures représentant les valeurs extrêmes normalisées en [0..1] des échelles de cursivité (3.22-1), de complexité (3.22-2) et de sinuosité (3.22-3), les dimensions étant prises indépendamment les unes des autres. L'orientation n'a pas été présentée, car elle n'est pas associée à une échelle linéaire de représentation.

Le bilan expérimental de ces travaux a été conduit sur une base d'images constituée de brouillons d'auteurs du 18ème siècle représentant 50 scripteurs différents (chacun étant représenté par plusieurs extraits de page entière de texte) et dont la vérité terrain est restée à l'appréciation des experts littéraires associés à l'étude, [EG-04b]. L'apprentissage a porté sur un nombre très réduit d'occurrences pour chaque écriture rendant le système plus sensible aux fluctuations internes d'une écriture. Une approche du test par validation croisée n'a pas été envisagée dans cette première étude, celui-ci a simplement reposé sur deux mécanismes complémentaires : une approche de type « *retrieval* » proposant au système une image requête et triant le corpus cible dans sa totalité par ordre décroissant de similarité et une approche par *k-ppv* reposant sur un apprentissage des 50 classes de scripteurs (avec une moyenne de 8 à 15 échantillons par classe). Les taux de bonne identification ont pu avoisiner les 90% pour les données présentes en quantité suffisante (existence de 10 échantillons de texte au minimum par écritures sur la totalité des ensembles d'apprentissage et de test). Les erreurs d'identification n'ont pas été quantifiées pour les classes réellement minoritaires.

Figure 3.22 Variabilité inter-scripteur à travers les extrêmes représentatifs de chaque dimension à pleine résolution (ici cursivité, complexité et sinuosité), [EG-04b].

Ces travaux ont visé avant tout à montrer la faisabilité de l'association de dimensions visuelles capturées à différentes échelles (orientation, cursivité, sinuosité et complexité), et qui sont interprétables pour une expertise humaine de l'écriture. Notons qu'une analyse multi-échelle des dimensions n'est efficace que sur des images dont la qualité peut être dégradée (image à forte résolution dont on peut extraire des versions dégradées successivement). Il est également nécessaire d'introduire des dimensions locales et contextuelles sur les traits (proximités de traits particuliers, réalisation du trait selon une dynamique reproduite…) pour aider le système à lever l'ambiguïté de décision. Notons également à travers ces travaux préliminaires, que l'analyse des dimensions prises indépendamment les unes des autres fournit une autre possibilité de classement. Cependant ce sont les corrélations que les descripteurs ont entre eux qui sont réellement informantes. En effet, elles traduisent à la fois l'existence de règles graphiques apprises (par le scripteur) et le fait que l'exécution du geste impose d'inscrire la forme produite dans un espace de représentation assez contraint où toutes les combinaisons ne sont pas possibles.

Dans ces travaux, l'orientation s'est avérée être une indication tout à fait incontournable et discriminante. Puisqu'elle ne nécessite aucune segmentation a priori, elle constitue une description de choix pour une analyse globale.

DESCRIPTION BASÉE SUR LES ORIENTATIONS PRÉDOMINANTES, [EG-04a], [EG-07]. La dimension d'orientation a été testée indépendamment des autres afin de rendre compte de son pouvoir discriminant (variabilité inter-scripteur) et sa stabilité interne (variabilité intra-scripteur). Elle a prouvé son efficacité comme dimension isolée sous la condition de disposer d'une quantité de texte suffisante (minimum 5 lignes de texte) permettant de compenser l'absence d'autres dimensions éventuellement plus locales. Un apprentissage des mains est nécessaire pour établir la stabilité des signatures. L'intérêt d'une telle approche est qu'elle ne nécessite aucune segmentation a priori et cela constitue un avantage majeur dans un contexte de valorisation de documents patrimoniaux. L'approche retenue ici se fonde une fois encore sur l'utilisation de bancs de filtres directionnels de Gabor paramétrés à partir des résultats de l'analyse des orientations principales décrits au *chapitre 2* et l'utilisation de la fonction d'autocorrélation et la rose des directions pour fournir la liste ordonnée des orientations dominantes, voir figure 3.23.

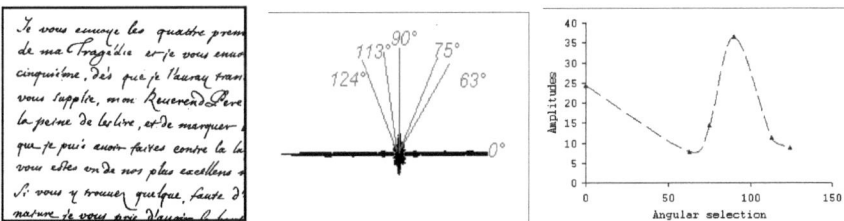

Figure 3.23. Echantillon d'écriture (Montesquieu 1850) – rose des directions et quantification des 6 orientations principales (2°, 55°, 90° et 145°) à partir du seuillage des cartes directionnelles selon Gabor.

La condition d'application d'un tel processus de caractérisation repose essentiellement sur les observations suivantes: les fréquences élevées sont essentiellement situées aux points de contours du texte, l'arrière-plan même dégradé ne contient pas plus de 10% de bruit à hautes fréquences ([EG-07] et le bruit se concentre essentiellement sur les fréquences basses qui sont traitées par un filtrage de type Hermite (voir chapitre 2). L'échantillon à traiter doit être homogène en densité (un critère d'entropie permet de le garantir), et l'échelle d'analyse (facteur d'échelle σ) est déterminée de façon automatique. Le choix de cette échelle d'analyse est fondamental car il modifie le diamètre des régions non filtrées. En pratique elle est choisie pour être proportionnelle à la taille des caractères de base : l'échelle satisfaisante est donc considérée comme un compromis entre les réponses des filtres de Gabor et la largeur moyenne de l'écriture. Les filtres directionnels de Gabor fournissent des cartes de saillances locales seuillées mettant en évidence les densités directionnelles aux abords de traits (voir *chapitre 2*). Ces densités locales sont quantifiées et associées à chaque plan directionnel, voir figure 3.23.

La signature de chaque échantillon consiste en une liste des orientations principales assurant un recouvrement de 80% de l'écriture sur les cartes directionnelles seuillées, à laquelle on ajoute une mesure de densité locale exprimée par une mesure d'entropie et le résultat de la quantification des orientations pour chaque plan retenu. Compte tenu du fait que toutes les signatures ne comportent pas le même nombre de directions, c'est une distance dynamique non linéaire de type Dynamic Time Warping qui est utilisée pour comparer les signatures. Cette mesure sert également de métrique pour l'analyse des variances intra et inter-scripteurs, voir figure 3.25 et 3.26.

On considère deux séquences $S_{\theta I} = S_{\theta I}(1), S_{\theta I}(2),..., S_{\theta I}(I)$ and $S_{\theta J} = S_{\theta J}(1), S_{\theta J}(2),..., S_{\theta J}(J)$, représentatives de deux écritures. Elles contiennent chacune les valeurs de quantification des réponses de Gabor seuillées pour chaque orientation retenue. La distance *DTW* entre ces deux séquences $S_{\theta I}(i)$ et $S_{\theta II}(j)$ correspond à la déformation minimale qui existe entre elles. $\emptyset$ désigne une séquence vide et d la distance euclidienne.

$$DTW(\emptyset,\emptyset) = 0$$

$$DTW(S_{\theta I}, S_{\theta J}) = \begin{cases} \dfrac{1}{I+J}(d(First(S_{\theta I}), First(S_{\theta J})) + \\ \min \begin{cases} DTW(S_{\theta I}, rest(S_{\theta J})) \\ DTW(rest(S_{\theta I}), S_{\theta J}) \\ DTW(rest(S_{\theta I}), rest(S_{\theta J})) \end{cases}) \end{cases} \quad \text{(Eq.3.9)}$$

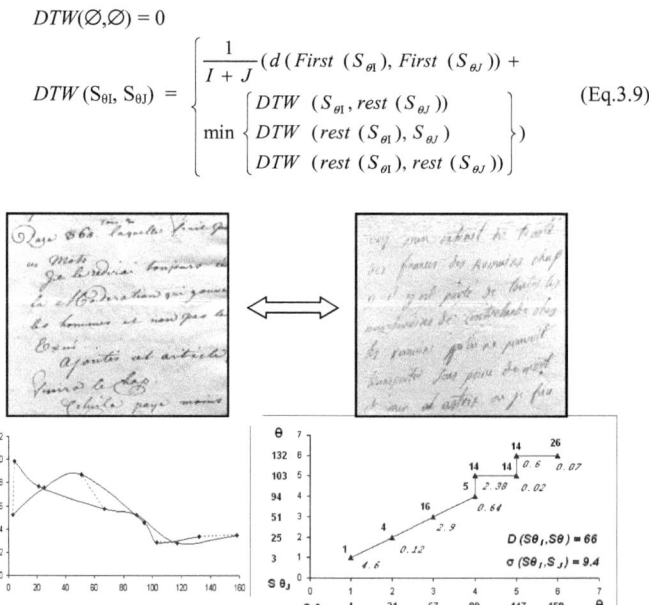

Figure 3.24. Comparaison de signatures selon la distance dynamique $DTW(S_{\theta I}, S_{\theta J})$ exprimée entre deux séquences.

La similarité est déduite de la linéarité (ce qui n'est pas le cas sur la figure 3.24) entre deux signatures $S_{\theta I}$ and $S_{\theta J}$. La comparaison définitive repose finalement sur trois dimensions de la signature: la $DTW(S_{\theta I}, S_{\theta J})$, les différences de quantification des cartes directionnelles selon Gabor DGQ et la variance des différences $\sigma(S_{\theta I}, S_{\theta J})$ quantifie les dispersions de signatures entre deux signatures. Elle permet de stabiliser la décision. Les seuils de tolérance, les valeurs de déviations maximales autorisées et de DGQ ont été déduits d'un apprentissage initial sur 60% du jeu total de données et qui repose sur la construction de signatures de 10 exemples par scripteurs.

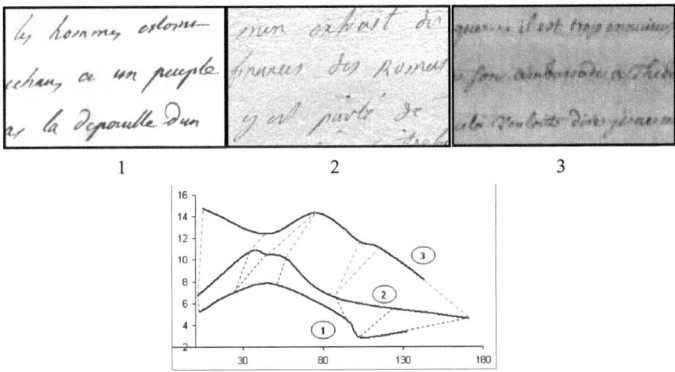

Figure 3.25: Illustration des comparaisons individuelles affectant 3 écritures traitées par paires, [EG-07].

Les exemples suivants illustrent une séquence d'apprentissage sur trois écritures et quelques échantillons, figure 3.26. L'écart type intra-scripteur moyen demeure ici inférieur à 1.

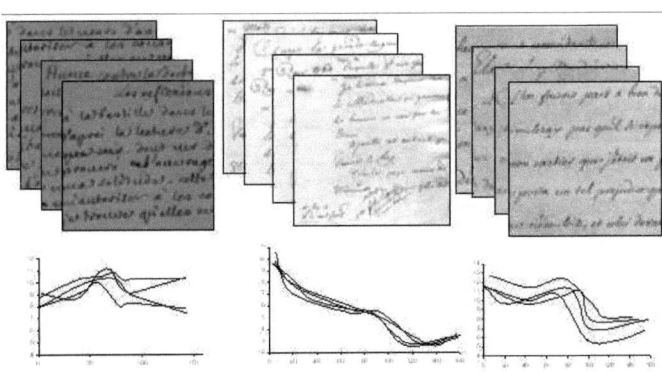

Figure 3.26: Variabilité intra-scripteur. 1. Pour un économiste de 1789 emprisonné à la Bastille (BML, Lyon). 2 Copiste de Montesquieu, 1749. 3 Montesquieu lui-même, 1750.

Les performances d'un tel système ont été évaluées à partir d'un système de type "retrieval" donnant au système une image requête et cherchant parmi les cibles contenues dans la base les plus proches par similarité. Les taux de précision et de rappel de ce système ont été remarquables du fait

117

notamment de la très grande diversité d'écritures associée à de fortes variances inter-scripteurs et la présence d'un ensemble d'apprentissage très conséquent. Le classifieur *k*-ppv utilisé pour produire des classes exploitables a fourni plus de 91% de bonne classification. Les erreurs résiduelles sont imputables aux images biffées ou peu contrastées, ou aux images dont les lignes ne sont pas proches de l'horizontale ou encore en marge des exigences du protocole (ne contenant pas le nombre de lignes réellement recommandé, ou des caractères trop gros ou trop petits). On peut enfin signaler que l'orientation prise isolément s'avère insuffisante lorsque les textes sont écrits avec peu de soin (figure 3.27) ou lorsque le geste graphique est imprécis ou instable.

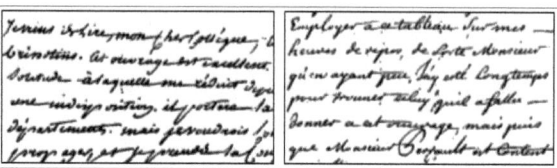

Figure 3.27. Exemples d'échantillons d'écriture similaires (auteur du 18ème anonyme à gauche et extrait du Spicilège de Montesquieu, 1850 à droite)

APPROCHE DIRECTIONNELLE MULTI-ECHELLE PAR TRANSFORMEES DE HERMITE, [IM-07]. La dimension d'orientation est là encore mise à l'honneur. L'analyse directionnelle multi-échelle proposée dans les travaux d'Asim Imdad repose sur l'analyse des performances des dimensions fréquentielles issues de décompositions de type Hermite (filtres de Hermite directionnels). Les coefficients issus des décompositions de type Hermite permettent de révéler des informations locales et globales sur les orientations significatives mais également la présence de zones à fortes courbures ou droites. Les alternatives reposant sur les transformées de Gabor ou par ondelettes fournissent des résultats proches de ceux-ci, évitant certains effets de blocs observables dans les décompositions par ondelettes du fait de l'orthogonalité de la décomposition : le signal est décomposé sur une base orthogonale de N filtres dans un espace à N dimensions, voir figure 3.28.

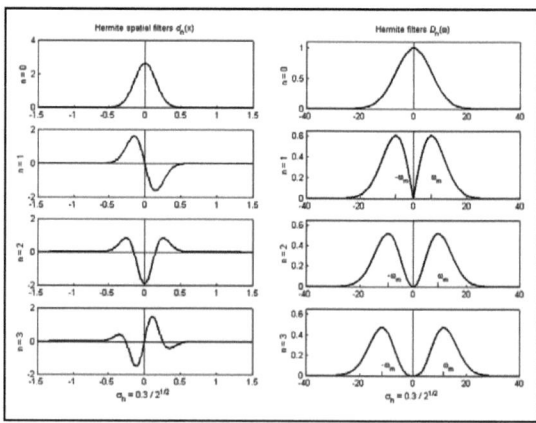

Figure 3.28. Filtres de Hermite correspondants aux 4 premiers degrés (au niveau spatial gauche et fréquentiel droit), [EG-07].

Nous nous sommes intéressés ici à l'estimation de dimensions statistiques multiples (moyennes, corrélation, moments) sur les coefficients des transformées sur quatre niveaux d'échelles et six orientations données au préalable pour toutes les écritures étudiées (voir figure 3.29).

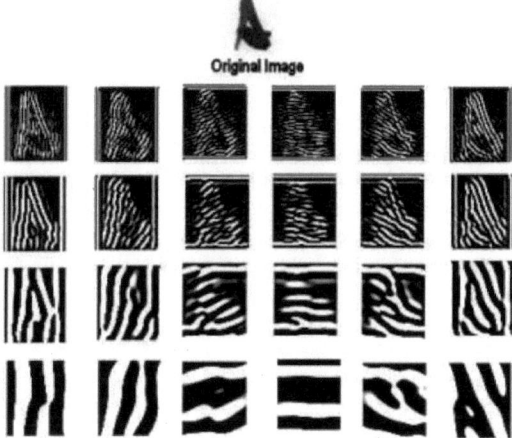

Figure 3.29. Image originale et représentation des transformée de Hermite pour 6 orientations et 4 échelles relatives à 4 valeurs d'écart type croissant de la fonction de pondération gaussienne, [IM-07].

Le classifieur entraîné est un SVM multi-classe (*one against all*) à noyau gaussien qui s'est révélé être le plus performant sur le jeu de données d'apprentissage composé pour partie d'images de manuscrits de la base IAM, [MA-02] et d'images patrimoniales du 18ème siècle composant à elles deux un ensemble de 60 scripteurs. Seules sont requises trois lignes de texte pour chaque image traitée. Les noyaux non linéaires se sont avérés plus performants sur des jeux de données plus riches (100 scripteurs). Les taux de bonne classification sur le SVM multi-classe ont atteint des maximaux de 92% pour les 50 scripteurs de la base mixte. Ces taux ont été considérés comme prometteurs du fait de l'absence totale de segmentation, de l'indépendance au contenu textuel et de la nécessité de ne travailler que sur 3 lignes de texte. Les dimensions utilisées ne peuvent pas être interprétées facilement ni rendre compte de corrélations locales ou d'informations contextuelles (dans le voisinage directe d'une forme ou d'un point, comme la courbure) qui s'avèrent être nécessaires pour une identification de mains.

Afin de remédier à cette incapacité à interpréter visuellement la description (à lui trouver un sens graphométrique) et afin de permettre une plus grande généralisation en termes d'échelle et d'orientations (pas d'orientations sélectionnées a priori), nous nous sommes orientés vers une nouvelle modalité de description basée sur les Curvelets.

3.2 Approche multi-échelle par Curvelets pour l'analyse des styles
Importance de l'information relative de courbure
Thèse de Guillaume Joutel (2006-2009) dans le cadre de l'ANR Graphem

Dans les travaux de G.Joutel, je me suis intéressée à l'analyse des écritures au sens du style (à la différence du scripteur qui est perçu comme une empreinte de la personnalité individuelle). Je me suis particulièrement intéressée à l'appartenance d'une écriture à une famille présentant des propriétés morphologiques communes et qui se basent sur l'estimation de critères décrivant ce qui, dans l'écriture, est invariant (stable et fréquent) plutôt que spécifique et rare. La notion de rareté peut cependant traduire soit une particularité du scripteur soit une particularité du style. Il est donc difficile de prédire les influences qui en sont responsables si ce n'est à travers le corpus qui est à traiter. Le style est une notion très perceptive associée à l'apparence de l'écriture dans sa globalité. Deux échantillons d'écriture de styles similaires devront ainsi pouvoir être associés par le classifieur dans une même classe de style. La notion de style paléographique est une notion qui a été laissée volontairement floue par les experts paléographes associés à cette étude afin de ne pas influencer la définition des descripteurs et donc les décisions du classifieur. A la question : « *existe-t-il une description robuste et interprétable des écritures, capable de conduire à une bonne classification des styles d'écritures paléographiques sans connaissance a priori sur leurs spécificités ?* », nous avons apporté des réponses en lien avec la pertinence des descripteurs, l'élaboration de mesures de similarités consistantes et la mise en place d'outils de classification capables de produire des regroupements de façon totalement non supervisée.

SIGNATURE REPOSANT SUR DEUX DIMENSIONS CORRELEES « COURBURE, ORIENTATION ». Une première réponse à ce problème a été proposée par G. Joutel. Elle fait référence à l'extraction de deux dimensions : l'orientation et la courbure rassemblées en une signature compacte (décrite au *chapitre 2*). Pour chaque pixel en bordure des traits (et de gradients élevés), nous avons recherché à former l'ensemble des couples (c, o_i) où c est la courbure du trait en ce pixel et o_i est l'ensemble des c orientations significatives conservées. La signature est une matrice d'accumulation aux points (c, o_i) d'une valeur correspondante au ratio entre le coefficient de o_i et le coefficient maximum sur tous les o_i considérés.

Pour les langues latines, on a pu constater de manière assez systématique la prédominance de l'horizontale et de la verticale comme orientation dominante pour des valeurs de courbure faible. Pour revaloriser les orientations significatives de plus faibles amplitudes de la signature tout en diminuant le rôle des orientations communes à tous les scripteurs, nous avons appliqué un filtre Lorentzien avant d'inverser l'ordre des valeurs de la signature, [JO-09]. Cette signature possède une signification très particulière en lien avec l'intensité des orientations significatives et leur présence sur des zones qui peuvent être soit linéaires (segments droits de courbure faible) ou courbes (régions de changement de direction du tracé). Plus un point dans l'image est associé à des orientations multiples, plus sa courbure est considérée comme élevée. La définition d'une mesure de similarité permettant de comparer les signatures entre elles doit donc respecter cette signification.

Les appariements de signatures ont été validés pour des applications de recherche par similarité de type « *recherche par le contenu* » (Content Based Image Retrieval) à partir d'une interrogation par l'exemple sur un extrait de 480 images de la base d'images de l'IRHT, figure 3.30.

Figure 3.30. Déformations horizontales, verticales, changement de résolutions, d'échelles et d'espacements interlignes sur des extraits de documents médiévaux, *http://liris.cnrs.fr/graphem/*.

Ils ont permis de produire une liste ordonnée d'images par similarité décroissante à l'image cible. Cette façon de procéder a été évaluée par le calcul de mesures de précision, de rappel, F-mesure et d'aires sous courbe indiquant globalement le comportement du système pour les *n* premières images qu'il propose. Afin d'évaluer la stabilité de la signature aux changements d'échelles, de résolutions, aux déformations locales, à la présence de flou, et aux changements d'espacements interlignes et inter-caractères, aux changements d'épaisseur et changement de vitesse d'exécution nous avons produit une étude exhaustive illustrant les profils d'évolution des similarités entre signatures et permettant d'estimer les limites des conditions d'application de cette signature sur les images de manuscrits.

Pour évaluer la similarité entre deux signatures notées S_A et S_B, une simple corrélation linéaire a été initialement estimée. Elle s'est résumée au calcul du rapport de la covariance $Cov(S_A,S_B)$ entre les deux signatures ramenées à une dimension 1 sur les écarts types estimées sur chacune des variables :

$$S(S_A, S_B) = \frac{Cov(S_A,S_A)}{\sigma_A \sigma_B} \qquad \text{(Eq.3.10)}$$

Cette mesure peut également s'interpréter géométriquement en considérant le coefficient de corrélation comme le cosinus de l'angle entre les deux vecteurs centrés.

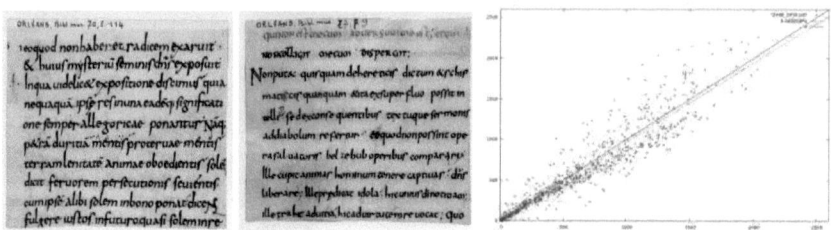

Figure 3.31. Interprétation géométrique de la corrélation linéaire entre deux signatures représentatives de deux extraits présentant une forte similarité (référence gauche et test centre).

Selon le changement considéré, les signatures n'évoluent pas de la même façon. Elles s'avèrent assez insensibles au changement d'espace inter-lignes et inter-caractères, au changement de résolutions mais très sensibles au changement d'échelles (effet de zoom) et au changement de vitesse d'exécution. Cela semble être prévisible du fait du changement complet de l'apparence des informations aux bords des traits (un changement d'échelle correspond à un changement d'objets à considérer, un changement de vitesse d'exécution correspond à des déformations pouvant être associées à un changement de main). De la même façon, les étirements horizontaux et verticaux affectant l'allure globale des images diminuent de manière significative les valeurs de courbure. Sur une écriture paléographique latine les étirements produits ont provoqué une accentuation des deux orientations initialement dominantes que sont la verticale et l'horizontale. Dans les signatures, ces déformations ont provoqué une disparition progressive des zones de fortes courbures et un recentrage de ces valeurs autour des directions horizontales ou verticales en fonction de l'étirement appliqué. Ces transformations s'expriment visuellement par des modifications morphologiques importantes des signatures, voir figure 3.32.

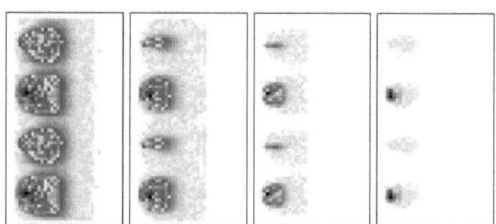

Figure 3.32. Evolution des signatures après 2, 5 et 8 étirements horizontaux et disparition des courbures et orientations dans les régions non horizontales et verticales.

MESURES DE SIMILARITE ET INDICATEURS DE PERFORMANCES. Au-delà des simples corrélations qui évaluent des similarités de façon linéaire entre signature, il convient d'utiliser des métriques qui permettent de pondérer les informations réellement différentes entre signatures d'une autre façon que celles qui sont effectivement communes. Le modèle visuel de *ratio* introduit par *Tversky* dans [TV-77] est un cadre intéressant pour cela : il permet de définir un indice de similarité entre images valorisant différemment ce qui les diffère de ce qui les rend ressemblantes. L'auteur cite en particulier pour illustrer son modèle des contrastes que « *la similarité entre objets est exprimée comme une fonction de leurs caractéristiques communes et distinctives* ». Tversky (1977) comme d'autres auteurs plus tard tel que Medin dans [ME-90] fait le constat que la similarité entre objets confère généralement plus d'importance aux caractéristiques *communes* alors que les jugements de différence (*dissimilarité*) concentrent leur attention sur les points distinctifs. En particulier, une propriété n'est considérée comme saillante que si elle n'est pas partagée par tous les objets.

Dans le modèle de Tversky, les axiomes de base de distances (séparation, inégalité triangulaire, symétrie) ne sont pas tous vérifiés : la propriété de symétrie n'est pas reconnue comme une caractéristique de la similarité perceptuelle. Par exemple, il est considéré qu'un objet particulier est plus similaire à son prototype, que ce prototype n'est similaire à cet objet particulier. Ceci est lié au fait que l'objet particulier possède toute les caractéristiques de l'objet prototype mais que l'inverse n'est pas vérifié. Le prototype ici est à ramener à l'image requête donnée d'entrée du système de recherche. On peut ainsi rappeler que « *nous [voyons] une ellipse [est] comme un cercle et non un cercle [est] comme une ellipse … et par conséquent, qu'une ellipse est plus similaire à un cercle qu'un cercle à une ellipse* », [TV-77]. La ressemblance perceptuelle vérifie ainsi des conditions en lien avec l'héritage de propriétés et de caractéristiques.

Pour comparer deux objets O_a et O_b, décrits par leurs ensembles de caractéristiques A et B, les mesures de Tversky mettent en rapport trois composantes : les caractéristiques communes à O_a et O_b ($A \cap B$), et les caractéristiques propres à O_a ($A - B$) et propres à O_b ($B - A$). Une mesure de similarité est ainsi définie par une fonction réelle f de trois variables :

$$S(O_a, O_b) = f(A \cap B, A - B, B - A) \qquad \text{(Eq.3.11)}$$

Dans le modèle de *ratio*, une fonction f' permet de mesurer les trois ensembles de caractéristiques communes et distinctives de façon indépendantes, aboutissant à la formulation suivante qui a inspiré nos travaux :

$$Sim(O_a, O_b) = \delta.f'(A \cap B) + \alpha.f'(A - B) + \beta.f'(B - A) \quad \text{(Eq.3.12)}$$

où δ, α et β sont trois paramètres réels, qui permettent de pondérer les différents ensembles de caractéristiques. L'adaptation que nous avons faite de la mesure de Tversky est fondée sur ces trois ensembles : une mesure de corrélation linéaire basée sur les parties communes aux deux signatures $CorCommun = \delta.f'(A \cap B)$ et une mesure de corrélation linéaire basée sur les parties en opposition entre les deux signatures, que $CorResidus = \alpha.f'(A - B) + \beta.f'(B - A)$, liées par un paramètre γ unique accessible aux experts paléographes du domaine :

$$Sim(O_a, O_b) = \gamma \times CorCommun + (1 - \gamma) \times CorResidus \qquad \text{(Eq.3.13)}$$

La mesure *Sim* ainsi présentée peut finalement se ramener à une mesure très ensembliste. Une étude de l'évolution du paramètre γ par l'évaluation des paramètres de rappel, précision et F-mesure du système permet de déduire un comportement de la mesure de similarité qui privilégie davantage les caractéristiques distinctives des deux signatures. S'intéresser aux éléments rares et discriminants plutôt qu'aux éléments communs semble donc être l'indication principale apportée par cette approche perceptuelle de la similarité. Elle présente également un intérêt pour les usagers paléographes en leur offrant une interaction possible et interprétable pour eux avec les caractéristiques considérées.

La figure 3.33 illustre le résultat d'une interrogation effectuée sur le moteur de recherche par similarités conçu pour les besoins de la thèse, à partir d'un extrait tiré de la base de mains du 18ème (ici un extrait de la main de Montesquieu). La valeur de γ a été fixée à 0.1, compromis qui garantit les meilleures estimations (précision/rappel).

Figure 3.33. Liste ordonnée d'images et leurs signatures selon leur valeur de similarité décroissante (exprimée en pourcentage) basée sur le modèle de distance de Tversky. Exemple extrait de la base d'écritures humanistes et extrait de l'Esprit des Lois (Montesquieu (1850)) pris ici en requête.

Les taux en précision et en rappel pour deux bases en niveaux de gris paléographique (base d'image de la base médiévale de l'IRHT de Paris constitué de 350 images) et humaniste (base extraite des manuscrits autographes de G. Flaubert composée de 250 images et de manuscrits de l'Esprit des Lois de Montesquieu constituée de 50 pages) sont indiqués ci-dessous à la figure 3.34. Les images ont été initialement prétraitées afin de n'en extraire que les régions textuelles homogènes et de ne pas traiter les lettrines ou illuminations. La vérité terrain est construite par l'expert qui attribue à chaque image une classe d'appartenance (soit en style, soit en auteur). Des taux très variables sont observables entre la base d'écritures humanistes qui offre une précision supérieure à 90% pour un rappel de l'ordre de 85% et la base d'écritures paléographiques qui offre une précision de 50% pour un rappel de 30%. Ces grandes différences de performances apparentes sont essentiellement liées à un ensemble important de connaissances dont le système ne dispose pas : deux écritures visuellement similaires peuvent ne pas appartenir à la même époque, et inversement deux écritures visuellement différenciables peuvent posséder le même label. Il n'existe pas de classification stricte ni de ruptures dans les styles d'écritures paléographiques mais un véritable continuum assez complexe à établir. Il existe en particulier des différences structurelles entre les écritures *Rotunda* et *Batarda* du 11ème siècle qui ne reposent pas sur des critères macroscopiques comme nous les avons envisagés mais sur des dimensions en lien avec des éléments rares nécessitant pour être perçus une véritable expertise du domaine qu'il n'est actuellement pas possible d'automatiser.

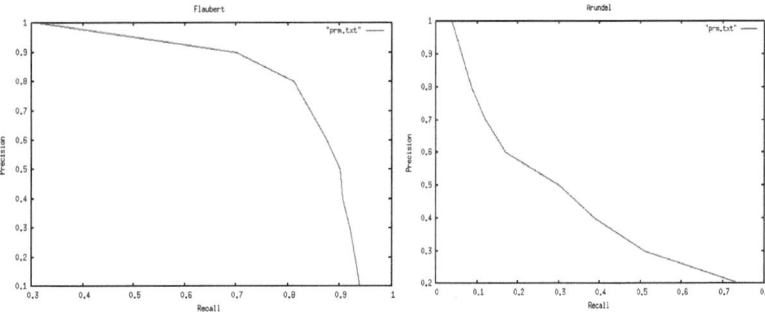

Figure 3.34. Evolution des taux de précision et de rappel pour la base humaniste (gauche) et paléographique (droite) exploitant la similarité de Tversky.

Pour tenter de répondre à la problématique de la classification des styles d'écritures paléographiques, il a été nécessaire de proposer des approches de clustering pouvant soit relever d'approches de classification floue, en offrant la possibilité de pondérer les affectations aux classes de styles, soit s'intéresser au continuum des écritures et des liaisons qu'elles entretiennent les unes avec les autres. Cette dernière approche ne conduit pas à une séparation en styles qui impose une rupture de continuité mais permet d'établir des représentations (des *vues*) qui facilitent l'interprétation. Le Multi Dimensional Scaling (*MDS*) est une technique qui permet de rendre compte à la manière d'une projection dans un plan en deux dimensions (types ACP) du positionnement relatif d'un point avec ses voisins autorisant l'appartenance d'un point à plusieurs regroupements sans pour autant chercher celui dont il est le plus proche. Le *MDS* a été utilisé à des fins de visualisation et d'aide à la décision évitant les écueils de classification (en classes séparables) qui conduisent à la déformation de frontières entre classes voisines par l'affectation de certains points isolés (outliers). Les données ici sont simplement repérées spatialement par leur proximité aux points qui leur sont les plus semblables, la décision ne pouvant pas relever ici d'une attribution stricte, voir figure 3.35.

Figure 3.35. Espace de visualisation en 2D des signatures des écritures de la base médiévale de l'IRHT à partir d'une projection de type MDS (Multi-Dimensional Scaling). Positionnement relatif des écritures rendant compte d'un continuum possible.

La visualisation des projections dans des espaces réduits (généralement à deux dimensions) est un objectif fort en paléographie où il est nécessaire de pouvoir répondre à la fois à la visualisation des données en nombre réduits par sa composante de classification et à la réduction de la dimension de la description. Ces deux objectifs reposent ici dans le cas du *MDS* sur des optimisations de descente de gradients assez sensibles aux données d'initialisations et à l'instabilité du modèle de description mais qui présentent la faculté de converger rapidement en échappant aux minima locaux. Une fonction de coût permet d'estimer les erreurs de projection dans l'espace de visualisation 2D à partir des écarts de distance entre les mesures de similarités initiales (calculées entre les signatures des observations selon le modèle de similarité de *Tversky*) et les distances observées dans l'espace de projection. Afin de préserver les distances concernant le voisinage proche, une pondération est appliquée pour réduire l'impact des erreurs liées aux grandes distances sur la construction de l'espace cible. Il est en effet nécessaire d'éviter les déformations locales qui pourraient induire des interprétations erronées. Des contraintes d'interaction entre les données permettent finalement d'optimiser le placement des données dans l'espace cible. Elles reposent sur des valeurs d'intensités fournies par les distances que les observations ont entre elles dans l'espace d'origine (signature) et l'espace cible (projeté).

DESCRIPTION COMPACTE ET SIMILARITE PERCEPTUELLE. Ce travail est une démonstration de la bonne complémentarité d'une description reposant sur deux dimensions fondamentales de l'écriture : ses orientations en tous points du contour et ses courbures. Cette description permet de fournir à la fois des indications locales sur les relations que les points de l'écriture entretiennent entre eux et des informations globales ramenées à l'ensemble d'une page par accumulation. Ces dimensions semblent désormais faire l'unanimité dans le domaine de la caractérisation des écritures, Bulacu dans [BU-06] les exploite également sous la forme de courbures locales définies par des distributions « *edge hinge* ».

L'analyse globale fournie par l'exploitation de nos signatures permet de rendre compte de l'impression générale laissée par le document. L'espacement entre les lignes, entre les mots, et la présence de formes plus ou moins arrondies et inclinées constituent les critères observables dont les experts paléographes se saisissent pour assimiler les variations graphométriques des écritures. Notons que c'est à la fois la description et la mesure de similarité utilisée qui sont importantes ici et doivent être complémentaires. En particulier, les informations relevées par les mesures de *Tversky* sont performantes car elles tiennent compte à la fois d'une comparaison de propriétés intrinsèques des objets (leurs caractéristiques constituantes en termes d'orientation et de courbure) et la prise en compte de relations que ces propriétés internes entretiennent entre elles.

L'adaptation au style enfin est un élément fort que les approches de reconnaissance doivent intégrer généralement par apprentissage. Cette adaptation, nous avons choisi de l'intégrer lors de l'analyse de la dynamique dans l'exécution des formes écrites. Celle-ci correspond à l'introduction d'a priori sur la façon de construire un ductus, défini comme l'ensemble constitué du nombre, de l'ordre et de l'orientation des différents traits qui constituent une lettre. La notion de trait est donc un élément de base fondamental de la compréhension du style. Cette fois, il convient d'introduire des indications structurelles déduites de la *dynamique* dans la construction des lettres à partir d'une *décomposition* en séquences de graphèmes. Dans les travaux de H. Daher [DA-12], nous nous sommes intéressés à offrir un regard plus local sur l'écriture, sa formation et ses invariances. Les approches par *dictionnaires de formes* que nous avons retenues ont servi à produire une classification ayant pour objectif de regrouper au sein d'ensembles cohérents les formes graphiques issues d'une même geste graphique.

3.3 Approche structurelle et statistique par dictionnaire de formes
Quantification de la fréquence d'apparition des motifs redondants
Thèse d'Hani Daher 2008-2011 dans le cadre de l'ANR Graphem

DYNAMIQUE DE L'EXECUTION ET FREQUENCE DES PATTERNS REDONDANTS. Le style d'une écriture est caractérisé par la présence de formes redondantes distribuées non aléatoirement dans l'écriture. Il est possible de les classifier selon des critères perceptuels spécifiques (rondeur, cursivité, linéarité...) en lien avec leur fréquence d'apparition propre. Deux textes de styles différents peuvent ainsi être décrits avec le même vocabulaire de base contenant l'ensemble des occurrences des formes élémentaires (sacs de mots) et conduisant à un rendu très différent en fonction à la fois des combinaisons locales des mots de ce vocabulaire et de leur fréquence d'apparitions sur la page.

Dans les travaux d'Hani Daher, nous considérons les images de traits comme des motifs organisés selon une forme d'accumulation de graphèmes articulés en points de jonctions ou en points de changements de dynamique (points de « poser-lever »). La notion de graphème est centrale dans ses travaux. Elle est à mettre en relation directe avec l'idée d'une décomposition de l'écriture en petits fragments ou en petites unités qui constituent l'écriture et participent à l'impression générale qui s'en dégage. Cette décomposition a conduit à la génération statistique de codebooks (dictionnaires) de formes pour la reconnaissance des styles, l'identification des scripteurs et le repérage d'occurrences de mots similaires (Word-Spotting). Les diverses techniques développées dans ces travaux ont été inspirées de méthodes empruntées à l'imagerie au sens large exploitant les approches variationnelles pour l'extraction de squelette et des techniques de rehaussement de contraste (décrites au *chapitre 2*) pour le repérage de l'axe médian des traits. La classification des graphèmes pour la formation de dictionnaires de formes repose sur une modélisation par coloration de graphes.

L'approche locale de la caractérisation des écritures développée dans [DA-12] a été conçue pour produire un classement par similarité. Elle constitue une évolution des approches jusqu'ici décrite en paléographie numérique dans le sens où elle apporte des informations nouvelles sur la morphologie fine des écritures et s'intéresse au suivi des mouvements de plume (courbure, épaisseur, direction, etc.). Une attention particulière a été portée à l'étude de certains gestes graphiques (ie : les rebroussements ou « retour en arrière du mouvement de la plume ») qui sont considérés comme des mouvements incompatibles avec la production de l'écrit et la nature des plumes utilisées à ces époques, voir figure 3.36.

Figure 3.36. Ductus et dynamique dans la formation des lettres.

L'approche locale basée sur les codebooks de graphèmes a été exploitée pour des applications d'identification de scripteurs, de classification d'écritures et de word-spotting. Elle a été conçue pour être mise au service de l'expertise paléographique: l'étude de grandes collections manuscrites médiévales, l'aide à la datation ou au repositionnement géographique des extraits. Elle intègre également la possibilité pour les experts en Sciences Humaines de disposer de plusieurs solutions de classification des écritures par une interaction très facilitée avec le système essentiellement autour de la saisie d'une valeur de seuil unique pour paramétrer le classifieur (voir *section 1.2.3* sur la coloration de graphes). Elle offre enfin la possibilité d'un rendu visuel exploitable par la reprojection des étiquettes (ou couleurs) des graphèmes sur les pages d'écritures. Les similarités rendues visibles facilitent la saisie des fragments fréquents. Le choix de dimensions interprétables directement (fréquences des formes élémentaires, densité, compacité, points d'intérêt structurels…) a été réalisé pour faciliter les usages. Il permet ainsi de ramener des informations locales à l'échelle de la page d'écriture toute entière (ou d'un ensemble de pages). Le codebook est donc un ensemble ramenant l'écriture à ses similarités internes *informantes* et *discriminantes* (auto-similarités de formes).

DÉCOMPOSITION EN FRAGMENTS. La décomposition de l'écriture peut se résoudre dans les étapes suivantes:

- La recherche de l'axe médian des traits d'écriture : entre chaque point de poser et de lever d'un trait, tous les points de l'axe médian sont enregistrés dans une liste comprenant leur direction (direction du gradient) et leur épaisseur calculée à partir de la distance de Chamfer pondérée.

- La détermination de points de découpage : les points d'épaisseur minimale (minimum local) sont marqués et proposés comme point de découpage, comme cela est effectivement le cas dans la formation d'un trait (voir figure 3.37). Les deux autres niveaux de découpage concernent les points de jonction (croisement à quatre niveaux d'embranchement) et de bifurcation (à trois branches) reposant sur des variations locales d'intensité lumineuse et d'intensité des valeurs de gradients. C'est l'analyse du profil d'intensité de ces valeurs le long de l'axe médian de chaque trait d'écriture qui détermine ces situations spécifiques, voir figure 3.38.

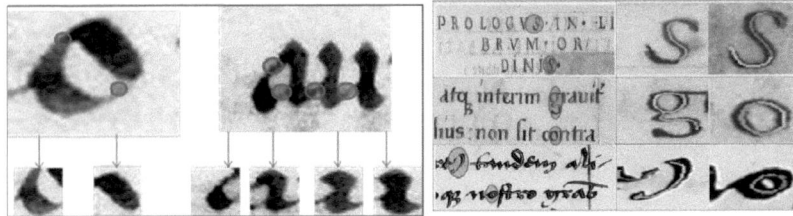

Figure 3.37 Points de décomposition aux points minimaux locaux des traits et séparation en traits de squelette.

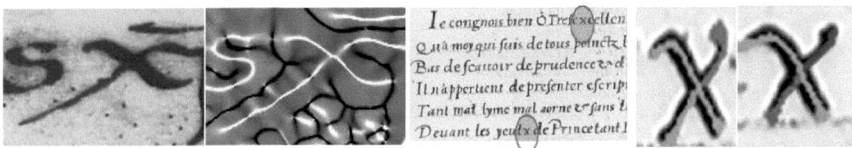

Figure 3.38. Décomposition d'un « X » autour d'une variation dans l'intensité du gradient (gauche). Exemples de décomposition de deux « X » aux points de croisement produisant trois segments

La stabilité de la décomposition est un indicateur à la fois de la qualité des images (absence de dégradation, contraste suffisant…), de leur résolution (estimation de l'axe médian facilitée par une échelle d'analyse bien adaptée au contenu) et du bon paramétrage des méthodes de bas niveau (seuil de luminosité pour la détermination des points de croisement). Les paramètres d'écart type de gaussienne et le nombre d'itérations (pour la diffusion nécessaire à l'extraction de l'axe médian) pour faire converger les directions de gradients sont également fortement liés à la présence de distorsions et de bruits (incluant les phénomènes de dégradation locale de l'encre) ainsi qu'à la complexité des formes. C'est finalement l'étape de squelettisation qui est déterminante dans cette décomposition, comme l'indique la figure 3.39. A lui seul, le squelette contient l'ensemble des informations exploitées sur la topologie des traits (détermination des points de jonctions, des points d'épaisseur, points de bifurcation). Une imprécision de segmentation peut ainsi se répercuter sur la construction du dictionnaire de formes.

Figure 3.39. Variations dans la décomposition d'une lettre « a » sur une même page de manuscrit. Deux à quatre fragments sont nécessaires à sa représentation. Les couleurs sont arbitraires.

DESCRIPTION GLOBALE DES GRAPHEMES : DIMENSIONS GEOMETRIQUES ET INVARIANCES. Initialement, nous produisons une description vectorielle de chacun des graphèmes constituée de trois parties : une partie comprenant des dimensions scalaires essentiellement géométriques, une partie reposant davantage sur des critères morphologiques contenant notamment des dimensions invariantes à l'échelle et la rotation autour des moments de Zernike. Ramené à 59 caractéristiques, ce vecteur intègre donc à la fois des indications géométriques ($\{D_1$=*Hauteur*, D_2=*Largeur*, D_3=*Excentricité*, D_6=*Périmètre*,*)*, de densités locales (D_4=*Densité Globale*, D_8=*Compacité*, D_9 = *9 Densités*,), de directions (D_5= *Direction principale*, D_{10}= *Huit orientations*, D_{11}= *Directions de chaque neuf région d'un pavage régulier*), de morphologie (D_7= *Circularité*, D_{12} = *Moments de Zernike*)}. L'ensemble de ces descripteurs constitue une synthèse assez complète de la description usuellement exploitée sur des fragments manuscrits recouvrant une large diversité de formes, dans l'expression de leur rondeur, leur linéarité, leur taille, leur orientation.

Tous les descripteurs ne présentent pas la même sensibilité au changement d'échelle et à la rotation. Intuitivement pour respecter la diversité des formes et leur signification, l'invariance à la rotation n'est pas nécessairement souhaitée. Il est alors possible de sélectionner spécifiquement les jeux de descripteurs adaptés à l'expression de la sensibilité directionnelle, voir le tableau table 3.3.

Descripteur	*Echelle*	*Rotation*
Hauteur	-	+
Largeur	-	+
Excentricité	+	+
Densité Globale	-	+
Direction	+	-
Périmètre	-	+
Circularité	-	+
Compacité	-	+
9 densités	-	-
8 orientations	+	-
Direction des *9* blocs	+	-
Moments de Zernike	+	-

Table 3.3. Invariance des descripteurs à l'échelle et rotation, [DA-12].

Compte-tenu de la difficulté à faire un choix amont très performant de l'ensemble des *n* descripteurs caractéristiques (2^n combinaisons pour la sélection binaire des *n* caractéristiques et 10^n combinaisons pour les pondérations sur une échelle discrète *[0.1, 0.9])*, c'est une approche mixte de sélection automatique de caractéristiques par algorithme génétique associée à l'étude des optima de classification par coloration de graphes qui nous a permis de faire converger le partionnement de graphèmes en groupes informants révélateurs des redondances spécifiques de chaque type d'écriture.

FORMATION DES DICTIONNAIRES : CLASSIFICATION NON SUPERVISEE PAR COLORATION DE GRAPHES. A travers différents travaux reposant sur la constitution de dictionnaires de formes ou de sacs de mots visuels ([GI-11], [SI-10]), nous avons pu constater que la performance de l'identification de scripteurs (ou classification de styles) dépendait essentiellement de l'étape de construction du dictionnaire. Dans la plupart de ces méthodes, le nombre de classes et leur taille sont des données fixées, cela réduit naturellement la flexibilité du dictionnaire à pouvoir s'adapter à de nouveaux manuscrits. Afin d'offrir plus de flexibilité à l'étape de classification (aucune connaissance a priori sur le nombre exact de classes de graphèmes ni la taille du dictionnaire), nous avons choisi d'introduire une méthode générique de classification non-supervisée basée sur la coloration de graphe où seul un seuil de dissimilarité (de la matrice d'adjacence) est requis. Le nombre de classes est alors conditionné par cette valeur de seuil déterminé automatiquement à partir d'un critère d'optimisation basé sur le calcul de variance intra-classe et de disparité inter-classe défini dans [GA-09]. La construction du codebook repose ainsi sur deux étapes :

- une étape de pondération de caractéristiques permettant de considérer les dimensions les plus discriminantes (portant sur des algorithmes génétiques), et assurant la meilleure disparité inter-classe et la plus petite variance intra-classe.
- une étape de clustering non supervisé reposant sur une coloration de graphe déjà exploité pour l'analyse des structures, [GA-09].

La coloration de graphe est une méthode de classification que nous avons introduite dans les travaux de Djamel Gaceb et présentée en première partie de ce chapitre. A la différence des approches purement hiérarchique de classification où il est nécessaire de procéder à des coupes de l'arbre de classification (dendrogramme) pour produire des partitions possibles, et des approches procédant par partitionnement exclusif, la coloration de graphes offrent beaucoup de flexibilité dans sa version non supervisée où le nombre de classes à découvrir n'est pas fixé a priori. C'est une optimisation de la qualité des partitions résultantes qui conditionne ce nombre. La coloration de graphes s'est avérée plus performantes que la classification avec SVM binaire et clustering par k-means pour la classification de documents selon leur structure. Outre ses performances pour ce type d'application, la coloration a permis d'atteindre une séparation efficace des objets (traits/fragments) sans nécessiter de connaissances a priori sur le nombre de classes et sans avoir besoin de régler les paramètres de classification. Comme nous l'avons évoqué dans les travaux de G. Joutel sur les données manuscrites, cette absence de contraintes liée au fonctionnement du classifieur constitue un atout majeur pour des applications en paléographie.

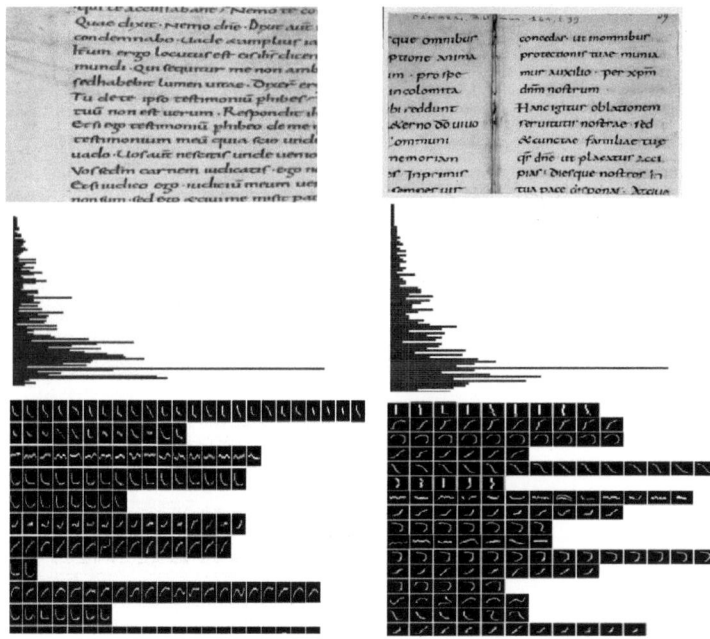

Figure 3.40. Résultat de construction des dictionnaires de formes (complet et extrait) exploitant la coloration de graphes et la pondération de caractéristiques sur deux manuscrits de la base Oxford (gauche) et IRHT (droite).

SELECTION DE CARACTERISTIQUES PAR APPRENTISSAGE. Les approches de sélection de caractéristiques sont généralement utilisées pour améliorer la performance du classifieur, mais ne garantissent pas de fournir une solution exacte optimale (travaux de Chouaib dans [CH-09] et Rafat et Soryani dans [RA-06]). En général, seule une solution quasi-optimale est fournie avec un temps de calcul raisonnable (Sivaraj et al. dans [SI-12]). La classification par coloration de graphes peut être optimisée par un processus de sélection de caractéristiques qui fournit en entrée du classifieur des descripteurs dont ont fait évoluer le nombre à chaque itération. Une sélection automatique du meilleur sous-ensemble de caractéristiques des graphèmes associé au meilleur seuil de classification est proposée par un algorithme génétique, [DA-12]. Seul un seuil de contrôle du calcul des similarités entre un graphème et un cluster représenté par son graphème barycentre (la moyenne des graphèmes du cluster) est exploité par le classifieur. Ce seuil est un paramètre évolutif du modèle de sélection en lien avec le nombre de clusters finaux. Pour la sélection des meilleurs descripteurs, nous avons porté notre intérêt sur les algorithmes génétiques (algorithmes évolutifs) qui peuvent être adaptés efficacement à de grands espaces de recherche, et qui présentent des risques mieux maîtrisés de s'arrêter sur une solution optimale locale que d'autres algorithmes. Les dictionnaires de formes de nos travaux ont été conçus à partir d'une sélection de descripteurs pour chaque manuscrit (chaque graphème étant représenté par un ensemble de caractéristiques) à l'aide d'un algorithme génétique combiné à l'algorithme de coloration de graphe pour déterminer les optima de classification (minimisation des variances intra-classes et maximisation des disparités inter-classes) à chaque itération de la sélection, voir figure 3.41. Dans ce modèle, le risque de rejet des caractéristiques étant considéré comme sévère pour les caractéristiques qui ont un faible pouvoir discriminant, nous avons orienté le processus afin que les caractéristiques les moins discriminantes soient affectées de faibles valeurs de poids (au lieu de disparaître) et les caractéristiques les plus discriminantes de valeurs de poids plus fortes. Le processus d'échanges mutuels entre les modules de sélection et de classification est répété jusqu'à la stabilisation du clustering ou jusqu'à ce qu'un nombre d'itérations maximal soit atteint. Pour chaque page de l'ensemble d'apprentissage conduisant à la détermination des poids des descripteurs, on procède en une estimation à dix passes pour chaque document. La description résultante est alors fondée sur la moyenne des valeurs de poids obtenues à chaque itération.

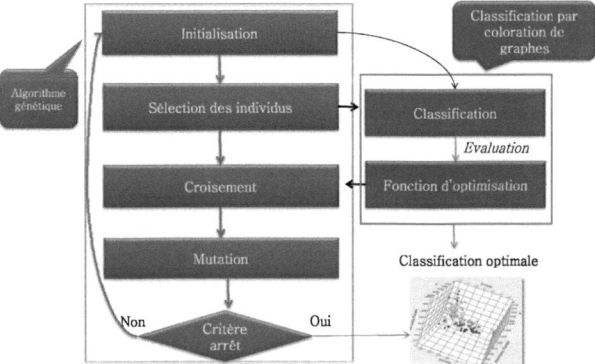

Figure 3.41. Processus coopératif de s élection de caractéristiques et de classification par coloration.

Dans ces travaux deux points de vue ont été adoptés pour la sélection des poids du modèle de description. Le premier concerne une *pondération universelle* considérant les bases d'apprentissage et de validation comme homogène (les écritures même de mains différentes se ressemblent visuellement). Ce premier point de vue permet d'accélérer assez considérablement la recherche en n'exploitant qu'un seul codebook par page estimé à partir d'une pondération unique des descripteurs des graphèmes. L'alternative à ce premier point de vue repose cette fois sur l'hypothèse que la base d'écritures contient des différences notables qu'il faut pouvoir différencier en privilégiant une pondération adaptée au style. Il est donc nécessaire de considérer un apprentissage de ces différents styles et de disposer d'une indication suffisante sur leur nombre et leurs spécificités structurelles. Ce mécanisme est naturellement plus contraignant car il impose de générer autant de dictionnaires que de styles appris pour chaque nouvelle écriture avant d'en déterminer la classe. Dans le cas de la problématique en lien avec une différenciation de styles paléographiques où l'intérêt réside dans la création d'un continuum d'écritures, c'est l'émergence de ces connaissances en lien avec la nature des styles en présence qui est souhaitée et non l'inverse. Aussi est-il nécessaire dans ce cas d'étude, d'introduire un scénario non supervisé traitant identiquement les écritures selon une pondération unique de descripteurs et générant un codebook unique par page. La perspective de création d'un codebook universel (un dictionnaire-modèle unique pour l'ensemble de la base médiévale) a été envisagée. Nous y reviendrons dans les perspectives de cette contribution.

OUTIL DE COMPARAISON DES ECRITURES : NOTION DE SIMILARITE. La notion de similarité prend son origine dans la perception visuelle humaine. Ces considérations physio-psychologiques ont eu une répercussion directe sur la manière dont la similarité a été pensée puis appliquée à des cas concrets au domaine de l'image. Cette notion de similarité est ainsi devenue une mesure calculable entre deux images portant généralement sur la construction de vecteurs résumant l'information visuelle contenue dans chacune d'elle. Le système engagé dans la comparaison des images porte alors sur la mise au point d'une fonction de comparaison dans son espace de caractéristiques, qui joue le rôle de métrique ou de mesure de similarité. Cette fonction ne vérifie pas nécessairement les axiomes des distances, comme nous l'avons vu, en raison des fortes corrélations qu'elle a avec les propriétés du SVH (système visuel humain), qui ne vérifie justement pas ces propriétés, [TV-77]. Nous avons en particulier noté que la propriété de symétrie n'est pas systématique lors de comparaison d'image par le SVH *(Scassellati et al.* [SC-94]*)*. Cela a été exprimé à travers les travaux de G. Joutel lors de la comparaison de signatures. Il en est de même pour l'inégalité triangulaire qui ne rend pas compte de la réalité dans le cas de dissimilarités importantes entre images.

Considérant des dictionnaires de formes de taille variable (les clusters sont déterminés de façon non supervisées sans a priori sur leur nombre), il a été nécessaire d'introduire des similarités spécifiques, adaptatives et permettant de relever les éléments qui font la rareté d'un style, sa spécificité propre. Pour cela, nous avons exploité un spectre assez large de distances considérant différemment les poids des clusters, afin d'estimer le coût global d'un alignement entre deux signatures. Nous avons montré que la prise en compte d'une information contextuelle dans la signature (les clusters pris non indépendamment les uns des autres) permettaient de produire de meilleurs recouvrements. Ces distances ont été évaluées dans un cadre paléographique et appliquées à des benchmarks de compétition, [DA-10].

Étant donné un espace de représentation C_b et des clusters $C = \{C_1,..., C_n\}$ de graphèmes $x_1,...,x_k$ décrivant la décomposition de l'écriture d'une page de texte p_m, le dictionnaire de formes $C_b(p_m)$ est défini comme l'ensemble des regroupements par :

$$C_b(p_m) = \left\{ \left(c_i^m, w_i^m \right), i = 1,...,n \right\}, \text{ où } c_i^m = \frac{\sum_{x \in C_i} x}{|c_i|} \text{ et } w_i^m = \frac{|c_i|}{k}$$

avec k le nombre total de graphèmes dans le dictionnaire de formes, c_i représentant respectivement le centroïde de la classe i et le poids w_i, en lien avec le nombre d'occurrences trouvé. Le dictionnaire C_b (p_m) d'une page p_m représente l'ensemble des centroïdes c_i^m associé à ses poids w_i^m caractéristiques des clusters C_i. La figure 3.42 illustre un dictionnaire de formes complet composé de $n = 25$ regroupements déterminés par l'étape de partitionnement, n étant le nombre chromatique de l'algorithme de coloration de graphes.

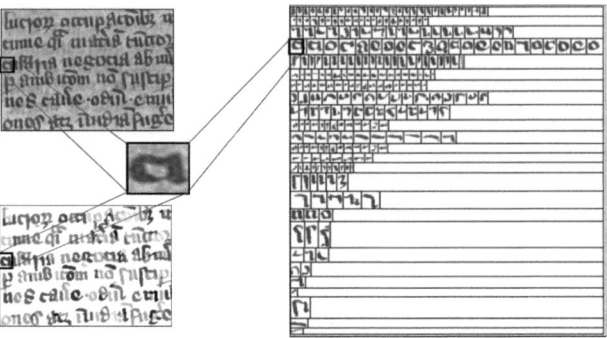

Figure 3.42. Représentation du dictionnaire de formes $C_b(p_m)$ en 25 classes. Extrait d'un document issu de la base paléographique de l'IRHT.

DISTANCES DE HAUSDORFF ET DE HAUSDORFF MODIFIEE. Étant donnés deux dictionnaires de formes C_b (p_m) et C_b (p_k), et une distance d, la distance de Hausdorff HD est définie par :

$$HD\left(C_b(p_m), C_b(p_k)\right) = \max\left\{h(C_b(p_m), C_b(p_k)), h(C_b(p_k), C_b(p_m))\right\} \ \text{où} \qquad \text{(Eq.3.14)}$$
$$h(C_b(p_m), C_b(p_k)) = \max_{c^m \in C_b(pm)} \min_{c^k \in C_b(pk)} \left\{d(c^m, c^k)\right\}$$

Dans cette définition, seuls les centroïdes des classes sont pris en compte et aucune pondération en lien avec la fréquence d'apparition des différentes instances des clusters. La distance de Hausdorff ne tient compte que des extrema locaux (min et max) des signatures de chaque dictionnaire causant une limitation importante dans la considération des contenus intermédiaires, [BE-10]. En tenant compte d'une valeur moyenne portant sur l'ensemble des valeurs minimales en chaque centroïde pour chaque cluster du dictionnaire, au lieu du « *max* des *min* » comme cela est le cas dans la distance h, on évalue plus équitablement les contributions des autres clusters du dictionnaire et on écarte ainsi les valeurs aberrantes. On construit une distance de Hausorff modifiée. Il est possible d'exploiter différents types de distances d (autre que la distance euclidienne).

$$MHD\left(C_b(p_m), C_b(p_k)\right) = \max\left\{h(C_b(p_m), C_b(p_k)), h(C_b(p_k), C_b(p_m))\right\} \ \text{où}$$
$$h(C_b(p_m), C_b(p_k)) = \frac{1}{N}\sum_{i=1}^{N} \min_{j} \left\{d(c_i^m, c_i^k)\right\} \qquad \text{(Eq.3.15)}$$

Cette distance est similaire à la distance de Hausdorff, dans le sens où elle ne prend pas en compte les corrélations entre les données ni l'information globale accessible à partir de la totalité de la structure comme cela est rappelé dans les travaux de Schaefer dans [SC-02].

DISTANCE DE SCHAFER. Pour tenir compte des poids de chaque regroupement et produire un équilibre dans la comparaison des dictionnaires en respectant les fréquences d'apparition des occurrences de graphèmes, on définit la distance de Schaefer comme suit :

$$DPMH \ (C_b(pm), C_b(pk)) = \max \left\{ h(C_b(p_m), C_b(p_k)), h(C_b(p_k), C_b(p_m)) \right\}$$

$$h(C_b(p_m), C_b(p_k)) = \frac{\sum_i w_i^k . \min_j \left\{ \dfrac{d(c_i^k, c_j^m)}{\min(w_i^k, w_j^m)} \right\}}{\sum_i w_i^k} \tag{Eq.3.16}$$

Cette dernière mesure s'inscrit dans la lignée des précédentes en favorisant les minima locaux. Elle isole ainsi certaines parties du dictionnaire de l'analyse finale. Afin d'y remédier, il convient de prendre en compte les liens contextuels au sein de la distribution.

MESURES QUADRATIQUES. Pour cela nous avons introduit la mesure *quadratique* permettant de n'isoler aucune partie du dictionnaire et permettant de conserver la pondération associée à chaque regroupement comme une indication de poids dans ma mesure finale. La distance quadratique DQ est définie par :

$$DQ(cb(p_m), cb(p_k)) = \sqrt{(w_k| - w_m).A.(w_k| - w_m)^T} \tag{Eq.3.17}$$

A est la matrice de similarité qui permettra de pondérer les différences entre les deux dictionnaires de formes. Les $w_k = (w_1^k, ..., w_n^k), w_m = (w_1^m, ..., w_n^m)$ forment les vecteurs de poids calculés associés à chaque cluster du dictionnaire. $(w_k| - w_m) = (w_1^k, ..., w_n^k, -w_1^m, ..., -w_n^m)$ exprime la concaténation de w_k et $-w_m$. La matrice de similarité A qui est déterminée dynamiquement pour chaque comparaison de deux signatures reflète les similarités entre les centroïdes des regroupements des signatures. Les entrées de A dépendent de l'ordre des centroïdes selon lequel ils apparaissent dans le dictionnaire de formes et sont calculées à partir d'une fonction de similarité : $a_{ij} = d(c_i^m, c_i^k)$, avec d fonction euclidienne. Les différences de performances obtenues entre l'ensemble de ces distances nous ont permis de conclure sur la nécessité de considérer *l'ensemble* des données associées à leurs poids respectifs, plutôt qu'une sous-partie liée aux extrema locaux, [BE-10].

RECHERCHE PAR L'EXEMPLE ET PERFORMANCES DES METRIQUES POUR L'ANALYSE DES STYLES. La recherche par l'exemple est un principe simple permettant d'ordonner les images linéairement selon leur degré de similarité par rapport à l'image requête. Les images à ordonner sont traitées en amont du processus et indexées à partir de leur dictionnaire respectif. La construction du dictionnaire individuel repose sur une pondération des descripteurs déterminée sur un ensemble d'apprentissage indépendant des styles. Les indicateurs de performance associés aux valeurs de précision et de rappel sont obtenus directement à partir de la matrice de confusion des réponses pertinentes et non pertinentes retournées (comme illustrée à la table 3.4).

A la différence de la base d'Oxford dont les échantillons ont été sélectionnés avec une véritable certitude de classement et une vérité terrain exploitable (il n'y a pas dans la base d'Oxford de véritable intention de recréer un « continuum d'écritures »), la base de l'IRHT demeure plus difficile à évaluer, du fait notamment de l'existence de classes d'écritures sous représentées (2 ou 3 exemples pour un style) et d'une réalité paléographique plus complexe qui n'est pas conforme aux appariements visuels réalisés à partir d'une description plus bas niveau (comme c'est également le cas pour les travaux de Siddiqi et Joutel également).

	Hausdorff		Schaefer (*Hausdorff modifié*)		Quadratique	
	Précision	*Rappel*	*Précision*	*Rappel*	*Précision*	*Rappel*
Top 5	0,50	0,13	0,91	0,15	0,98	0,3
Top 10	0,40	0,21	0,90	0,25	0,96	0,49
Top 15	0,39	0,30	0,83	0,73	0,89	0,68
Top 20	0,37	0,37	0,77	0,85	0,78	0,80

Table 3.4. Résultats en précision et rappel pour les trois distances sur la base de manuscrits d'Oxford

	Hausdorff		Schaefer (HDM)		Quadratique		Siddiqi et al, [SI-09]		Joutel et al. [JO-08]	
	Précision	*Rappel*	*Précision*	*Rappel*	*Précision*	*Rappel*	*Précision*	*Rappel*	*Précision*	*Rappel*
Top 5	0,3	0,05	0,37	0,04	0,43	0,065	0,6	0,22	0,29	0,03
Top 10	0,2	0,06	0,35	0,06	0,33	0,09	0,5	0,35	0,29	0,07
Top 15	0,18	0,07	0,33	0,09	0,29	0,12	0,44	0,48	0,30	0,10
Top 20	0,17	0,1	0,22	0,18	0,26	0,15	0,42	0,55	0,29	0,15

Table 3.5. Résultats en précision et rappel pour les trois distances et deux approches comparatives sur la base de manuscrits de l'IRHT.

Cette observation rappelle la difficulté à construire un modèle de similarités fiable sur d'uniques indications visuelles. Au demeurant la mesure quadratique proposée par Hani Daher est très performante, elle fournit des taux de rappel de *80%* et de précision de 78% pour les 20 premières images retournées par le système. Sachant que les approches de type C.B.I.R. fournissent un inter-classement d'images qui aura tendance à déformer les regroupements réels (visualisables à travers des projections d'espaces comme le *MDS* qui permettent d'apprécier les zones de similitudes, de différences et d'éventuelles confusions entre écritures), nous n'avons pas pu faire apparaître certaines proximités entre styles fort utiles aux paléographes. La visualisation offerte par le *MDS* aide en effet à établir l'existence de frontières instables ou floues entre classes et à produire une décision qui ne porte pas sur un ordre linéaire uniquement (offert par le résultat du C.B.I.R.) mais sur des positions relatives visualisées en deux dimensions.

PERFORMANCE POUR L'IDENTIFICATION DE SCRIPTEURS. Les dictionnaires de formes ont été conçus pour répondre à une problématique d'appariement d'écritures à partir de critères explicites de dynamique dans la formation des lettres. Les critères de dynamique ont été déduits de l'analyse du ductus qui en paléographie informe sur la formation des mots. Rien ne permettait de déduire leurs performances sur des jeux de données d'écritures modernes, sachant que celles-ci ont été conçues sur des modèles d'exécution des formes totalement différents. Nous avons pu prouver cette généralisation à toute écriture non exclusivement latine par une analyse des performances du moteur d'interrogation sur la base de compétition d'ICDAR 2011, [HA-12]. Cette base porte sur un jeu de données de 26 scripteurs dont les extraits ont été réalisés en différentes langues sur un total de 208 écritures. Les résultats montrent que l'approche par dictionnaires de formes associés à une exploitation de la similarité quadratique se positionne au second rang des dix meilleures approches classées.

Dans notre approche, chaque manuscrit est décomposé en graphèmes en suivant les règles de décomposition développée pour l'analyse des textes médiévaux. Chaque graphème est ensuite caractérisé par un vecteur de *59* caractéristiques et classifié de façon non-supervisée par coloration de graphes selon des groupes homogènes pour former un dictionnaire de formes. Ces dictionnaires sont construits sur une pondération générique déduite d'un apprentissage sur 50 images de la base. La distance entre dictionnaires exploite la mesure quadratique (basée sur les centroïdes des clusters et la prise en compte des pondérations). Deux scénarios ont été exploités: le premier scénario repose sur l'ensemble des images des extraits considérés (toute l'information disponible est traitée avec une moyenne de 6 lignes de texte par extrait) et le second exploite uniquement deux lignes de textes. Dans le premier cas notre modèle de caractérisation associé à la mesure quadratique a occupé respectivement la première et deuxième place au classement pour les évaluations Top-N stricte (toutes les N images de manuscrits les plus similaires sont effectivement écrites par le même scripteur) et top-N souple (au moins une image de manuscrit du même scripteur est comprise dans les N images de manuscrit les plus similaires) toutes langues confondues et la deuxième place au classement sur les extraits réduits.

Ces résultats démontrent expérimentalement le fait qu'au-delà de la spécificité des écritures médiévales, il est possible, sans changer les règles de décomposition, de transposer les mêmes mécanismes à des corpus d'écritures très différents. Nous avons également pu observer que l'existence de règles pour la production des graphèmes était importante : les méthodes procédant en des découpages plus arbitraires (méthode nommée *CS-UMD* dans le Contest ICDAR, [JA-11b]), ou ne respectant pas l'échelle du texte dans le processus d'extraction de mots visuels ne donnent pas de résultats aussi performants. Le respect d'indications d'échelles et de structures est donc très consistant dans ce type de recherche. Le second constat repose sur le fait que les approches basées sur des dimensions directionnelles et sur des informations de courbure estimées à partir des contours (méthodes nommées *ECNU*, *QUQA* et *TEBESSA* dans le contest ICDAR, [LO-11]) sont très concurrentielles et occupent sinon les premières, les secondes ou troisièmes places selon le cas. La pondération des descripteurs pour la construction des dictionnaires a démontré la prédominance des dimensions d'orientations, de courbures et d'invariances morphologiques (moment de Zernike). L'approche par dictionnaire intégrant à la fois une description structurelle issue de la décomposition en graphèmes et directionnelle par le choix de mesures d'orientations locales synthétise ce qui à nos yeux semble constituer les dimensions les plus significatives de l'écriture.

RECONNAISSANCE SUPERVISÉE DE STYLES ET ADAPTATION A L'ECRITURE. La reconnaissance d'une image peut également reposer sur une reconnaissance supervisée à partir de la connaissance de classes pré-existantes (de styles). Au demeurant, pour les bases d'écritures paléographiques, cette tâche de partionnement pour l'apprentissage est fastidieuse car effectuée manuellement. Nous avons ainsi démontré que l'utilisation d'une fonction de pondération unique des descripteurs pour l'ensemble des images de la base offrait des performances équivalentes à l'exploitation de fonctions spécifiques par style connu a priori. Cela est lié à l'existence de règles d'exécution sensiblement identiques entres style conduisant à une production de graphèmes plus stable.

Il convient finalement d'utiliser des dictionnaires de formes représentatifs pour chaque classe de styles lorsque la taille de la base le justifie (>5000 images et > 20 styles différents) et que les différences entre les styles sont suffisamment significatives. Ces dictionnaires de formes spécifiques permettent alors une adaptation renforcée et une reconnaissance plus fine.

3.4 Bilan et perspectives autour de la description des écritures
Une adaptation nécessaire

Dans les images de traits et d'écritures, nous avons fait le constat que les propriétés de structure géométrique à travers les contours ou le squelette et leur ensemble de points caractéristiques sont essentielles. Chaque famille d'images ou parfois même chaque image comporte une combinaison complexe d'informations géométriques et texturées. Une bonne méthode de caractérisation doit donc être capable de prendre en compte cette complexité. Elle constitue la clé d'un bon traitement, [WA-13]. L'adaptation de la description au contenu et à la nature de l'application visée devient nécessaire.

Ma vision de l'analyse de l'écriture porte sur des mécanismes non exclusivement ascendants ou descendants, locaux ou globaux, géométriques ou fréquentiels mais tente d'associer la plus grande diversité possible de descriptions des formes en regardant notamment les relations de voisinage immédiat (formes prises en contexte). Des métriques adaptées (comme la distance de *Tversky*) ont permis de mettre en valeurs les notions de dissimilarités de formes également exploitées pour la classification par coloration de graphe. Les métriques utilisées constituent un pan entier de recherche qu'il faut explorer afin de définir celle qui convient en fonction des caractéristiques mises en jeu (en nombre, diversité, unités) et de l'objectif du classement. Selon le cas, nous avons constaté qu'il n'était pas indispensable de disposer d'une métrique vérifiant l'ensemble des axiomes des distances (cas de la distance de Tversky) et qu'une adaptation au contexte par pondération différenciée était recommandée. Le développement d'approches bayésiennes probabilistes qui exploitent des pondérations spécifiques en rapport avec les fréquences d'apparition de certaines configurations locales pour la reconnaissance attestent ce constat, [BU-06].

GENERALITE SUR L'ADAPTATION DE LA DESCRIPTION AU CONTENU DES IMAGES DE TEXTE.
L'adaptation de la description au contenu peut s'envisager sur plusieurs plans. Il est en effet possible de considérer le problème de l'analyse des écritures sous l'angle de la dépendance de la caractérisation au style d'écriture ou au scripteur en contrôlant les éléments fortement *informants* d'un style (qui décrivent individuellement chaque style) ou *discriminants* entre style (qui facilitent la différenciation entre styles). Ou bien au contraire, on peut s'interroger sur le fait que la méthode se comporte de façon totalement générique non supervisée sans aucune connaissance sur le type d'écritures à analyser. Cela agit en particulier sur l'intérêt d'introduire un apprentissage des modèles de représentation des écritures en définissant des modèles pour chaque description de style prise individuellement (*i.e. pour chaque style* : signatures de référence dans le cas de l'approche par *Curvelets*, fonction de pondération spécifique pour l'approche *Codebook*). On s'oppose ainsi aux mécanismes totalement non supervisés basés sur des mesures et des rangs de similarités uniquement.

Dans nos travaux, nous avons considéré l'adaptation au contenu à plusieurs niveaux:

- Au niveau de l'introduction d'une description multi-échelle : il peut s'agir ici d'une adaptation au contexte selon soit une description nativement multi-échelle (pyramide de descripteurs) mesurant l'influence d'une échelle sur la description des formes (aux échelles supérieures, on peut parler d'une adaptation au style par la quantification d'éléments fréquents), soit une description multirésolution s'adaptant au contexte local d'une forme ou d'un ensemble de formes en faisant varier la taille d'un voisinage, [JO-06, WA-13].
- Au niveau de la sélection de descripteurs et la classification: à travers une coopération entre une approche génétique de la sélection et une classification non supervisée par coloration de graphe guidée par une fonction d'optimisation. Ces dispositions ont été prises pour permettre une meilleure adaptation à la diversité de formes des graphèmes et optimiser le partionnement. A ce niveau méthodologique, on peut rechercher l'adaptation par la combinaison d'approches de la description (et de la classification), parfois même par la mise en compétition de classifieurs.

Dans les travaux que j'ai encadrés, les attributs reposant sur la texture sont essentiellement liés à des notions de courbures et d'orientations (travaux de G. Joutel [JO-09]) qui se sont avérés être fondamentaux dans l'analyse des écritures. Il a également été montré que les approches allographiques (niveau caractères) pouvaient grandement améliorer les performances de la caractérisation en apportant une dimension plus locale dans la description. Une approche mixte combinant les deux points de vue pourrait ainsi offrir une complémentarité de description qui pourrait compenser les lacunes de chacune prise individuellement. Sachant que l'adaptation aux données est un problème par nature difficile, mais nécessaire dans le cas des images de traits et des images d'écritures, il est nécessaire d'envisager des scénarios adaptatifs autour d'une description plus complémentaire. Ainsi, la création d'une description associant à la fois les atouts structurels des dictionnaires de graphèmes et les indications fréquentielles et d'échelles des décompositions géométriques pourraient constituer une adaptation très intéressante des écritures. L'étude de configurations stables, locales et fréquentes, significatives de chaque type d'écriture ou de main, pourrait ainsi être résolue par la création de dictionnaires parcimonieux.

OUVERTURE AUX REPRÉSENTATIONS PAR DICTIONNAIRES ADAPTATIFS. Les travaux portant sur la construction de dictionnaires de graphèmes reposent sur l'idée que chaque type d'écriture doit pouvoir disposer avantageusement d'une description qui lui est propre. La construction des dictionnaires reposant sur un processus de clustering optimal s'y prête très bien. Cette hypothèse de construction adaptative nous a permis de concevoir des applications d'identification des styles par la construction de références pour chaque style connu. L'idée de concevoir un dictionnaire universel permettant d'encoder toutes les variantes de graphies possibles des écritures (issues de corpus hétérogènes) constitue un premier niveau de généralisation dans la construction des dictionnaires. Ce dictionnaire plus large pourrait ainsi être fondé sur une base parcimonieuse constituée de clusters de référence dont on pourrait ne trouver qu'un nombre limité de représentants pour l'extrait analysé.

L'idée du dictionnaire structurel universel ramène ainsi la problématique de l'identification de l'écriture à la création d'une base parcimonieuse de représentation. Des travaux portant sur l'élaboration de dictionnaires sur le plan fréquentiel construits sur des atomes du signal (vus comme des fonctions sélectives en fréquences) ont permis d'approximer le signal contenu dans les images à partir de la somme de coefficients associés à chaque atome de la décomposition. Des travaux dans ce domaine, comme ceux de Mairal dans [MA-08a], ont connu un essor considérable pour le débruitage de signal, la séparation de sources, la représentation de fonctions et la compression. Dans ces travaux, Mairal propose notamment des outils d'indexation d'images à partir de la construction d'une hiérarchie de dictionnaires conçue sur une décomposition multi-échelle. Des modèles d'approximation multi-échelle reposant sur ce principe ont d'ailleurs été proposés dans Aharon et Mairal pour l'indexation d'images, [AH-07], [MA-08a].

L'idée de produire un dictionnaire génératif par familles d'images permettrait de modéliser la diversité fréquentielle du signal d'une famille en ne retenant que les coefficients les plus représentatifs du signal pour en produire une reconstruction approximée (et suffisante). Les différentes variantes fréquentielles présentes dans l'image pourraient ainsi être modélisées à des niveaux de décomposition différents (les atomes du dictionnaire) référençant les informations de positions dans le plan fréquentiel et également l'échelle en lien avec la diversité graphique des traits observés. Une écriture pourrait ainsi se définir comme une fonction d'approximation unique définie dans un frame d'atomes, ou autrement dit une liste de coefficients à travers les échelles de représentation. Chaque atome de la décomposition pourrait ainsi être associé à un coefficient dont on ne retiendrait que les plus élevés pour obtenir une représentation approchée. La recherche des atomes communs entre signaux constituerait ensuite l'enjeu de l'étape de classification liée à un apprentissage des dictionnaires identifiant les coefficients de la décomposition la plus représentative de chaque famille. Ce principe juste énoncé pourrait permettre d'unifier l'approche que nous avons proposée reposant sur les dictionnaires de formes (graphèmes informants) et celle reposant sur la décomposition en Curvelets.

Apprendre un dictionnaire adapté à une famille d'images est une problématique qui a été très abondamment traitée par les communautés spécialisées dans les méthodes d'optimisation et de traitement du signal. D'autres approches, comme les approches bayésiennes ont aussi été explorées mais se heurtent à un problème de paramétrage lourd (forme de la gaussienne, mélange de gaussiennes,…) les rendant moins souples et moins adaptatives lorsque le nombre de degrés de liberté du problème est inconnu. On peut enfin noter qu'il existe avec ce type de décomposition éparse de fortes similarités avec les approches de réduction de dimension, comme l'analyse par composantes principales qui consiste à apprendre les directions principales orthonormales des caractéristiques des données et peut conduire à une simplification acceptable du modèle de représentation.

Le principe soutenant qu'une « *bonne représentation doit être synthétique et n'utiliser que peu de briques élémentaires* » (on parle souvent d'atomes) est un principe qui est en concordance avec les méthodes de caractérisation reposant sur une sélection de descripteurs a *posteriori* (comme les approches procédant par sélection de descripteurs par algorithme génétique par exemple, ou par conservation de ceux qui garantissent la plus grande inertie du système par ACP, [JO-06]) ou a *priori* (par une identification préalable des dimensions caractéristiques, [EG-06]). Les représentations parcimonieuses proposent un cadre théorique très riche pour l'exploitation de l'approximation du signal.

Conclusion générale

Le domaine de l'analyse du document est en pleine évolution ces dernières années. Il connaît en effet un développement spectaculaire soutenu par l'existence de très grands projets de numérisation (*Projets Google Book, Bibliothèque Européenne Europeana, Bibliothèque numérique mondiale,...*). Ceux-ci ont favorisé les rapprochements entre laboratoires de recherche, partenaires industriels et usagers et ont permis de répondre à de nouveaux besoins par des réalisations innovantes dans le domaine de la dématérialisation de documents. Aujourd'hui les avancées technologiques dans la communication des données et l'acquisition mobile d'images ont permis de voir se développer de nouveaux usages sur dispositifs nomades (comme l'aide à la navigation et la recherche, l'accès facilité à l'information, l'annotation et l'enrichissement collaboratifs de données, l'aide à l'identification de documents écrits, l'assistance à leur étude génétique, la reconnaissance de leurs contenus...).

CONTRIBUTIONS A DES PROJETS D'ENRICHISSEMENT. Mon travail de recherche s'est inscrit ces dix dernières années dans cette mouvance, où de nouveaux besoins ont été exprimés en lien avec une volonté de valoriser et d'enrichir ces données en quantité souvent très inégale (de quelques centaines de pages à plusieurs millions d'ouvrages), notamment dans le domaine du patrimoine. Dans ce contexte, j'ai cherché à apporter des contributions à des projets de numérisation considérant le document différemment selon qu'il s'agisse de supports récents (comme les documents nativement numériques imprimés sur lesquels peuvent coexister des informations à la fois textuelles imprimées, des surcharges manuscrites ou autres rajouts comme des biffures, des marques issues de tampons, des traits) ou de données patrimoniales écrites plus anciennes (pour des périodes traversant l'histoire entre le 13ème et le 19ème siècle).

J'ai pu participer à essentiellement 7 grands projets ces dix dernières années traitant des données du patrimoine :

- ACI MADONNE (2003-2006) autour de l'analyse des grandes masses dans les documents imprimés de la Renaissance et les textes manuscrits du Patrimoine,
- ANR CITERE (2008-2011) autour de l'identification des mains et la recherche par similarités de formes dans les correspondances clandestines de l'époque des Lumières,
- ANR GRAPHEM (2008-2011) autour de l'analyse des styles d'écritures dans les manuscrits médiévaux,
- Projet Région « *Montesquieu : 250 ans déjà, pensées et spicilèges* » (2003-2005) autour des manuscrits autographes de Montesquieu et l'identification des mains de ses secrétaires,
- ANR-SHS BOUVARD (2008-2011) autour de l'œuvre posthume Bouvard et Pécuchet de G. Flaubert et l'analyse de son œuvre fragmentaire,
- Projet ISH-LIRIS « *Magasin de Musique* » (2013-2015) autour de la reconnaissance de motifs dans les partitions musicales inédites du 18ème siècle,
- Projet ANR ORIFLAMMS (2013-2016) autour de la mise en place d'outils d'alignement image-transcription et l'analyse des variances allographétique des écritures du Moyen-Age.

et de trois projets plus en lien avec des problématiques d'entreprise :

- Projet de Tri de courriers d'entreprises CESA-VINCI (2006-2009) en lien avec les courriers et les documents administratifs,
- Projet Grand Emprunt PIXL (2012-2014) en lien avec des documents administratifs, formulaires pré-casés et cartes anciennes
- Projet ANR-DIGIDOC (2011-2014) autour de la mise en place d'une chaîne de numérisation « intelligente » et d'un scanner « cognitif » en collaboration avec les sociétés Arkhénum et I2S de Bordeaux.

Ces derniers exemples introduisent des contraintes nouvelles dans les solutions à concevoir, comme la prise en compte de volumes de données importants, d'une circulation de l'information en flux (chaîne de tri), ou encore de contraintes de temps raisonnable ou de temps réel. L'ensemble de ces contraintes permet d'envisager des contributions nouvelles reposant sur des interactions plus systématiques avec l'utilisateur afin d'augmenter l'apport de connaissances externes à un instant données. Quelques uns de nos travaux ont porté dans ce sens avec notamment la prise en compte *d'interactions utilisateurs* expertes avec les spécialistes des écritures du Moyen-Age pour la sélection de descripteurs (l'interaction s'effectuant en lien avec le mécanisme de sélection de caractéristiques). Ces interactions auraient pour finalité d'être généralisées à d'autres niveaux de la chaîne de dématérialisation et de reconnaissance (les travaux de doctorat d'Anh-Khoi NGo-Ho, s'inscrivant dans le cadre du projet ANR Digidoc et portant sur la mise au point d'un modèle d'apprentissage incrémental sur une chaîne de numérisation, s'orientent vers ces pratiques interactives)

POINTS DE VUE DEFENDUS ET PRINCIPALES CONTRIBUTIONS. Dans le contexte du déploiement massif des grandes bibliothèques numériques et de l'instrumentation de corpus spécialisés pour experts en Sciences Humaines et Sociales, les thématiques que j'ai eu à traiter s'articulent autour de la caractérisation robuste des contenus, leur accès selon une modalité essentiellement multirésolution et multi-échelle et leur reconnaissance. L'intérêt que j'ai porté à l'étude de représentations pyramidales est lié à la nécessité d'adapter la reconnaissance à la variabilité des échelles de représentation des données (allant des caractères, aux mots, puis aux lignes et enfin aux blocs de textes) ayant chacune une échelle de représentation caractéristique. Je me suis ainsi intéressée à toute la chaîne de dématérialisation, en cherchant à adapter les traitements selon la nature de l'information rencontrée (*i.e.* : développement d'approches reposant sur la *texture* dans les situations où l'information est très redondante, comme pour l'imprimé, développement d'une analyse de structure *pyramidale* sur les documents fortement hiérarchisés ou standardisés, comme pour les documents administratifs et les courriers d'entreprise, méthode de détection des régions d'intérêt *sans segmentation* et de rehaussement de contraste conditionnée par la présence de structures locales particulières dans les situations où la présence de dégradations est importante).

Dans le domaine de la reconnaissance des formes, on est souvent confronté à la problématique de la reconnaissance d'une information *dégradée*, qu'il s'agisse d'une dégradation inhérente à l'image (présence d'une tâche, transparence, fragilité du support) ou d'une dégradation induite par une représentation en version dégradée de l'image originale (résolution insuffisante, sous-échantillonnage, problème d'illumination, déformation géométrique, normalisation aveugle…). Dans la littérature, de nombreux travaux portent sur une analyse des images robustes aux dégradations. La plupart de ces approches font appel à des processus de normalisation des contenus et de restauration considérant l'image identiquement sur toute sa surface. Sachant que ces deux processus sont bien connus pour être des problèmes généralement mal posés et très coûteux en temps de calcul, une bonne alternative à la résolution d'un problème de reconnaissance en contexte potentiellement dégradé consiste à traiter différemment l'information rencontrée (fond/ forme/bruit) lors de son prétraitement et d'établir une description robuste et discriminante à sa variabilité interne (variance d'échelles, de qualité). La pertinence de la description est donc centrale. J'ai proposé d'y contribuer à travers l'introduction de mécanismes adaptés de sélection et de combinaison de descripteurs, [JO-06], [HA-12], [WA-13]), en veillant à privilégier des indicateurs plutôt visuels en relation avec une réalité « palpable » accessible à des experts usagers (des Sciences Humaines) pour qui les solutions se destinent. Le choix d'une description à la fois locale et globale a été retenu afin de compenser l'absence d'une échelle unique de représentation dans les images de documents. Par conséquent, compte tenu des choix réalisés, il a été parfois nécessaire de comparer les descriptions entre objets (comme les fragments d'écritures) avec des similarités « non métriques » introduites pour rendre les appariements réalistes (comme la distance de *Tversky* non symétrique établie sur les signatures d'écriture resposant sur les Curvelets) et permettant de compenser l'absence d'un très grand nombre de descripteurs. Concernant les écritures, j'ai également pris le parti de privilégier des dimensions permettant aussi bien de caractériser que de reconstruire : les orientations dominantes se sont ainsi avérées être des indicateurs très performants à la fois pour la reconstruction des formes (en conservant les plus significatives seulement) que pour la caractérisation (dimension accessible à plusieurs niveaux d'échelle à partir d'une analyse par bancs de filtres de Gabor, par transformées en Curvelets ou polynomiales de Hermite). L'information corrélée de courbure s'est également illustrée comme indicateur performant pour le clustering d'écritures.

Tout processus de reconnaissance intègre classiquement une étape de description et de sélection de caractéristiques suivi de leur exploitation par des classifieurs. Ceux-ci sont généralement associés à une étape d'apprentissage mise en place pour entraîner le système à reconnaître certaines classes de données et les labelliser. Parfois le modèle de reconnaissance autorise également une interaction avec l'utilisateur afin de propager des connaissances externes que le système ne peut pas générer seul. Un modèle de reconnaissance est par principe dédié à une résolution spécialisée, c'est la raison pour laquelle chaque nouveau problème de dématérialisation constitue un défi majeur d'adaptation aux données et aux usages. L'ambition de produire des modèles de reconnaissance génériques n'est pas réaliste, d'une part parce que les données doivent être considérées différemment selon leur dimensionnement (dimension des observations du système), leur qualité (données bruitées), et les objets qu'elles désignent (textes, graphiques, dessins, écritures…), et d'autres part parce que les usages pour lesquels on dédie l'application conditionne la façon de les décrire et de les interpréter (cas de la paléographie digitale par exemple). Pour les étapes décisionnelles du système, nous avons cependant proposé une méthodologie générique et adaptable à différentes situations de clustering et de classification (supervisée ou non). Elle repose sur un mécanisme de *coloration de graphe* qui s'est avéré très adapté à la manipulation d'objets issus du document toute échelle confondue (connexité, bloc de texte, éléments graphiques, logos, tampons, dessins). Améliorer la décision d'un système revient à pouvoir faire coopérer les différentes étapes décisionnelles (des premiers traitements appliqués aux objets connexes à l'étiquetage des zones recherchées). L'introduction de la théorie des graphes pour la classification et l'apprentissage (jusqu'alors inédite au domaine de la segmentation, l'analyse de structure des documents, la localisation des régions d'intérêt et la catégorisation de documents) a été une contribution importante de nos travaux, [GA-09].

Afin de rendre une description plus robuste et de décloisonner l'analyse des éléments de contenus pris isolément les uns des autres, je pense qu'il est nécessaire de tirer profit des interactions que les données ont spatialement entre elles (et qui agissent comme des influences contextuelles locales). Des descripteurs comme le *contexte de forme* est un exemple très bas niveau de ce type d'interactions, [WA-13]. Il conviendrait de le généraliser à des informations ne portant pas uniquement sur la luminance ou les variances de couleurs (informations structurelles, morphologiques éventuellement issues d'autres modalités comme linguistiques). Tenter de franchir le gap entre une information bas niveau et une information sémantique constitue un défi important qui devrait faciliter la mise au point d'outils de transcription assistée pour des textes dont les OCR sont inadaptés. De nouvelles approches de la reconnaissance augmentant l'adaptation aux données (en augmentant les interactions avec les experts des domaines et en tirant profit des connaissances approfondies qu'ils ont de leurs données) pourraient aider à combler une partie de ce fossé sémantique. Des travaux portent déjà sur ces thématiques et doivent être renforcés.

Enfin, dans le domaine de la dématérialisation, la question relative au dimensionnement des données devient rapidement sensible. Comment s'intéresser aux données sans se préoccuper de leur nombre et leur occupation mémoire ? Il convient alors d'imposer de structurer les grands corpus de documents pour accélérer les recherches, faciliter la navigation et éviter les parcours exhaustifs de leurs espaces de représentation. S'intéresser préférentiellement aux données pertinentes, les résumer et les structurer devient parfois nécessaire pour atteindre des gains de temps permettant leur bonne exploitation.

Je tiens à rappeler que travailler aux interfaces avec les sciences humaines constitue une expérience riche mais difficile. La volonté de produire des prototypes opérationnels de soutien à l'expertise des chercheurs d'autres disciplines permet de maintenir un regard nouveau sur ses propres objets d'étude faisant du document un objet à la « réalité toujours augmentée » par un croisement enrichissant de savoirs.

Références

[AC-98]S.T. Acton, Multigrid anisotropic diffusion. IEEE Trans. Image Process. Vol 7(3), pp. 280-291, 1998.

[AD-00]S.Adam, J-M.Ogier, C.Cariou, R.Mullot, Jacques Labiche, Joël Gardes, Symbol and character recognition: application to engineering drawings, in IJDAR vol.3, n°2, pp. 89-101, 2000.

[AH-07]M. Aharon, M. Elad, Sparse and Redundant Modeling of Image Content Using an Image-Signature-Dictionary, SIAM J. IMAGING SCIENCES , vol.1, n°3, pp.228-247, 2007.

[AL-07]A. Al-Dmour, R.A. Zitar, Arabic writer identification based on hybrid spectral- statistical measures, Journal of Experimental & Theoretical Artificial Intelligence, vol. 19(4), pp. 307–332, 2007.

[AL-08]S. Al-Ma'adeed, E. Mohammed, D. AlKassis, F. Al-Muslih. Writer identification using edge-based directional probability distribution features for Arabic words, in proc. Of IEEE/ACS International Conference on Computer Systems and Applications (AICCSA), pp.582-590, 2008.

[AN-03]J-P Antoine et R. Murenzi : Two-dimensional directional wavelets and the scale-angle representation. Conference series - Institute of physics, vol.173, pp.899–904, 2003.

[AR-13]D. Arabadjis, F. Giannopoulos, C. Papaodysseus, S. Zannos, P. Rousopoulos, M. Panagopoulos and C. Blackwell, New Mathematical and Algorithmic Schemes for Pattern Classification with Application to the Identification of Writers of Important Ancient Documents, Pattern Recognition, Volume 46 Issue 8, pp.2278-2296, 2013.

[AT-11]V. Atanasiu, L. Likforman-Sulem, N.Vincent, Writer Retrieval - Exploration of a Novel Biometric Scenario Using Perceptual Features Derived from Script Orientation, in proc.of ICDAR'11, pp. 628-632, 2011.

[AY-01]A. Ayache. Some methods for constructing nonseparable, orthonormal, compactly supported wavelet bases. Applied and Computational Harmonic Analysis, vol.10(1), pp.99–111,2001.

[AY-06]V Arsigny, P Fillard, X Pennec, N.Ayache. Log-Euclidean Metrics for Fast and Simple Calculus on Diffusion Tensors. Magnetic Resonance in Medicine, vol. 56(2), pp.411-421, 2006.

[BE-02]S. Belongie, J. Malik, J. Puzicha. Shape matching and object recognition using shape context, IEEE Transactions on Pattern Analysis and Machine intelligence, vol.24, n.24, pp.509-522, 2002.

[BE-05]A. Bensefia, T. Paquet, L. Heutte, A Writer Identification and Verification System, in Pattern Recognition Letters, vol. 26, no. 10, pp. 2080-2092, 2005.

[BE-10]C. Beecks, M. Uysal, T.Seidl, A Comparative Study of Similarity Measures for Content-Based Multimedia Retrieval, in ICM, pp. 1552-1557, 2010.

[BE-13]D. Bertolini, L.S. Oliveira, E. Justino, R. Sabourin. Texture-based descriptors for writer identification and verification, Expert Systems with Applications, pp.2069–2080, 2013.

[BI-09]V. Bismuth, L. Vancamberg et S. Gorges. A comparison of line enhancement techniques: applications to guide-wire detection and respiratory motion tracking. In SPIE - The International Society for Optical Engineering, Vol. 7259, p. 72-91, USA, 2009.

[BI-12]A-L Bianne-Bernard, F.Menasri, L.Likforman-Sulem, C. Mokbel, C. Kermorvant, Variable length and context-dependent HMM letter form models for Arabic handwritten word recognition. In proceedings of Document Recognition and Retrieval Conference, XIX. Proceedings of the SPIE, Volume 8297, pp. 2012.

[BL-07]V.Blankers, R.Niels, L.Vuurpijl. Writer identification by means of explainable features: shapes of loop and lead-in strokes. In Proceedings of the 19th Belgian-Dutch Conference on Artificial Intelligence (BNAIC'2007), pp. 17-24, 2007.

[BO-01]V. Bojarshinov, Edge and total coloring of interval graphs. Discrete Applied Mathemat-ics, Publisher: Elsevier, vol.114, n°1, pp. 23-28, 2001.

[BO-05]L. Boubchir, J. Fadili. Multivariate statistical modeling of images with the curvelet transform. In Proc. of IEEE ISSPA'2005, the IEEE International Conference on Signal Processing and Its Applications, pp. 747–750, 2005.

[BO-89]C. Bonnet, Ghiglione, R. Traité de psychologie cognitive. Paris : Dunod, 289p, 1989.

[BO-91]C. Bonnet, Dresp, B. Psychophysique de l'extraction des contours en vision humaine. Reconnaissance de Formes et Intelligence Artificielle, RFIA'91, Villeurbanne, vol.3, pp.527-532, 1991.

[BR-03]S. Bres, JM Jolion, F. Lebourgeois,Traitement et analyse des images numériques, Hermès, 412 p., 2003.

[BR-06a]S.Bres, V. Eglin, C. Volpilhac - Auger. Evaluation of Handwriting Similarities Using Hermite Transform. Dans IWFHR, IRISA Rennes, ed. La Baule. Lecture Notes in Computer Science, Springer Berlin/Heidelberg, pp. 664-673, 2006.

[BR-06b]E. Bretin, Nonlinear approximation with generalized curvelet, Poster in WavE'06, Lausanne, 2006.

[BR-11] A. Brink, Robust and applicable handwriting biometrics, PhD thesis University of Groningen, December, 220p., 2011.

[BR-11]A. Brink, R.M.J. Niels, R.A. van Batenburg, C.E. van den Heuvel,L.R.B. Schomaker, in Pattern Recognition Letters, Volume 32, Issue 3, pp. 449–457, 2001.

[BR-12] A. Brink, J. Smit, M. Bulacu, and L. Schomaker, "Writer identification using directional ink-trace width measurements." Pattern Recognition, vol.45, pp.162-171, 2012.

[BR-93] J-J Brault, R.Plamondon. A complexity measure of handwritten curves: modeling of dynamic signature forgery. IEEE Transactions on Systems, Man, and Cybernetics vol. 23(2), pp. 400-413, 1993.

[BR-94] S. Bres, Contributions à la quantification des critères de transparence et d'anisotropie par une approche globale. Application au contrôle de qualité de matériaux composites. Thèse sci. : INSA de Lyon, 231p., 1994.

[BU-05a]M. Bulacu, L. Schomaker, A comparison of clustering methods for writer identification and verification, ICDAR, Vol. 2, pp. 1275 – 1279, 2005.

[BU-05b]A.Busch, W.W. Boles, S.Sridharan, Texture for Script Identification, IEEE Transactions on Pattern Analysis and Machine Intelligence archive Volume 27 Issue 11, Page 1720-1732, 2005.

[BU-06]M.Bulacu, L. Schomaker, Combining multiple features for text-independent writer identification and verification, in Proceeding of IWFHR, pp. 281-286, 2006.

[BU-07a]M. Bulacu, L. Schomaker, Automatic handwriting identification on medieval documents, in: Proceedings of 14th International Conference on Image Analysis and Processing (ICIAP 2007), IEEE Computer Society, pp. 279–284, 2007.

[BU-07b]M. Bulacu, L. Schomaker, Text-independent writer identification and verification using textural and allographic features, IEEE Transactions on Pattern Analysis and Machine Intelligence (PAMI) 29 (4), pp.701–717, 2007.

[BU-11]L.Burnard, N.Dardenne, S.David, M.Jacobson (Archives de France), S.Kilouchi, JL Pinol, S. Pouyllau, R. Walter, Le guide des bonnes pratiques numériques ,Version 2 , 37p., Guide produit par le TGE Adonis, 2011.

[CA-00]E.J. Candès and D. L. Donoho, "Curvelets—A surprisingly effective non adaptive representation for objects with edges," in Curves and Surface Fitting, A. Cohen, C. Rabut, and L. L. Schumaker, Eds.Nashville, TN: Vanderbilt Univ. Press, pp. 105–120, 2000.

[CA-02]E.J. Candès and F. Guo, "New multiscale transforms, minimum total variation synthesis: Applications to edge-preserving image reconstruction," Signal Process., vol. 82, no. 11, pp. 1519–1543, 2002.

[CA-04]E.J. Candès and D. L. Donoho, "New tight frames of and optimal representations of objects with piecewise singularities," Commun. Pure Appl. Math., vol. 57, no. 2, pp. 219–266, 2004.

[CA-06] E. J. Candès, L. Demanet, D. L. Donoho, and L. Ying, "Fast discrete curvelet transforms," Multiscale Model. Simul., vol. 5, no. 3, pp.861–899, 2006.

[CA-12]J. Camillerapp, Utilisation des points d'intérêt pour rechercher des mots imprimés ou manuscrits dans des documents anciens. In Conférence Internationale sur l'Ecrit et le Document, Pages 163-178, 2012.

[CA-86]J. Canny : A computational approach to edge detection. IEEE Transaction on Pattern Analysis and Machine Intelligence, 8(6), pp.679-698, 1986.

[CA-92]F. Catté, P. L. Lions, J. M. Morel, and T. Coll, "Image selective smoothing and edge detection by nonlinear diffusion," SIAM J. Numer. Anal., vol. 29, no. 1, pp. 182–193, 1992.

[CA-96]S. Carlsson. Projectively invariant decomposition and recognition of planar shapes, International Journal of computer vision, vol.14, pp. 193-209, 1996.

[CH- 05]V. Chappelier, Codage progressif d'images par ondelettes orientées, thèse de doctorat, Traitement du signal et télécommunications : Rennes 1, 220 pages, 2005.

[CH-06]C. Chatelain, G. Koch, L. Heutte, and T. Paquet, "Une methode dirigee par la syntaxe pour l'extraction de champs numeriques dans les courriers entrants," revue Traitement du Signal, vol. 23, iss. 2, pp. 179-198, 2006.

[CH-09]H. Chouaib, N. Vincent, F. Cloppet, S. Tabbone. Generic Feature Selection and Document Processing, in Proceedings of ICDAR'09, pp. 356-360, 2009.

[CH-96]D. Chetverikov, J. Liang, J. Komuves, RM Haralick, Zone classification using texture features, Proceedings of THE 13th International Conference on Pattern recognition, vol.3, pp.676-680, 1996.

[CH-96]D. Chetverikov, J. Liang, J. Komuves, RM Haralick. Zone classification using texture features, in Proceedings of THE 13th International Conference on Pattern Recognition, vol.3, pp.676-680, 1996.

[CH-98]G. Chen, A. Gyarfas, R.Schelpp. Vertex colorings with a distance restriction. Discrete Mathematics, n.191, pp.65–82, 1998.

[CH-98]S. S. Chen, D. L. Donoho, and M. A. Saunders. Atomic decomposition by basis pursuit. SIAM J. Sci. Comput., 20(1), pp.33-61, 1998.

[CO-03]A. Cohen, Numerical analysis of wavelet methods, Elsevier, 2003.

[CO-11]A. Cohen, sur la route des ondelettes, SMF- Gazette, 30p., 2011.

[CO-93]A. Cohen, I. Daubechies. Non-separable bidimensional wavelet bases. Revista Matematica Iberoamericana, vol. 9(1), pp.51–137, 1993.

[CR-84]J.L. Crowley, RM Stern. Fast Computation of the Difference of Low-Pass Transform. IEEE Transactions on Pattern Analysis and Machine Intelligence, vol.6, pp.212-222, 1984.

[DA-10]H.Daher, D.Gaceb, V.Eglin, S.Bres, N. Vincent, Ancient handwritings decomposition into graphemes and codebook generation based on Graph coloring, Frontiers in Handwriting Recognition (ICFHR), pp.119-124, 2010.

[DA-11]H. Daher, DJ. Gaceb, V. Eglin, N. Vincent, S. Bres, Genetic Algorithm for Features Weighting and Automatic Parametrizing of the Classification Algorithm for Graphemes. Dans

International Conference on Image Processing, Computer Vision, and Pattern Recognition, Las Vegas, Nevada, USA, pp. 614-620,2011.

[DA-12] H. Daher, DJ. Gaceb, V. Eglin, S. Bres, N. Vincent, Unsupervised categorization method of graphemes on handwritten manuscripts: application to style recognition. Dans 19th Document Recognition and Retrieval Conference, DRR, SPIE, pp. 1-8, 2012.

[DA-78]L.Davis, SA. Johns, JK. Aggarwal, Texture Analysis Using Generalized Co-Occurrence Matrices. IEEE Trans. on Pattern Analysis and Machine Int., vol. 1, n°3, pp.251-259, 1978.

[DA-92]I. Daubechies, Ten Lectures on Wavelets, SIAM, Philadelphia, PA, 1992.

[DE-06]M. Descoteaux, E. Angelino, S. Fitzgibbons, R. Deriche, Apparent Diffusion Coefficients from High Angular Resolution Diffusion Images: Estimation and ApplicationsMagnetic Resonance in Medicine Volume 56, Issue 2, pp. 395-410, 2006.

[DE-94]O. Déforges, D. Barba, A fast multiresolution text-line and non text line structures extraction and discrimination scheme for document image analysis, ICPR 94, Pages: 134-138, 1994.

[DE-95]O. Déforges, Segmentation robuste d'images de documents par une approche Multirésolution. Conception et validation d'une architecture parallèle dédiée. Thèse sci. : université de Nantes, 280p., 1995.

[DO-03]M.N. Do, M. Vitterli, Contourlets, in beyound Wavelets. New York : G. V. Welland ed, Academic press, 2003.

[DO-99]D.L. Donoho. Wedgelets : Nearly minimax estimations of edges. Annals of Statistics, 27(3) :859–897, 1999.

[DR-95]D. Drivas, A. Amin, Page segmentation and classification utilising a bottom-up approach, Document Analysis and Recognition, ICDAR.1995, Pages : 610 - 614 vol.2.

[EF-03]B. Effantin, H. Kheddouci, The b-chromatic number of power graphs, DMTCS 2003, vol.6, pp. 45-54, 2003.

[EF-06]B. Effantin, H.Kheddouci, a distributed algorithm for a b-coloring of a graph, In proc. Of IEEE ISPA'2006, 2006.

[EG-97]V. Eglin, H. Emptoz. Logarithmic Spiral Grid and Gaze Control for the Development of Strategies of Visual Segmentation on a Document. Proceedings of the International Conference on Document Analysis and Recognition, Ulm (Germany), pp.689-692, 1997.

[EG-98a]V. Eglin, S. Bres, H. Emptoz, Printed Text featuring using visual criteria of legibility and complexity. Proceedings of the 14the International Conference on Pattern Recognition, Brisbane (Australie), pp.942-944, 1998.

[EG-98b]V. Eglin, Analyse de la structure fonctionnelle des documents: contribution à l'exploration visuelle pour la compréhension des contenus, thèse de doctorat, Insa de Lyon- Université de Lyon, 289p., 1998.

[EG-04a]V. Eglin, S. Bres, C.J Rivero-Moreno, Multiscale handwriting characterization for writers, classification. Dans DAS: Document Analysis System VI, S. Marinai, A. Dengel ed. Florence, Italy. pp. 337-341. Lectures Notes in Computer Science - LNCS 3163. Springer-Verlag . ISSN 0302-9743, 2004.

[EG-04b]V.Eglin, C. Volpilhac-Auger, Caractérisation multiéchelle des tracés manuscrits en vue de la catégorisation de scripteurs, CIFED, pp.33-42, 2004.

[EG-04c]V. Eglin, S. Bres, Analysis and interpretation of visual saliency for document functional labeling. Int. J. Doc. Anal. Recognit, 2004, vol7, n°1, pp.28-43, 2004.

[EG-05]V. Eglin et A. El Abed, « Frequencies Decomposition and Partial Similarities Retrieval for Patrimonial Handwriting Documents Compression », in Proceedings of the 8th International

Conference on Document Analysis and Recognition, vol. 2, 2 vol., IEEE Computer Society, 2005, p. 996-1000.

[EG-06a]V. Eglin, F Lebourgeois, S. Bres, H. Emptoz, Y. Leydier, I. Moalla, F Drira. Computer assistance for Digital Libraries: Contributions to Middle-ages and Authors'Manuscripts exploitation and enrichment., dans Second IEEE International Conference on Document Image Analysis for Libraries(DIAL2006), Lyon, France. pp. 265-280. ISBN 0-7695-2531-4, 2006.

[EG-06b]V. Eglin, Approches perceptives et cognitives en analyse automatique d'images de documents, Technique et Sciences Informatiques, vol. 25/4 - 2006 - pp.523-551, 2006.

[EG-07]V. Eglin, S. Bres, C.J Rivero-Moreno, Hermite and Gabor transforms for noise reduction and handwriting classification in ancient manuscripts. IJDAR 9(2-4), pp.101-122, 2007.

[EG-11]V. Eglin, DJ. Gaceb, H. Daher, S. Bres, N. Vincent. Outils d'analyse de la dynamique des écritures médiévales pour l'aide à l'expertise paléographique. Revue Document Numérique 14(1):81-104, Lavoisier, 2011.

[EI-04]L.F.Eiterer, J.Facon, D.Menoti, Postal envelope address block location by fractal-based approach, Computer Graphics and Image Processing, 17th Brazilian Symposium, IEEE, 2004, Pages: 90 – 97, 2004.

[ES-00]F. Esposito, Machine learning for intelligent processing of printed documents. J. Intell. Inf. Syst, pp. 175-198, 2000.

[EY-11]L. Eynard, V. Malleron, H. Emptoz. A framework to improve digital corpus uses: image-mode navigation. Dans Document Recognition and Retrieval XVIII , SPIE ed. San Francisco, p.1-10, 2011.

[FA-96] J. Favata, G. Srikantan, A Multiple Feature/Resolution Approach to Hand printed Digit and Character Recognition,‖ Int'l J. Imaging Systems and Technology, vol. 7, pp. 304-311, 1996.

[FA-98]J.C. Faugère, F. Moreau de Saint-Martin, and F. Rouillier. Design of regular non separable bidimensional wavelets using Gröbner basis techniques. IEEE Trans. Signal Process., vol. 46(4), pp.845–856, Apr. 1998.

[FR-00]T. Frechet, N. Vincent, Mesure du contraste par analyse fractale : du texte en niveaux de gris, a la ligne, CIFED'00, Colloque International Francophone sur l'Ecrit et le Document, pp 91-100, 2000.

[FR-03]K. Franke, L. Schomaker, C. Veenhuis, C. Taubenheim, I. Guyon, L. Vuurpijl, M. van Erp, and G. Zwarts. WANDA: A generic framework applied in forensic handwriting analysis and writer identification. In A. Abraham, M. Koppen, and K. Franke, editors, International Conference on Hybrid Intelligent Systems (HIS'03), pages 927–938, Melbourne, 2003.

[FR-05]K. Franke, The influence of physical and biomechanical processes on the ink trace: Methodological foundations for the forensic analysis of signatures, Université det Groningen, PhD Thesis, 267p., 2005.

[FR-98]A.F. Frangi, J.W Niessen, L. K Vincken, MA Viergever, Multiscale vessel enhancement filtering. In Medical Image Computing and Computer-Assisted Intervention-Miccai, Vol. 1496.pp.130-137, 1998.

[GA-05]D. Gaceb, Extraction de similarités de formes dans les images de traits, Contribution à la compression sans perte de documents manuscrits du patrimoine, Mémoire de master, 30 pages, laboratoire LIRIS, Université de LYON, France, 2005.

[GA-07a]D. Gaceb, V. Eglin, F Lebourgeois, H. Emptoz, Application of graph coloring in physical layout segmentation. Dans International Conference on Pattern Recognition (ICPR 2008), IEEE ed. Tampa, Floride, USA. pp. 1-4, 2008.

[GA-07b]D. Gaceb, V. Eglin, F Lebourgeois, H. Emptoz A New Pyramidal Approach for the Address Block Location Based on Hierarchical Graph Coloring. Dans The International Conference on Image Analysis and Recognition (ICIAR 2007),Springer Berlin / Heidelberg ed. Montreal, Canada. pp. 1276-1288. Lecture Notes in Computer Science, 2007.

[GA-08]D. Gaceb, V. Eglin, F Lebourgeois, H. Emptoz. Physical Layout Segmentation of Mail Application Dedicated to Automatic Postal Sorting System, in proc. Of the Eighth IAPR International Workshop on Document Analysis Systems (DAS), IEEE Computer Society ed. Nara Prefectural New Public Hall, Nara, Japan. pp. 408-414, 2008.

[GA-09]D. Gaceb, Contributions au tri automatique de documents et de courrier d'entreprises, Thèse doctorat : informatique : Lyon, INSA, 256p., 2009.

[GA-10]J.Galbally, J.Fiérrez, M.Martinez-Diaz, J.Ortega-Garcia, R.Plamondon, C.O'Reilly, Kinematical Analysis of Synthetic Dynamic Signatures Using the Sigma-Lognormal Model. ICFHR 2010, pp. 113-118, 2010.

[GA-11]D. Gaceb, V. Eglin, F Lebourgeois, Classification of business documents for real time application. In Journal of Real-Time Image Processing , Springer New York, LCC, USA, pp.03-31, 2011.

[GA-13a]D. Gaceb, V. Eglin, F Lebourgeois, A New Mixed Binarization Method Used in A Real Time Application of Automatic Business Document and Postal Mail Sorting, IAJIT, vol 2, pp.1-8, 2013.

[GA-13b]D. Gaceb, F. Lebourgeois, J. Duong, Adaptative Smart-Binarization Method for Images of Business Documents, dans International Conference on Document Analysis and Recognition, IEEE ed. Washington, USA.pp. 1-5, 2013.

[GA-83]A. Gagalowicz, Vers un modèle de textures , thèse d'état, 351 p., 1983.

[GI-11]T.Gilliam, Writer identification in medieval and modern handwriting, Thèse de doctorat, Université de New york, 228p, 2011.

[HA-11]R. Hanusiak, LS. Oliveira, E. Justino, R. Sabourin, Writer verification using texture-based features. International Journal on Document Analysis and Recognition, vol.15(3), pp. 213–226, 2011.

[HA-79]R.M. Haralick, Statistical and structural approaches to texture. IEEE Transactions on Pattern Analysis and Machine Intelligence, vol.67, n°5, pp.786-804, 1979.

[HE-00]Z. He, X. You, Y.Y. Tang, Writer identification of Chinese handwriting documents using hidden Markov tree model, Pattern Recognition Journal 41, 1295–13072008- 06-15, 2008

[HE-98]P. Héroux, E. Trupin, Classification method study for automatic form class identification, the 14th International Conference on Pattern Recognition, Australia, pp. 926-929, 1998.

[HI-01]A. Hilton, T.Slivnik, D.Stirling, Aspects of edge list-colourings. Discrete Mathematics, 2001, vol.231, pp.253-264.

[HU-05]M. Huanfeng, D. Doermann, Font identification using the grating cell texture operator. DRR 2005: 148-156, 2005.

[HU-86]R.A.Hummel, Representations based on zero crossings in scale-space, in Proc. IEEE Computer Vision and Pattern Recognition conf., pp.204-209, 1986.

[HU-86]R.A. Hummel, B. Kimia, S;W. Zucker, Deblurring Gaussian blur, Computer Vision, Graphics, and Image Processing, 1986.

[HU-93]Y.G Qi, B. R. Hunt , A multiresolution approach to computer verification of handwritten signatures, IEEE Transactions on Image Processing 4(6):870-874, 1995.

[IM-07]A.I. Wagan, S. Bres, V. Eglin, H. Emptoz, R.M. Carlos Joel, Writer Identification using Steered Hermite Features and SVM. The 9th International Conference on Document Analysis and Recognition (ICDAR), Brazil, September, pp. 23-26, 2007.

[IN-89]T. Inui, A model of Human Visual Memory: Data Compression with Multi-resolution. Proceedings of the 6th Scandinavian Conference on Image Analysis, Trondheim (Norvège), pp. 325-331, 1989.

[IR-99]R. Irving, D. Manlove, The b-chromatic number of a graph. Discrete Applied Mathematics, vol.91, pp.127-141, 1999.

[IT-98]L. Itti, C. Koch, E.Niebur, A model of saliency-based visual attention for rapid scene analysis, Pattern Analysis and Machine Intelligence, IEEE Transactions on, vol.20, no.11, pp.1254-1259, 1998.

[JA-11a]L. Jacques, L. Duval, C. Chaux,G. Peyré, A Panorama on Multiscale Geometric Representations, Intertwining Spatial, Directional and Frequency Selectivity, Signal Processing, vol. 91(12), pp. 269-273, 2011.

[JA-11b]R. Jain, D. Doermann, Offline writer identification using K-Adjacent Segments, 11th international Conference on Document Analysis and Recognition, ICDAR'11, pp. 769-773 , 2011

[JA-96]Jackway, M. Deriche, Scale-space properties of the multiscale morphological dilation-erosion, IEEE Trans. Pattern Analysis and Machine Intelligence, vol.18, pp.33-51, 1996.

[JE-04]S. H. Jeong, S.I. Jang, Y.S Nam, Locating destination address block in Korean mail images, In Proceedings of ICPR'2004, IEEE, Vol.2, pp. 387- 390, 2004.

[JI-05]H.W Ji, Z.H Quan, signature verification using wavelet transform ans support vector machine, Advances in Intelligent Computing Lecture Notes in Computer Science Volume 3644, 2005, pp 671-678, 2005.

[JI-07]Jianwei Ma, G.Plonka, Combined Curvelet Shrinkage and Non linear Anisotropic Diffusion, IEEETransactions on Image processing, vol.16, num 9, pp.198-206, 2007.

[JI-08]L. Jiang, X. Feng, H. Yin, Structure and texture image inpainting using sparse representations and an iterative curvelet thresholding approach, Int. J. Wavelets Multiresolut. In Inf. Process., 6 (5), pp. 691-705, 2008.

[JO-94] W.C. de Jong, L.N. Kroon-van der Kooij, and D.Ph. Schmidt. Computer aided analysis of handwriting, the NIFO-TNO approach. In Proc. of the 4th European Handwriting Conference for Police and Government Handwriting Experts, 1994.

[JO-06a]N. Journet, V. Eglin, R.J-Y Ramel, R. Mullot. Dedicated texture based tools for characterisation of old books. Dans DIAL, Conference on Document Analysis for Libraries, LIRIS ed. Lyon. pp. 60-70, 2006.

[JO-06b]N. Journet, Analyse d'images de documents anciens : une approche texture, Thèse de doctorat, 160p, 2006.

[JO-07] G. Joutel, V. Eglin, S. Bres, et H. Emptoz, « Curvelets based feature extraction of handwritten shapes for ancient manuscripts classification », in Document Recognition and Retrieval XIV, vol.6500, 2007.

[JO-08a]G. Joutel, V. Eglin, H. Emptoz. Generic scale-space process for handwriting documents analysis. Dans International Conference on Pattern Recognition (ICPR 2008), IEEE ed. Tampa, Floride. pp. 1-4, 2008.

[JO-08b]N. Journet, J-Y Ramel, R. Mullot, V. Eglin. Document Image Characterization Using a Multiresolution Analysis of the Texture: Application to Old Documents . IJDAR 11(1):9-18, Springer Berlin / Heidelberg, 2008.

[JO-09]G. Joutel, Recherche d'informations dans les images de documents manuscrits : Application à l'analyse de l'écriture et à l'accès au contenu, thèse de doctorat, Université de Lyon, 174 p., 2009.

[JU-83]B. Julesz, Bergen, Textons, the fondamental elements in preattentive vision and perception of textures. Bell Systems Technical Journal, pp.1619-1645, 1983.

[KI-99]N. Kingsbury, Images processing with complexe wavelets. In Phil.Trans. Roy. Soc. London A, Special issue for the discussion meeting on 'Wavelets : the key to intermittent information ?', pp. 2543–2560, 1999.

[KO-08]M. Kowalski, B. Torrésani : Sparsity and persistence : mixed norms provide simple signals models with dependent coefficients. Signal, Image and Video Processing, 2008.

[KO-84]J.J. Koenderink, The structure of images, Biol. Cybern. 50, 363–370, 1984.

[KO-87]J.J. Koenderink, AJ. Van Doorn, Representation of local geometry in the visual system. Biological Cybernetics, vol.55, pp. 367-375, 1987.

[KO-90]S.M. Kosslyn, RA. Flynn, JB, Amsterdam, Components of high-level vision : a cognitive neuroscience analysis and accounts of neurological syndromes. Cognition, vol. 34, pp. 203-270, 1990.

[KR-97]K. Krissian, G. Malandain, and N. Ayache. Directional anisotropic diffusion applied to segmentation of vessels in 3d images. In Scale-Space Theory in ComputerVision (Scale-Space), volume 1252 of Lecture Notes in Computer Science, pages 345–348, Utrecht, The Netherlands, Springer Verlag, 1997.

[KU-80]W. Kuckuck, Writer recognition by spectra analysis, in Proc. Int. Conf. In Security through Science Engineering, pp.1-3, 1980.

[LE-05]A. Lemaitre, B. Coüasnon, I. Leplumey : Using a neighbourhood graph based on voronoï tessellation with dmos, a generic method for structured document recognition. Dans GREC'05, pages 267–278, 2005.

[LE-06]Y. Leydier, F. Lebourgeois, et H. Emptoz, « Outils informatiques pour l'indexation et la recherche dans les manuscrits médiévaux », Le Médiéviste et l'Ordinateur, vol. 45, 2006.

[LE-07]F. LeBourgeois, H. Emptoz, "Skeletonization by Gradient Regularization and Diffusion," Ninth International Conference on Document Analysis and Recognition ,Vol 2, pp.1118-1122, 2007.

[LE-09a]G. Lebrun, Ondelettes géométriques adaptatives: vers une utilisation de la distance Géodésique, thèse de doctorat, 137p., 2009.

[LE-09b]Y. Leydier, A. Ouji , F. Lebourgeois et H. Emptoz : Towards an omnilingual word retrieval system for ancient manuscripts. Pattern Recognition, vol.42, pp. 2089-2105, 2009.

[LE-85]M.D. Levine, Ahmed M. Nazif. Dynamic Measurement of Computer Generated Image Segmentations. IEEE Transaction on Pattern Analysis and Machine intelligence, PAMI, March 1985, 7(2), pp. 155-164.

[LE-92]J.C. Lecas, L'attention visuelle, de la conscience aux neurosciences : Problèmes fondamentaux et mécanismes de la perception visuelle. Liège : Pierre Mardaga, 310p, 1992.

[LI-90]T. Lindeberg : Scale-space for discrete signals. IEEE Transaction on Pattern Analysis and Machine Intelligence, 12(3), pp.234–254, 1990.

[LI-93]T. Lindeberg : Scale-Space Theory in Computer Vision. Kluwer Academic Publishers, Norwell, MA, USA, 1993.

[LO-00]E. Loupias, Indexation d'images : aide au télé-enseignement et similarités pré-attentives. PhD thesis, LIRIS, université de Lyon, 2000.

[LO-03]P. K. Loo, C.L. Tan, Using Irregular Pyramid for Text Segmentation and Binarizaton of Gray Scale Images, ICDAR'03, in Proc. Of the seventh International Conference on Document Analysis and Recognition, Edinburgh, Scotland, pp 594-598, 2003.

[LO-11]G. Louloudis, N. Stamatopoulos and B. Gatos, ICDAR'2011 : Writer Identification Contest, 2011.

[LO-97]C. Lorenz, et al.. Multi-scale line segmentation with automatic estimation of width, contrast and tangential direction in 2D and 3D medical images. In J. Troccaz, E. Grimson, and R. Mosges, eds., Proc. CVRMed-MRCAS'97, LNCS, pp.233–242, 1997.

[LP-04]E. Lepennec, S. Mallat, Sparse Geometrical Image Approximation with Bandelets, IEEE Transaction on Image Processing, vol. 14, pp. 423-438, 2004.

[LP-07]E. LePennec, C. Dossal, G. Peyré, Estimation geometrique d'images et bases de bandelettes orthogonales, In proc. Of Gretsi'07, 2007.

[MA-01]U.V. Marti, R. Messerli, H. Bunke, Writer identification using text line based features. In proc. Of 8th International conference on document analysis and recognition, pp. 101–105, 2001.

[MA-02]U.V. Marti, H. Bunke, The IAM-Database: An English Sentence Database for Offline Handwriting Recognition," Int'l J. Document Analysis and Recognition, vol. 5, no. 1, pp. 39-46, 2002.

[MA-05]B. Matalon, B. Elad, M. Zibulevsky, Improved denoising of images using modeling of the redundant contourlet transform. In SPIE conference wavelets, pp.617-628, 2005.

[MA-07]R. Marquis, F. Taroni, S. Bozza, and M. Schmittbuhl. Size influence on shape of handwritten characters loops. Forensic Science International, num. 172, vol 1, pp:6-10, 2007.

[MA-08a]J. Mairal, F. Bach, J. Ponce, G. Sapiro, and A. Zisserman. Discriminative learned dictionaries for local image analysis. In Proceedings of the IEEE Conference on Computer Vision and Pattern Recognition (CVPR), pp.1-8, 2008.

[MA-08b]B. Matei, F. Arandiga, A. Cohen, R. Donat, N. Dyn , Approximation of piecewise smooth images by edge-adapted techniques, Appl. Comput. Harmon. Anal.vol. 24, pp. 225-250, 2008.

[MA-09]V. Malleron, V. Eglin, H. Emptoz, S. Dord-Crouslé,P. Régnier, Hierarchical decomposition of handwritten manuscripts layouts. Dans 13th International Conference on Computer Analysis of Images and Patterns, Springer LNCS ed. Münster (North Rhine-Westphalia), Computer Analysis of Images and Patterns, pp. 221-228, 2009.

[MA-10]V. Malleron, V. Eglin, S. Dord-Crouslé, H. Emptoz, P. Régnier, Un système de mise en relation Image/Transcription pour les documents manuscrits. Dans Colloque International Francophone sur l'Écrit et le Document, pp.71-83, 2010.

[MA-11a]B. Matei, C. Guérot, S. Meignen, A New Formalism for Non-Linear and Non-Separable Multiscale Representation, Journal of Computational and Applied Mathematics, pp.229-227,2011.

[MA-11b]V.Malleron, V.Eglin, A mixed approach for handwritten documents structural analysis, in Proc.o f International Conference on Document Analysis and Recognition, Beijing. pp. 269-273, 2011.

[MA-13a]V. Malleron, Contribution à l'enrichissement et la valorisation d'un corpus multi-supports en Sciences Humaines Les dossiers de "Bouvard et Pécuchet", thèse de doctorat, Université Lyon 2, 200p., 2013.

[MA-13b]A.Marcelli, A.Parziale, A.Santoro, Modelling visual appearence of handwriting, in proc. of Image Analysis and Processing – ICIAP 2013, pp.673-682, 2013.

[MA-82]D. Marr, Vision. New York : W.H. Freeman and Co, 397 p., 1982.

[MA-92] S.Mallat, W.L. Hwang, Singularity Detection and Processing with Wavelets, IEEE Trans. Inform. Theory, vol. 38, pp. 617-643, 1992.

[MA-93]S. Mallat et Z. Zhang, Matching pursuits with time-frequency dictionaries. IEEE transactions on Signal Processing,vol. 41, pp.3397–3415, 1993.

[MA-95]A. Manzanera, JM Jolion, Pyramide irrégulière : une représentation pour la vision exploratoire, Traitement du Signal, vol. 12(2), pp.169-176, 1995.

[MA-99]E. Mahmoodian, E. Mendelsohn, On defining numbers of vertex colouring of regular graphs. Discrete Mathematics, 1999, n197/198, pp.543-554.

[ME-01]Y. Meyer, Oscillating patterns in image processing and in some nonlinear evolution equations, Jacqueline Lewis Lectures, AMS, 2001.

[ME-13]M. Mehri, P. Héroux, P. Gomez-Kramer, A. Boucher, A Pixel Labeling Approach for Historical Digitized Books, In Int. Conf. on Document Analysis and Recognition (ICDAR'13), pp.817-821, 2013.

[ME-90]D. Medin, R. Goldstone, D. Gentner, Similarity involving attributes and relations: judgments of similarity and difference are not inverses, Psychological Science, vol.1, pp.64-69, 1990.

[MI-04] Groupe de travail Minerva. Guide des bonnes pratiques, Ministère de la Culture et de la communication, France, 65 pages, 2004, http://www.culture.gouv.fr/culture/mrt/numerisation/ fr/ eeurope/documents/bonnes_pratiques.pdf.

[MI-05]J.Milgram, M.Cheriet, and R. Sabourin. Estimating accurate multi-class probabilities with support vector machines. In Int. Joint Conf. on Neural Networks, pp.1906-1911, 2005.

[MO-06]I. Moalla, F.Lebourgeois, H.Emptoz, A.M. Alimi: Contribution to the Discrimination of the Medieval Manuscript Texts: Application in the Palaeography. Document Analysis Systems, pp. 25-37, 2006.

[MO-07]H.K. Mohamed, Automatic documents classification, IEEE International Conference, Computer Engineering & Systems, pp. 33-37, 2007.

[MO-13a]I. Moalla, F. Lebourgeois, A. M. Alimi, Generalized Eigen Cooccurrence: Application to Palaeography. In proc. Of Internation Conference on Document Analysis and Recognition, pp.555-559, 2013.

[MO-13b]O. Morillot, Laurence Likforman-Sulem, Reconnaissance de courriers manuscrits par HMM et modèle de langage, Document numérique 2013/2 (Vol. 16), 118p, 2013, 2013.

[NG-13]A.K. Ngoho, N. Ragot, J.Y. Ramel, V. Eglin, N. Sidère, Document Classification in a Non-stationary Environment: A One-Class SVM Approach, ICDAR'2013, pp.616-620, 2013.

[NG-94]R.T. Ng, J. Han, Efficient and Effective Clusterig Methods for Spatial Data Mining, Proceedings of Int. Conference on Very Large Databases, pp.144-155, 1994.

[NI-06]R. Niels, L.Vuurpijl. Automatic trajectory extraction and validation of scanned handwritten characters. In Proceedings of the 10th International Workshop on Frontiers In Handwriting Recognition (IWFHR), pages 343-348, La Baule, 2006.

[NI-06]R. Niels, L.Vuurpijl. Automatic trajectory extraction and validation of scanned handwritten characters. In Proceedings of the 10th International Workshop on Frontiers In Handwriting Recognition (IWFHR'06), pages 343-348, La Baule, France, October 23-26, 2006.

[NI-07]R.Niels, L.Vuurpijl, L.Schomaker. Automatic allograph matching in forensic writer identification. International Journal of Pattern Recognition and Artificial Intelligence (IJPRAI). Vol. 21, No. 1. pp 61-81, 2007.

[NI-07]R. Niels, L.Vuurpijl, L. Schomaker. Automatic allograph matching in forensic writer identification. International Journal of Pattern Recognition and Artificial Intelligence (IJPRAI). Vol. 21, No.1. pp. 61-81, 2007.

[NI-08]R. Niels, F. Gootjen, L. Vuurpijl, Writer Identification through Information Retrieval: The Allograph Weight Vector, in International Conference on Frontiers in Handwriting Recognition, pp. 481-486, 2008.

[NI-10]R. Niels. Allograph based writer identification, handwriting analysis and character recognition. PhD thesis, Donders Centre for Brain, Behaviour and Cognition, Radboud University Nijmegen, Netherlands, 223p., 2010.

[Ni-91] J. Ninio. L'empreinte des sens, Perception, mémoire, langage. Paris : Odile Jabob, 310p., 1991.

[OJ-08]V. Ojansivu, J.Heikkila, Blur insensitive texture classification using local phase quantization. In Proceedings of image and signal processing ICISP 2008, (pp. 236–243), 2008.

[OL-96]B.A. Olshausen, D.J. Field, Emergence of simple cell receptive field properties by learning a sparse code for natural images, Nature, vol.381, pp.607- 609, 1996.

[OK-00]O. Okun, M. Pietikäinen. A survey of texture-based methods for document layout analysis. Texture Analysis in Machine Vision, 40 pp. 165-177, 2000.

[PA-92]Z. Pavlidis and J. Zhou, A Page Segmentation and Classification, CVGIP'92, vol.54, no. 6, Pages: 484-496, 1992.

[PE-05]G. Peyre et S. Mallat : Discrete bandelets with geometric orthogonal filters. IEEE International Conference on Image Processing, 1:I–65–8, 2005.

[PE-06]R.T Pedauque, Le Document à la lumière du numérique :forme, texte, médium : comprendre le rôle du document numérique dans l'émergence d'une nouvelle modernité, 100p, C&F Editions, 2006.

[PE-07] G. Peyré, J. Fadili, J-L. Starck, Learning Adapted Dictionaries for Geometry and Texture Separation, Proc. of SPIE Wavelet XII, vol. 6701, pp. 67011T, 2007.

[PE-07]V. Pervouchine and G. Leedham. Extraction and analysis of forensic document examiner features used for writer identification. Pattern Recognition, 40(3):1004–1013, March 2007.

[PE-11] G. Peyré, A Review of Adaptive Image Representations, IEEE Journal of Selected Topics in Signal Processing, vol. 5(5), pp. 896-911, 2011.

[PE-87] P. Perona and J. Malik, A scale space and edge detection using anisotropic diffusion, Proc. IEEE Computer Soc. Workshop on Computer Vision, 1987.

[PE-90] P. Perona and J. Malik, "Scale-space and edge detection using anisotropic diffusion," IEEE Trans. Pattern Anal. Mach. Intell., vol.12, no. 7, pp. 629–639, 1990.

[PH-96]M. Philipp. Fakten zu FISH, das Forensische Informations-System Handschriften des Bundeskriminalamtes - eine Analyse nach ueber 5 Jahren Wirkbetrieb, Technical report, Kriminaltechnisches Institut 53, Bundeskriminalamt, Wiesbaden, Germany, 1996.

[PL-89]R. Plamondon, F. Maarse. An evaluation of motor models of handwriting. IEEE Trans Syst Man Cybernetics, 19:1060-1072, 1989.

[PL-95a]R. Plamondon, A Kinematic Theory of Rapid Human Movements: Part I: Movement Representation and Generation, Biological Cybernetics,Volume 72, Issue 4, pp.295-307, 1995.

[PL-95b]R. Plamondon, A Kinematic Theory of Rapid Human Movements: Part II: Movement Time and Control, Biological Cybernetics, Volume 72, Issue 4, pp.309-320, 1995

[PO-03]J. Portilla, V. Strela , M. Wainwright et E. Simoncelli : Image denoising using scale mixtures of gaussians in the wavelet domain. IEEE Transaction on Image Processing, 12(11), pp.1338–1351, 2003.

[PR-10]N.Priyanka, S. Pal , R. Mandal , Line and Word Segmentation Approach for Printed Documents , IJCA Special Issue on "Recent Trends in Image Processing and Pattern Recognition", pp.30-36, 2010.

[PR-10]N. Premchaiswadi, S.Yimgnagm, W.Premchaiswadi, A scheme for salt and pepper noise reduction and its application for OCR systems, WSEAS Transactions on Computers, vol.9, issue 4, pp. 351-360, 2010.

[RA03]T.M Rath, R. Manmatha, Features for Word spotting in historical manuscripts, In Proceedings of the 8th ICDAR, 2003, pp. 218-222.

[RA-05]J.Y. Ramel et S. Leriche : Segmentation et analyse interactives de documents anciens imprimés. Revue Traitement du Signal, 22(3):209–222, 2005.

[RA-06]N. Rafat, M. Soryani, Application of Genetic Algorithms to Feature Subset Selection in a Farsi OCR, CISE'2006, Enformatika, Vol. 18, p113-116, 2006.

[RA94]T. Randen, JH Husoy, Segmentation of Text/Image documents using texture approaches, in proc NOBIM 94, Asker, Norway, pp. 60-67, 1994.

[RI-05]C.J Rivero-Moreno, Contribution à la caractérisation des images par transformée polynomiale : Application à l'indexation des images et des vidéos. Etablissement : Institut National des Sciences Appliquées de Lyon, 2005.

[RO-05]L. Rousseau, E.Anquetil, J.Camillerapp. Recovery of a Drawing Order from Off-Line Isolated Letters Dedicated to On-Line Recognition. In Proceedings of ICDAR, Volume 2, Pages 1121-1125, Seoul, Korea, 2005.

[RO-13]L. Rothacker, Marçal Rusiñol; G.A. Fink, Bag-of-Features HMMs for segmentation-free word spotting in handwritten documents, 12th Int. Conf. on Document Analysis and Recognition, pp.1305-1309, 2013.

[RO-73] A. Rosenfeld, Arcs and curves in digital pictures. Journal of ACM, vol.20, n°1, pp.81-87, 1973.

[RO-74] A. Rosenfeld, A digital straight line segments. IEEE Transactions on Computers, vol.23, pp.1264-1269, 1974.

[RO-96]N. Rougon, F. Preteux, Understanding the structure of diffusive scale-spaces. Proceedings 12th International Conference on Analysis and Optimization of Systems (ICAOS'96), Paris, France - Lecture Notes in Control and Information Sciences 219, p. 103-110, 1996.

[RO-99]C. Rosenberg. Mise en oeuvre d'un système adaptatif de segmentation d'images. PhD thesis, Laboratoire d'analyse des systèmes de traitement de l'information, ENSSAT,250p., 1999.

[RU-09]M. Rusinol, J.Llados, Logo Spotting by a Bag-of-words Approach for Document Categorization, in Proc.of ICDAR'09, pp.111-115, 2009.

[SA-00]H. Said, T. Tan, K. Baker, Personal Identification Based on Handwriting,l Pattern Recognition, vol. 33, no. 1, pp. 149-160, 2000.

[SA-97] J. Sauvola, and al. Adaptive Document Binarization, In Proceedings of Int. Conf. on Document Analysis and Recognition ICDAR'97, vol 1, pp. 147–152, 1997.

[SA-98a]Y.Sato, S.Nakajima, N.Shiraga, H.Atsumi, S.Yoshida, T.Koller, G.Gerig, R.Kikinis. Three-dimensional multi-scale line filter for segmentation and visualization of curvilinear strutures in medical images. Medical Image Analysis, vol.2(2), pp.143–168, 1998.

[SA-98b] H.E. Said, G.S Peake, T.N Tan, K.D Baker, Writer identification from non- uniformly skewed handwriting Images, British Machine Vision Conference, pp. 478-489, 1998.

[SC-02]G. Schaefer, Compressed domain image retrieval by comparing vector quantization codebooks, Proc. SPIE, vol. 4671, p.959-963, 2002

[SC-05]A. Schlapbach, V. Kilchherr, and H. Bunke. Improving writer identification by means of feature selection and extraction. In Proc. of the 8th Int. Conf. on Document Analysis and Recognition ICDAR'2005, pp. 131–135, 2005.

[SC-07]L. Schomaker, Advances in writer identification and verification, in proc of International Conference on Document Analysis and Recognition, pp.1268-1273, 2007.

[SC-90]L. Schomacker, R. Plamondon, The relation between pen force and pen point kinematics in handwriting. Biological Cybertincs, vol. 63, pp. 277-289, 1990.

[SC-94]B.M Scassellati, S.Alexopoulos, M.D Flickner, Retrieving images by 2D shape: a comparison of computation methods with human perceptual judgments, IS&T/SPIE 1994 International Symposium on Electronic Imaging: Science and Technology, pp.2-14, 1994

[SC-98]A. Schreyer, G. Maderlechner, P. Suda, Font style detection using textons, In Proceedings Document Analysis System, pp.99-108, 1998.

[SE-05]N. Vincent, A. Seropian, and G. Stamon. 2005. Synthesis for handwriting analysis. Pattern Recogn. Lett. N°26, vol.3, 267-275, 2005

[SH-01]C. Shin, D. Doermann, A. Rosenfeld, Classification of document pp. using structure-based features. Int. J. Doc. Anal. Reco., vol. 3(4), pp.232–247, 2001.

[SH-04]Z. Shi, V. Govindaraju, Line separation for complex document images using fuzzy runlength, Document Image Analysis for Libraries, DIAL 2004, in proc. Of 1st International Workshop on Document Image Analysis for Libraries, pp.306 – 312, 2004.

[SI-10] I. Siddiqi, N. Vincent, Text independent writer recognition using redundant writing patterns with contour-based orientation and curvature features. Pattern Recognition, vol.43, pp.3853–3865, 2010.

[SI-12]R. Sivaraj, T. Ravichandran, R. Devi Priya, Boosting Performance of Genetic Algorithm through Selective Initialization, EJSR, vol.68, pp.93-100, 2012.

[SI-13]F. B. Silva, S. Goldenstein, S. Tabbone, R. Da Silva Torres, Image classification based on bag of visual graphs, in proc of International Conference on Image Processin, ICIP'13,pp. 4312-4316, 2013.

[SI-92] E.P. Simoncelli, W.T. Freeman, E.H.Adelson, D.H. Heeger, Shiftable multiscale transforms. IEEE Transaction Information Theory, vol. 38(2), pp. 587–607, 1992.

[SO-12]R. Soulard, Ondelettes analytiques et monogènes pour la représentation des images couleur, thèse de doctorat, Université de Poitiers, 170p., 2012.

[SO-12]Z. Song, S.Ismael, S.Grimes, D.S. Doermann, S.Strassel, Linguistic Resources for Handwriting Recognition and Translation Evaluation. LREC 2012, pp.3951-395, 2012.

[SR-02]SN. Srihari, SH. Cha, H. Arora, S.Lee, Individuality of handwriting. Journal of Forensic Sciences, vol.47, n°4, pp.1-17, 2002.

[SR-03]S. N. Srihari, B. Zhang, C. Tomai, S. Lee, Z. Shi, and Y. C. Shin. A system for handwriting matching and recognition. In Proc. of the Symposium on Document Image Understanding Technology (SDIUT), Greenbelt, MD, USA, pp.67-75, 2003.

[SR-07]L. Schomaker, M. Bulacu, Text-Independent Writer Identification and Verification Using Textural and Allographic Features. In IEEE transactions on pattern analysis and machine intelligence vol. 29(4), pp. 701-717, 2007.

[SR-08] G. N. Srinivasan, and Shobha G. , Statistical Texture Analysis, Proc. Of World Academy of science, engineering and technology, vol. 36, pp.1264-1269, 2008.

[SR-11]M. Sreeraj, S.M. Idicula, A Survey on Writer Identification Schemes, International Journal of Computer Applications, Volume 26, No.2, pp.23-33, 2011.

[ST-02] J. L. Starck, E. J. Candès, and D. L. Donoho, The curvelet transform for image denoising, IEEE Trans. Image Process., vol. 11, no. 6, pp. 670–684, 2002.

[ST-03]J.L. Starck , M.K. Nguyen et F. Murtagh : Wavelets and curvelets for image deconvolution :a combined approach. Signal Processing, vol. 83(10), pp.2279–2283, 2003.

[SW-97] W. Sweldens. The lifting scheme: a construction of second generation wavelets. In Proc. Of SIAM J. Math. Anal., vol. 29(2), pp.511-546, 1997.

[TA-98]Y.Y. Tang, M. Cheriet, J. Liu, JN. Said, CY. Suen, Document analysis and recognition by computers. In: Handbook of Pattern Recognition and Computer Vision, 2nd edn. World Scientific, Singapore, pp. 579–612, 1998.

[TH-13]S. Thomas, C. Chatelain, L. Heutte, and T. Paquet, "Un modèle neuro markovien profond pour l'extraction de séquences dans des documents manuscrits," revue Documents Numériques, vol. 16, iss. 2, pp. 49-69, 2013.

[TJ-98]M. Tuceryan and A. K. Jain. Texture Analysis. World Scientic Publishing, 1998.

[TO-07]A. H. Toselli, M. Pastor, and E. Vidal. On-line handwriting recognition system for Tamil handwritten characters. In Pattern Recognition and Image Analysis, Lecture Notes in Computer Science, pp. 370–377, 2007.

[TS-02]D. Tschumperlé. PDE's Based Regularization of Multivalued Images and Applications. PhD thesis, Universit´e de Nice - Sophia Antipolis, 180 p., 2002.

[TS-05]D. Tschumperle, R.Deriche, Vector-valued image regularization with pdes : A common framework for different applications. Transactions on Pattern Analysis and Machine Intelligence,27(4), pp.506–512, 2005.

[TV-77 A. Tversky : Features of similarity. Psychological Review, vol. 84(4), pp.327–352, 1977.

[UN-95]M. Unser, Texture classification and segmentation using wavelet frames, IEEE Transactions on Image Processing focuses on signal-processing aspects of image processing, vol4. issue 11, pp. 1549 – 1560, 1995.

[VU-03]L.Vuurpijl, L.Schomaker, M. Van Erp. Architectures for detecting and solving conflicts: two-stage classification and support vector classifiers. International Journal on Document Analysis and Recognition, vol.5(4), pp.213–223, 2003.

[WA-95]S.Y Wang, T. Yagasaki, Block selection: a method for segmenting a page image of various editing styles, in proc of International Conference on Document Analysis and Recognition, vol 1, pp. 128-133, 1995.

[WA-13]P. Wang, V. Eglin, C. Largeron, A. MCKenna, C. Garcia, A comprehensive representation model for handwriting dedicated to word spotting. Dans International Conference on Document Analysis and Recognition, Washington (USA). pp. 506-512, 2013.

[WE-05]M. Welk, J. Weickert, and G. Steidl. A four-pixel scheme for singular differential equations. In R. Kimmel, N. Sochen, and J. Weickert, editors, Scale-Space and PDE Methods in Computer Vision, volume 3459 of Lecture Notes in Computer Science, pp. 585–597, 2005.

[WE-98] J. Weickert, Anisotropic Diffusion in Image Processing. Stuttgart, Germany: Teubner, 1998.

[WE-98] TP Weldon, WE Higgins, Algorithm for designing multiple Gabor filters for segmenting multi-textured images, in proc. Of IEEE Inter. Conf. on Image Proc., pp.4-7,1998.

[WI-83]A.P. Witkin, Scale-space filtering. In proc. of International Joint Conference on Artificial Intelligence, pp. 1019–1022, 1983.

[XI-12]G-S. Xia, S. Ferradans, G. Peyré, J-F. Aujol, Compact Representations of Stationary Dynamic Textures, Proc. ICIP'12, 2012.

[YA-03]F. Yang, R. Lishman, Land Cover Change Detection Using Gabor Filter Texture, Proceedings of the 3rd Inter. workshop on texture analysis and synthesis, pp. 78-83, 2003.

[YU-97]B.Yu, A.K.Jain, M.Mohiuddin, Address block location on complex mail pieces, Document Analysis and Zecognition, Fourth International Conference, IEEE, vol.2, pp.897 – 901, 1997.

[ZH-03a]B. Zhang, S.Srihari, S. Lee, S, Individuality of Handwritten Characters, Proc. Seventh Int'l Conf. Document Analysis and Recognition (ICDAR), pp. 1086-1090, 2003.

[ZH-03b]B. Zhang, S. Srihari, S., Analysis of Handwritten Individuality Using Word Features," Proc. Seventh Int'l Conf. Document Analysis and Recognition (ICDAR), pp. 1142-1146, 2003.

[ZH-07]L. Zhang and Z. Sun. An experimental comparison of machine learning for adaptive sketch recognition. Applied Mathematics and Computation, 185:1138–1148, 2007.

[ZH-08]H. Zhenyu, Y. Xinge, Y.Y. Tang, Writer Identification using global wavelet-based features, Neurocomputing 71, 1832–1841, 2008.

[ZH-84]T. Zhang, C. Suen, A fast parallel algorithm for thinning digital patterns, vol. 27, pp. 236–240, ACM, 1984.

[ZH-99]Y. Zhu, T. Tan, Y. Wang, Font recognition based on global texture analysis, In Proceedings of Fifth Int. Conference on Document Analysis and Recognition, pp. 349-352, 1999.

[ZH-09]W. Zhang, A Variational Model Combining Curvelet Shrinkage and Nonlinear Anisotropic Diffusion for Image Denoising, Sch. of Sci., Xidian Univ., Xi"an, China, in Proc. Of fifth Information Assurance and Security, vol.2, pp.497-500, 2009.

Printed by Books on Demand GmbH, Norderstedt / Germany